현대중국의 정치경제

이 상 빈

청목출판사

머리말

1992년 중국 공산당은 제14차 당대회에서 사회주의 시장경제체제의 확립을 공식화하고 법체계의 정비에 착수하였다. 그리고 1993년 제8기 전국인민대표대회 제1차 회의에서 사회주의 시장경제체제의 전면적 실시를 헌법에 규정하였다. 이후 중국은 시장경제의 적극적 도입 및 정책 추진과 기존의 공유제체제 위에 새로운 재산권제도의 형성을 통한 경제성장을 적극적으로 추진하였다. 특히 2001년 WTO가입은 글로벌 시장경제체제에 중국경제를 적극적으로 접합시키고, 나아가 서구 자본주의적 시장제도의 규칙과 질서를 수용하는 한편 새로운 성장을 추구하기 위해 노력하였다. 따라서 중국의 시장전환과정은 사회주의국가 몰락 이후 구소련 및 동유럽의 전환과정과 구별되는 변화를 보여왔다.

이렇듯 시장체제로의 전환으로 상징되는 개혁개방정책은, 사실 그 초기에는 문화대혁명의 폐해를 시정하고, 법적 체계의 강화와 당-정체제 내 민주 절차 도입의 필요성에서 비롯된 것이다. 그러나 중국의 개혁개방정책은 대외개방과 경제개혁노선에 집중되었으며, 경제개혁은 다시 시장체제로의 점진적 개혁에 그 모습을 드러내게 된 것이다. 이러한 중국의 정책노선은 구소련 및 동유럽과 많은 차이를 보이며, 괄목할 만한 성과를 보였다. 오늘날 중국의 변화에 대해 서구적 시각은 대체로 기업가적 개인주의 정신이 살아 있는 자본주의 사회로 묘사하고 있고, 중국의 관방적 시각은 자주적 사회주의 개혁 혹은 중국식 사회주의의 변화라 설명하고 있다.

그럼에도 불구하고 중국은 아직도 헌법상 공유제를 국민경제의 근간으로 하는 사회주의 정치경제원칙, 즉 마르크스-레닌주의적 정치경제원칙을 고수해 오고 있다. 예를 들어, 중국은 공산당 1당지배체제하의 당-정국가체계(party-state system)의 특성을 지니고 있다. 경제적으로는 1992년 이후 '사회주의 시장경제'를 공식 채택하여 시장경제체제가 운영되고 있으나, 공유제를 주체로 하는 국가의 성격은 변하지 않고 있다. 따라서 중국의 정치사회 공유제의 핵심적 지위는 사회 총자산에서 차지하는 공유자산의 비중으로 나타난다. 그리고 이러한 공유제의 주도적 지위는 공유자산의 양적 비중뿐만 아니라 공유제를 구성하고 있는 국유경제부문이 전체 국민경제 핵심 통제력뿐만 아니라 경제발전의 주도적 역할에서 그 의미와 특징을 찾을 수 있겠다.

그러나 개혁개방 이후 중국의 경제성장과 빠른 경제사회적 변화에도 불구하고, 1989년 천안문사태를 겪고 나서는 정치적 개혁은 경제적 발전과 변화에 항상 뒤쳐져 있고, 그리고 이러한 갭은 1990년대 후반 들어 더 확대되어 왔다. 개혁개방 30여 년, 중국에서 그동안 진행되어 왔던 개혁은 중국의 경제성장에 크게 기여하였지만, 이와 동시에 지역보호주의 및 지역격차라는 심각한 문제를 가져오기도 하였다. 따라서 개혁개방 이후 중국 지도부는 줄곧 정치적 안정을 바탕으로 한 경제성장이라는 큰 맥락을 유지하면서 소득격차와 부패문제라는 사회적 이슈에 당면하여 경제개혁뿐만 아니라 '정치제도적(당정기능 분리)' 개혁 역시 추진하였다. 그런데 문제는 중국의 정치개혁이 경제개혁을 위한 보조적 수단으로서의 개혁수준에 머물러 왔다는 점이다. 천안문 사태 이후 중국 정치의 민주주의 문제가 중국사회 내부적으로 회자되었던 것도 사실이지만, 중국 지도부는 천안문사태에 대한 공식적인 언급을 회피하면서, 특히 장쩌민(江澤民)체제 이후에는 '당내 민주주의' 추진을 정치개혁의 핵심과제로 인식하였다.

전체적으로 볼 때, 초기 개혁개방시기 뿐만 아니라 장쩌민(江澤民) 중심의 집단지도체제하의 중국 지도부는 선(先) 개방을 통한 경제성장을 중시하면서 경제개혁에 초점을 두어 왔던 것이다. 그러나 차세대 지도부 후진타오(胡錦濤)를 중심으로 한 집단지도체제의 등장 이후 중국의 정책은 개혁을 중시하면서 부의 균등한 분배를 통해 성장을 도모하는 방향으로 변하기 시작하였다. 특히 후진타오체제는 부정부패의 소지가 높은 불투명한 정책은 배제하며 투명성을 확보하고, 이를 위해 법제화를 강조하는 동시에 정책적 결과에 대한 객관적 평가나 소외지역과 계층에 대한 균형정책을 구사하였던 것이다.

그러나 문제는 이러한 노력에도 불구하고, 당내 민주주의뿐만 아니라 정치체제 상에서 나타나는 근본적인 정치개혁 없이 지금의 개혁개방정책은 그 한계를 가질 수밖에 없다는 점이다. 그리고 최근 중국 정부는 거시정책과 산업정책이라는 명목으로 가격기제에 대한 통제를 실시함으로써 이전의 계획경제에서 나타났던 현상도 나타나고 있다. 그동안 개혁개방 정책을 통해 1980년대와 90년대 '민영기업의 성장과 국유기업의 약세(民進國退)'로 상징되던 소유제구조 역시 2004년 국유자산 유실에 대한 우려로 변질되었다. 일부에서조차 국유기업의 민영화 개혁에 반대하는 목소리가 터져 나오면서 오히려 '민영기업의 후퇴, 그리고 국유기업의 강세(國進民退)'가 중국 경제의 특징을 대변하는 현상이 되었다.

이 책은 중국의 정치와 경제와 관련된 다양한 이슈를 중심으로 개혁개방 이후 중국의 변화와 그 특징을 이해하고자 하였다. 또 중국의 '밖에서' 정치경제체제에 대한 설명을 시도하고자 하는 노력에서 비롯되었다. 따라서 1장에서는 중국의 개혁개방과 경제성장을, 2장과 3장은 중국의 경제권역에 대한 사례를, 4장, 5장, 6장은 중국의 국유기업, 민영기업, 지역산업클러스터에 대해 다루었다. 그리고 7장, 8장, 9장은 중국의 지역격차 문제 및 재정개혁의 과정과 또 중국의 FTA 뿐만 아니라 10장, 11장, 12장에서는 정치 및 중국 외교와 관련된 이슈를 다루었다. 특히 이 책의 내용 중에서 3장, 5장과 6장은 「경영사학」 2004년, 2009년, 2012년에 게재된 논문을, 7장과 9장은 「한중경상연구」와 「현대중국연구」 2008년, 2009년 논문을, 그리고 10장은 「유라시아연구」 2009년에 게재되어 있는 논문을 책의 내용에 맞게 재구성하였다. 다양한 이슈를 다룬 만큼 각 장별 설명에 집중하고자 노력하였으나, 그러나 필자 능력의 한계로 인해 그 설명의 미진함과 미숙함은 여전하다.

끝으로 이 책이 나오기까지 끊임없는 인내와 지원을 아끼지 않은 청목출판사 관계자 여러분께 깊은 감사의 마음을 전한다.

저자 이상빈

차 례

1
chapter

중국의 개혁개방과 경제성장

1. 중국의 정치경제

1) 중국의 정치와 경제체제

중국은 사회주의 국가로서 공산당 1당지배체제하의 당-정국가체계(party-state system)의 특성을 지니고 있다. 경제적으로는 1992년 이후 '사회주의 시장경제'를 공식 채택함에 따라 시장경제체제가 운영되고 있으나, 지금까지 공유제를 주체로 하는 사회주의 국가의 성격은 변화지 않고 있다. 중국 정치를 지배하고 있는 중국 공산당은 지금껏 변함없는 집권 정당(執政黨)으로서 중국을 통솔하는 지도권을 행사하고 있다.

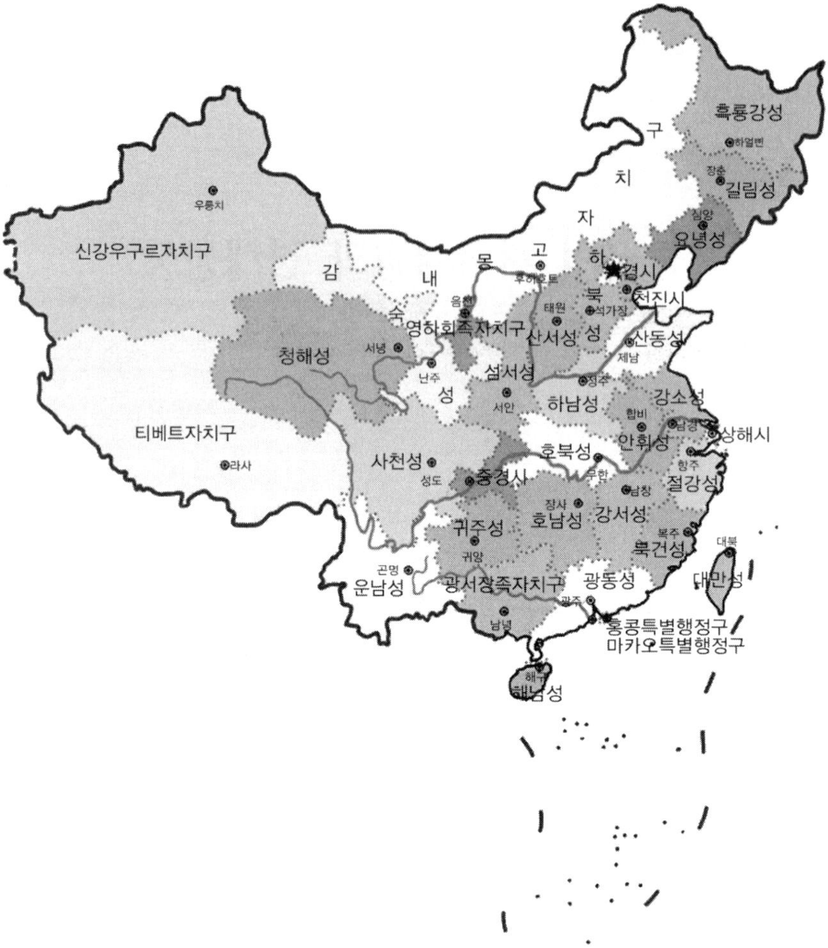

자료: http://www.anychina.net/info/4626.

[그림 1-1] 중국 지도

현행 제도상 중국 정치는 중국 공산당(中共) 주도하의 다수당 체제 형식의 다당합작제(多黨合作制)와 정치협상제도(政治協商制度)를 실시하고 있으나, 그러나 실질적으로는 중국 공산당이 중국의 유일한 정책 결정기구로서 일당 집정제(一黨執政制) 형식을 유지하고 있다. 또한 중국 공산당은 대다수 노동인민의 이익을 대표한다고 함으로써 인민민주독재정치를 공표하고 있다. 즉 중국 헌법은 노동자계급이 지휘하고 노동자, 농민 연맹을 기초로 하는 인민민주독재정치체제를 채택하고 있다.

〈중국 인민공화국 헌법〉 제2조의 규정에 의하면, 중화인민공화국의 모든 권력은 국민에게 있으며, 모든 국민은 전국인민대표대회 및 지방 각급 인민대표대회를 통하여 국가 권력을 행사할 수 있다. 즉 중국 헌법에 따르면, 전국인민대표대회는 중국의 정치제도의 근본이며 중국의 정체(政體)라고 언급되고 있다. 중국 국민은 보통선거제도를 통해 인민대표를 선출하게 되며, 이렇게 선출된 대표는 전국인민대표대회 및 지방 각급 인민대표대회를 구성하게 된다.

기타 국가기관 역시 인민대표대회에 의해 구성되는데, 이들 국가기관은 인민대표대회의 감독을 받을 뿐만 아니라 인민대표대회에 대한 책임을 져야 한다. 그러나 중국의 인민대표대회는 실제적으로는 중국 정치를 지배하는 중국 공산당의 통솔을 따를 수밖에 없으며, 인민대표도 형식적인 선거를 통해 구성되고 있다.

1978년 중국이 개혁개방정책을 실시한 이후에는 중국의 정치체제에 중요한 변화가 나타나기 시작하였다. 중국은 1949년 신중국(新中國)의 성립 이후 형성된 사회주의 계획경제체제에서 중국 공산당(中共) 제11차 3중전회(1978년 12월 18일~22일)의 결정에 따라 개혁개방정책으로 전환하게 되었다. 이러한 일련의 개혁과정을 통해 중국은 시장경제체제를 채택하는 동시에 이론상으로는 사회주의 특징을 유지하고 있으며, 그리고 최종적으로 공산주의사회의 실현이라는 목표를 견지하도록 되어 있다. 따라서 국유기업은 여전히 국가 지주 산업을 지탱하는 핵심 기업으로 나타나고 있다.

덩샤오핑(鄧小平) 이론에 따르면, 경제 소유제형식은 반드시 공유제를 주체로 하며, 다양한 소유제 형식을 유지해야 한다고 지적하고 있다. 일반적으로 공유제는 국유기업(國有企業), 국유지주회사기업(國有控股企業)과 집체기업(集體企業)이 이에 속한다. 그 밖의 사영기업(私營企業)과 외국자본 투자기업(外資企業) 역시 다양한 소유제 형식으로 분류되어 법률의 보호를 받게 된다.

이렇게 볼 때, 중국의 경제체제는 국가독점 자본주의적 성격과 시장경제체제의 특징을 함께 가지고 있다고 볼 수 있다. 비록 1990년대 중반에 '사회주의 시장경제'의 성립 이후 중국은 계획경제에서 시장경제로의 전환이 성공적으로 이루어졌다고 하나, 아직까지 중국은 시장전환(market transition)과정이 진행 중에 있다. 한편, 중국의 정치체제는 중국 공산당의 '통솔권(領導)'을 지속적으로 강조하여 왔다([그림 1-2] 참조). 중국 공산당은 중국에서 유일한 집권 정당으로서 '1당 독재'체제이나, 공산당 통솔 하의 다당합작제와 정치협상제도도 그 특징으로 하고 있다.

중국은 통상적으로 '당 · 정 · 군'과 '4대 지도부'라는 표현을 자주 쓰고 있는데, 여기서 당 · 정 · 군은 공산당조직, 정부조직과 군대를 지칭하고 있다. 또한 4대 지도부는 공산당위원회, 인민대표대회, 정부와 정치협상회의를 일컫는다.

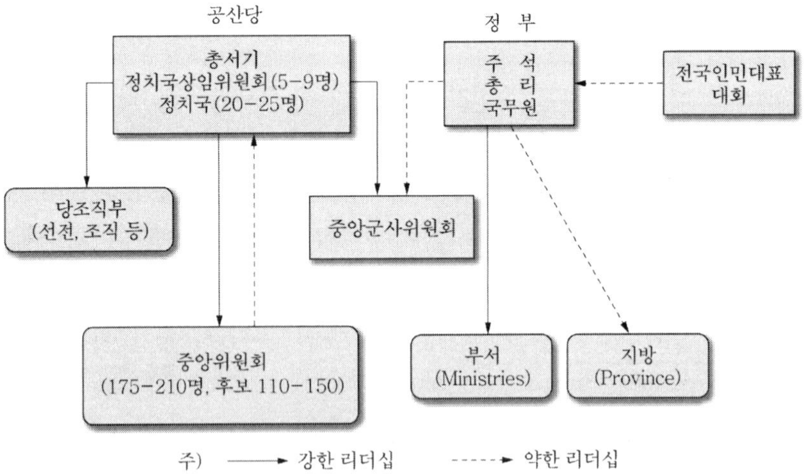

자료: Shirk(2007), p. 41.

[그림 1-2] 중국 중앙정부 조직도

사실, 중국 공산당과 정부기관은 엄격히 구분되어 있는 것은 아니다. 당위원회 서기와 동급에 위치하고 있는 정부 수장의 서열을 비교해 볼 때 당위원회 서기의 서열이 항상 앞서게 된다. 그러므로 중대 정책결정이 이루어질 경우 당위원회 서기는 최후의 결정권을 보유하고 있고, 정부 수장은 단지 정책토론의 참여자나 집행자 역할을 하게 된다.[1]

따라서 중국 공산당 총서기는 국무원 총리와 비교해 실질적인 권력을 갖고 있지만, 그러나 이론적으로는 중화인민공화국헌법의 규정에 따라 전국인민대표대회가 국가 최고 권력기관이고, 국무원은 최고 행정기관, 정치협상회의는 실제 권한을 갖고 있는 자문기관에 해당된다. 정치협상회의는 현재 중국 공산당이 주도하는 각개 '민주당파'로 구성되기 때문에 비공산당 계열의 정당조직으로 간주하고 있다. 또한 4대 지도부와 중앙 군사위원회, 그리고 4대 직할시[2]와 경제가 가장 발달한 광동성(廣東省)의 주요 리더들은 모두 중국 공산당 중앙 정치국(약칭 정치국)의 구성원으로 역할을 하고 있다.

특히 정치국은 실제 모든 국가의 사무를 관장하고 있고, 중국의 군사력은 중앙군사위원회에서 관장하고 있다. 중국 공산당 중앙기율검사위원회는 관료에 대한 감찰을 담당하고 있으며, 사법체계 중에서 검찰원은 비정치적(행정적) 종류의 범죄를 다루고 있는데, 이는 각 급 기관 관료의 절대 대다수가 공산당원이기 때문이다.

2) 중국의 개혁개방과 경제성장

현재 중국의 경제체제는 공유제를 중심으로 하여 다양한 소유제 형식이 결합된 혼합경제체제를 특징으로 하고 있다. 공유제 경제는 국유경제와 집체소유경제 부문을 포함하고 있는데, 공유제의 핵심적 지위는

1) 실제 중국 각 시의 시장은 통상 시 당위원회 부서기직을 겸임하게 된다.
2) 행정구획 상으로 북경(北京), 천진(天津), 상해(上海), 중경(重慶)시가 중국의 4대 직할시에 해당된다.

사회 총자산에서 차지하는 공유자산의 비중으로 나타나게 된다. 그리고 이러한 공유제의 주도적 지위는 공유자산의 양적 비중뿐만 아니라 공유제를 구성하고 있는 국유경제부문이 전체 국민경제에 핵심 통제력뿐만 아니라 경제발전의 주도적 역할을 하게 된다는 것을 의미한다.

이러한 전제조건에서 최근 국유경제 비중의 양적 감소는 중국 경제체제의 사회주의적 성격에 전혀 영향을 미치지 않는다는 점이다. 또한 집체소유제경제 역시 공유제경제의 주요 구성부분으로 인정받고 있는데, 이는 도시 및 농촌 부문에서의 집체소유제 형식을 주요 골자로 하는 향진기업(鄕鎭企業)[3]의 발전으로 이어졌다([그림 1-3] 참조).

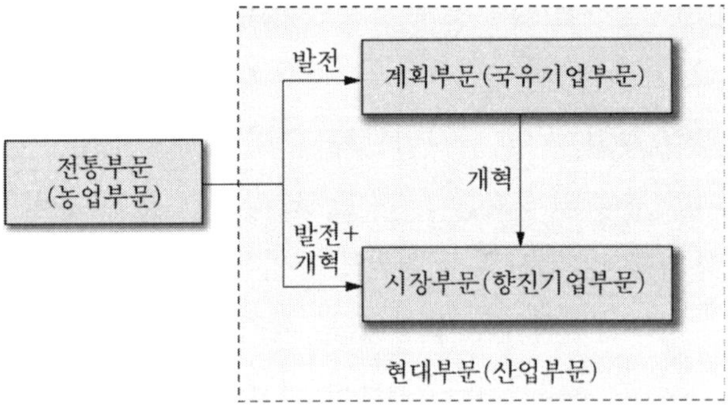

[그림 1-3] 개혁 전·후 과정에서의 부문간 자원이동

더욱이 최근 공유제에 포함되고 있는 국유기업이나 집체소유제 기업에 대한 주식제 기업 형태로의 전환은 기업조직을 현대 기업제도로 개혁할 뿐만 아니라 소유와 경영의 분리를 통해 기업과 자본의 경영 효율성을 개선하기 위한 조치라고 할 수 있다. 중국은 최근 전개되어 온 일련의 개혁개방정책의 실시를 통해 계획경제체제에서 사회주의시장경제체제로의 전환을 공식적으로 표방하게 되었다.

3) 주로 중국 농촌의 소도시에 기반을 두면서 노동 집약적인 2차 가공 상품을 생산하는 기업을 일컬으며, 기업의 소유형식은 개인 혹은 집체소유인 형태인 개인소유 기업과 집체소유 기업으로 구성되어 있다.

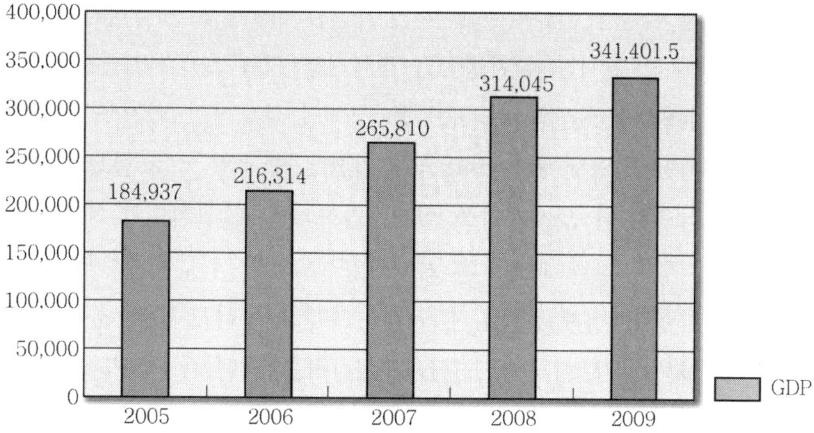

자료: 중국 국가통계국, http://www.stats.gov.cn.

[그림 1-4] 2005-2009년 중국 GDP(억 元)

1978년 이후 지난 30여 년 동안 추진되어 왔던 중국의 개혁개방정책은 한마디로 덩샤오핑(鄧小平)의 선부론(先富論)에 입각한 동부 연해지역 우선 발전전략(coastal development strategy)으로 묘사된다. 1978년 덩샤오핑의 개혁개방정책의 추진으로, 중국은 스탈린식 사회주의 계회경제체제에서 시장경제체제로 전환하는 체제적 변화(market transition)를 경험하였다.

그러나 사실 이러한 변화는, Qian(1998)에 따르면, 이러한 중국의 개혁개방정책에는 중국의 나아가야 할 새로운 체제가 무엇인지 분명한 비전이 없었고, "돌다리 두드리며 강 건너기(摸着石頭過河)"식의 실험적 추진이었다고 지적한 바 있다.4)

지금까지 중국의 개혁과정을 3단계로 나누어 살펴보면, 1978년-1984년을 1단계, 1984년-1991년을 2단계, 그리고 1992년과 1994년에 있었던 개혁이후 현재까지를 3단계로 나누어 볼 수가 있다.

제1단계의 개혁은 주로 농촌과 재정체제의 개혁인데, 특히 1984년

4) Yingyi Qian(1999), "The Institutional Foundations of China's Market Transition," *Paper of Annual Conference on Development Economics*, the World Bank, http://www-siepr.stanford.edu/workp/swp99011.pdf, p. 6.

에 가정을 기본단위로 한 농가연합 청부생산 계약책임제(家庭聯產承包制)의 실시는 농민생산의 적극성을 크게 향상시키면서 향진기업(鄕鎭企業)과 도시의 비국유부문 경제의 대대적인 발전을 가져왔다. 제2단계인 1984년에서 1991년의 기간에 중국은 국유 공상업(工商業)을 중심으로 한 도시개혁을 실시하면서, 이 때 사회주의 계획체제와 정부와 기업의 분리(政企分離)를 핵심으로 하는 기업체제 개혁을 추진하고자 하였다. 경제개혁의 제3단계인 1992년부터는 중국 공산당(中共) 제14차 대회에서 통과한 '사회주의 시장경제(社會主義市場經濟)'를 전면적으로 실시하였다. 또한 1994년에는 분세제(分稅制) 개혁을 실시함으로 중앙과 지방간의 경제관계가 제도화되는 과정을 겪게 되었다.

개혁개방 이후 지난 30여 년 동안 중국은 개혁정책과 대외개방으로 대외무역과 해외자본의 직접투자가 활발히 진행되어 온 결과 2009년 현재 세계에서 세 번째로 큰 경제규모(GDP 4.9093조 달러)를 가진 국가로 성장하였다. 지금까지 30여 년 동안의 개혁개방과정을 통해 중국은 GDP의 14배, 도시주민과 농촌 주민의 순수입은 6.7배, 빈곤인구는 1978년부터 2006년까지 2,148만 명이 감소되었다(吳敬璉, 2008).

또한 중국은 개혁개방 이후 GDP의 연평균 성장률은 9.8%로 자주 동아시아 개발국가(developmental state)의 경제적 성공과 비견되고 있다. 이 뿐만 아니라 사회주의 계획경제에서 시장경제체제로의 체제전환과 국가 주도적인 산업화정책을 통한 자본축적전략이 경제성장의 요인으로 지목되고 있다.[5)]

---

5) Thomas I. Palley(2006), "External contradictions of the Chinese development model: export-led growth and the dangers of global economic contradiction," *Journal of Contemporary China*, 15(46), p.71.

〈표 1-1〉 개혁개방이후 중국의 국내총생산(GDP)

(단위: 억 위안)

연 도	국 민 총소득	GDP	1차 산업	2차 산업			3차 산업	1인당 GDP (위안)
					공 업	건축업		
1978	3645.2	3645.2	1027.5	1745.2	1607.0	138.2	872.5	381
1979	4062.6	4062.6	1270.2	1913.5	1769.7	143.8	878.9	419
1980	4545.6	4545.6	1371.6	2192.0	1996.5	195.5	982.0	463
1981	4889.5	4891.6	1559.5	2255.5	2048.4	207.1	1076.6	492
1982	5330.5	5323.4	1777.4	2383.0	2162.3	220.7	1163.0	528
1983	5985.6	5962.7	1978.4	2646.2	2375.6	270.6	1338.1	583
1984	7243.8	7208.1	2316.1	3105.7	2789.0	316.7	1786.3	695
1985	9040.7	9016.0	2564.4	3866.6	3448.7	417.9	2585.0	858
1986	10274.4	10275.2	2788.7	4492.7	3967.0	525.7	2993.8	963
1987	12050.6	12058.6	3233.0	5251.6	4585.8	665.8	3574.0	1112
1988	15036.8	15042.8	3865.4	6587.2	5777.2	810.0	4590.3	1366
1989	17000.9	16992.3	4265.9	7278.0	6484.0	794.0	5448.4	1519
1990	18718.3	18667.8	5062.0	7717.4	6858.0	859.4	5888.4	1644
1991	21826.2	21781.5	5342.2	9102.2	8087.1	1015.1	7337.1	1893
1992	26937.3	26923.5	5866.6	11699.5	10284.5	1415.0	9357.4	2311
1993	35260.0	35333.9	6963.8	16454.4	14188.0	2266.5	11915.7	2998
1994	48108.5	48197.9	9572.7	22445.4	19480.7	2964.7	16179.8	4044
1995	59810.5	60793.7	12135.8	28679.5	24950.6	3728.8	19978.5	5046
1996	70142.5	71176.6	14015.4	33835.0	29447.6	4387.4	23326.2	5846
1997	78060.9	78973.0	14441.9	37543.0	32921.4	4621.6	26988.1	6420
1998	83024.3	84402.3	14817.6	39004.2	34018.4	4985.8	30580.5	6796
1999	88479.2	89677.1	14770.0	41033.6	35861.5	5172.1	33873.4	7159
2000	98000.5	99214.6	14944.7	45555.9	40033.6	5522.3	38714.0	7858
2001	108068.2	109655.2	15781.3	49512.3	43580.6	5931.7	44361.6	8622
2002	119095.7	120332.7	16537.0	53896.8	47431.3	6465.5	49898.9	9398
2003	135174.0	135822.8	17381.7	62436.3	54945.5	7490.8	56004.7	10542
2004	159586.8	159878.3	21412.7	73904.3	65210.0	8694.3	64561.3	12336
2005	183618.5	184937.4	22420.0	87598.1	77230.8	10367.3	74919.3	14185
2006	215883.9	216314.4	24040.0	103719.5	91310.9	12408.6	88554.9	16500
2007	266411.0	265810.3	28627.0	125831.4	110534.9	15296.5	111351.9	20169
2008	315274.7	314045.4	33702.0	149003.4	130260.2	18743.2	131340.0	23708
2009	341401.5	340902.8	35226.0	157638.8	135239.9	22398.8	148038.0	25608
2010	403260.0	401202.0	40533.6	187581.4	160867.0	26714.4	173087.0	29992

자료: 중국 국가통계국, http://www.stats.gov.cn/tjsj/ndsj/2010/indexch.htm

Shirk(2007)에 따르면, 중국의 경제규모를 구매력 평가(Purchasing Power Parity) 기준에서 살펴볼 때, 중국은 미국 다음으로 세계에서

두 번째에 이른다. 중국은 현재 세계의 생산 공장으로서 철강생산은 이미 세계생산의 3분의 1을 차지하고 있고, 미국 소비품의 40%가 중국에서 생산되고 있다.[6] 그 밖에 사진복사기, 전자오븐, DVD플레이어, 신발 등은 세계생산의 3분의 2를 차지하고 있으며, 중국의 내수시장도 크게 성장하고 있다.

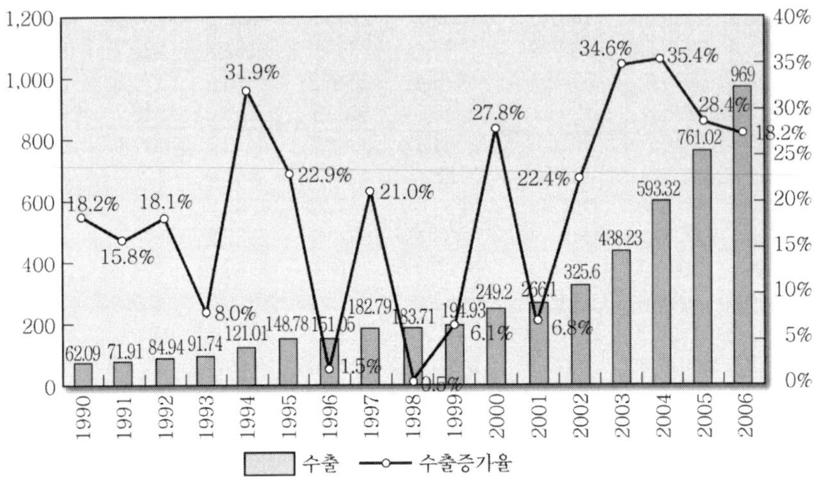

자료: 중국 국가통계국, http://www.stats.gov.cn

[그림 1-5] 중국의 수출과 성장률

그러나 국가발전개혁위원회 마카이(馬凱)에 의하면, 2006년 2월 현재 중국은 여전히 하루에 1달러 미만의 생활수준 하에 살고 있는 인구가 수백만 명에 달하고 있는 것으로 보고되고 있다고 한다. 또한 중국의 경제가 양적인 성장은 이루어졌으나 그만큼 자원에너지 소비가 크고, 또 자원에너지 낭비가 심각하여 자원에너지 사용의 효율성과 자원에너지 보존문제가 나타나고 있다. 이러한 문제를 개선하지 않으면 중국의 경제가 지속적으로 성장하기 힘들 것으로 대내외 경제전문가들이 지적하고 있다. 예를 들어, 중국은 총에너지 수요량이 일본의 두

6) Susan L. Shirk(2007), *China: Fragile Superpower*, Oxford: Oxford University Press, p. 5.

배가 넘어서고 있고,[7] 따라서 석유에 대한 수입의존도가 40%가 넘기 시작하였다.[8]

다시 말해, 중국은 이미 2004년 세계의 여러 지역에서 석유 수입량이 하루 300만 배럴 이상으로 늘어남으로써 미국 다음으로 세계 제2위의 석유수입국이 되어 있다.[9] 2009년에 이르러서 중국은 전 세계 GDP 총액의 약 8% 정도에 이르고 있는 반면, 전 세계 철강은 약 40%, 석탄 45%, 시멘트 48%, 석유·천연가스는 10% 정도를 이미 소비한 것으로 나타났다(經濟參考報, 2011. 12. 5). 또한 Naughton(1996) 등은 중국이 선진국 경제로 발전하는 기회를 갖기도 전에 노령화 사회로 접어들 것이라고 지적한 바 있다. 중국은 2000년 이미 65세의 인구가 7%에 달하는 노령화 사회에 진입하였다. 이는 취업인구 감소와 사회보장기금의 결핍 등으로 중국경제에 큰 부담으로 작용할 것이다.

3) 개혁시기 중국정부의 경제발전전략

중국은 계획경제시기(1949년부터 1978년 개혁개방이전)에 추진된 이른바 '중서부 내륙지역과 동부 연해지역의 균형발전'을 핵심으로 하는 경제발전전략은 오히려 지역 간의 생산능력과 투자효율성의 문제를 가져왔다. 게다가 '중국의 모든 지역이 가능한 역내 자금자족경제의 촉진'이라는 전략적 사고는 또한 각 지역에 중복생산이라는 문제를 초래하였다.[10] 그러나 1978년부터 중국이 개혁개방정책을 실시한 이후로는 경제발전전략에 중요한 변화가 나타나기 시작하였다. 원래의 지

7) 2006년 중국의 국내총생산량은 세계의 5.5%를 차지하고 있는 비해, 중국은 전 세계의 15% 자원을 소비하고 있으며, 그 중 철강 30%, 수자원 54%를 소비하고 있는 것으로 나타났다.

8) 아시아경제, 2010년 6월 7일.

9) Kent E. Calder(2005), "China's energy diplomacy and its geopolitical implications," *Asia-Pacific Papers Series*, Reischauer Center, http://reischauer.jp/pdf/China_Energy_Diplomacy.pdf를 참조

10) 沙北領(1996), "中國經濟改革的邏輯與非邏輯: 地方主義的發展", 『中國社會科學季刊』, 15, p. 127.

역균형발전전략이 '지역불균형 발전전략'으로 변화되기 시작한 것이다. 즉 경제발전의 중심이 동부 연해지역에 놓이게 되고, 중앙정부의 투자정책 또한 이 지역에 치중되었다. 따라서 1988년 중국 공산당 제13차 2중 전회(全會)에서 '동부 연해지역 발전전략'을 채택하기에 이르렀다.

이에 따라 동부 연해지역에 경제특구(심천, 주해, 산두와 하문)를 설립하고, 이후 14개 개방도시와 경제기술개발구(經濟技術開發區), 그리고 주요 삼각주지역에 경제개방구(經濟開放區), 해남성(海南省)에 경제특구 등을 설정하였다. 이러한 일련의 개혁개방정책은 경제정책 결정권과 재정, 그리고 대외무역의 관리와 개방정책의 차원에서 동부 연해지역에 우선권 및 기타 특혜조치를 제공하였다. 특히 동부 연해지역은 중앙정부의 재정분배와 투자정책의 특혜를 향유하기 시작한다. 이와 동시에 중앙정부는 지방의 적극성을 향상시키기 위한 방안으로 1980년부터 중앙과 지방의 재정수입과 지출의 범위를 명확히 구분하는 형식인 재정도급책임제(財政包幹制度)를 실시하고, 이를 통해 동부 연해지역의 경제발전을 촉진하였다.

중앙정부는 원칙적으로 비교우위에 입각한 불균형 발전전략을 구상하였으나, 실행과정에서 동부 연해지역에 대한 과도한 투자증가와 재정정책차원의 특혜 조치로 인해 불균형 발전을 초래하게 된 것이다. 이러한 문제는 1990년대, 즉 제8차 5개년 경제발전 계획(8·5계획)에서 '일종의 불균형 발전 상태에서의 동·서부 협력발전 전략'을 채택하는 계기가 되었다.[11] 사실 '8·5계획(1991-1995년)' 기간은 일종의 경제발전전략의 재조정 단계로서 중앙정부는 경제발전의 중심이 여전히 동부지역에 있지만, 그러나 동남부 연해지역의 개방정책이 중부 연해지역으로 이동하고, 이와 동시에 동·서로 연결되어 있는 강을 따라 중서부 내륙지역을 경제발전을 확장시킨다는 전략을 내포하고 있다.

그리고 '제9차 5개년 계획(9·5계획)'과 『2010년 장기 발전목표에 대한 건의』에서 중앙정부의 지원에 입각한 중·서부 낙후내륙지역의

11) 林凌(1996), "東西部差距擴大問題的分析", 『經濟研究』, 7, p.52.

발전전략과 그리고 동부 연해지역과 중·서부 내륙지역의 경제연합과 협력을 강화하는 경제발전전략을 제시하기에 이르렀다. 이러한 계획의 전체적 구상은 재정과 세무, 투자, 금융 그리고 계획관리체제의 개혁을 심화시키기 위한 것으로 중앙정부는 서부지역의 발전을 촉진시키는 한편, 비교우위에 입각한 동·서부지역의 협력발전을 추진하기 위한 정책적 의미를 담고 있다.

비록 9·5계획(1996-2000년)에서 사회주의 시장경제관리체제의 초보적 건립을 강조하고 있지만, 그러나 1978년 이후 개혁과정에 나타나고 있는 중앙정부의 경제발전전략의 중심은 과거 구소련과 동유럽이 처음부터 취했던 국유부문의 개혁을 위주로 한 전략과 다르다는 점이다. 즉 중국은 적절한 조건을 갖춘 일부 지역의 대외개방을 통해 세계시장과 연계시킴으로써 수출과 해외 자본 및 기술을 유치하는데 있었다. 또한 개발도상국가로서의 '후발 우위'를 확보함으로써 점차 산업경쟁력을 개선하는데 있었다.

전체적으로 볼 때, 개혁개방이후 중국의 경제성장은 각 경제행위 주체자로 하여금 이윤을 추구할 수 있는 경제적 동기[12]가 주어졌기 때문에 가능했다. 그리고 이러한 새로운 규칙이 제도화되는 과정에서 중국 정부의 경제성장 전략도 국민총생산량의 증가와 현대화의 추진을 통한 산업구조의 변화에 초점을 두었다. 과거 마오쩌둥 시기의 중국은 '선진국 추월전략'을 실시하면서 중화학공업의 발전을 꾀하였는데, 개혁개방 이후에는 성장극 혹은 성장축 등의 개념이 지역발전에 적용되어 요소투입형 발전전략을 추진하였다.

중국의 지방정부도 중앙정부의 분권화 정책에 힘입어 관할지역을 중심으로 한 지역산업의 총생산량의 꾸준한 증가를 통해 경제발전을 추진하고자 하였다. 그러나 개혁개방 이후 중국은 지역 간의 불균형 발전을 경험하고 있다. 예를 들어, 중국의 현대식 공업이 일부 핵심지

12) 즉 기업과 지방정부에 이윤추구의 동기를 부여하는 '분권화개혁(放權讓利)'을 통해 다양한 경제행위자의 경제활동의 적극성을 고취시키고, 이를 통해 시장의 형성과 발전을 촉진시켰다.

역에 집중되어 있어 지역격차가 심화되었다. 따라서 최근 중앙정부의 정책은 개혁개방 이후 심화되고 있는 지역불균형 발전문제와 지속적인 경제성장을 위한 성장방식의 전환에 초점을 두고 있다.

〈표 1-2〉 중국의 GDP, 고정자본, 노동, 그리고 총요소생산성(TFP)의 연평균 성장률 (1952-2005년)

연도	GDP	요소투입량의 평균 성장률			TFP 평균 성장률	GDP 성장에 기여한 비중		
		고정자본	노동 투입량					
			단순 노동력 (Raw Labor)	인적 자본 (Education Enhanced)				
		K	L	H		K	H	TFP
1952-2005	7.0	7.7	1.9	2.6	2.1	47.7	21.4	30.9
1952-1978	4.4	5.8	1.9	2.5	0.5	56.3	32.7	11.0
1952-1957	6.5	1.9	1.2	1.7	4.7	12.7	14.9	72.4
1957-1978	3.9	6.7	2.0	2.7	-0.5	73.7	39.7	-13.4
1957-1965	2.4	5.2	1.5	2.1	-1.0	93.1	49.5	-42.6
1965-1978	4.9	7.7	2.4	3.1	-0.2	67.7	36.7	-4.4
1978-2005	9.5	9.6	1.9	2.7	3.8	43.7	16.2	40.1
1978-1985	9.7	9.2	3.4	4.5	3.2	40.6	26.6	32.8
1985-1990	7.7	6.9	2.5	2.9	3.1	38.8	21.5	39.7
1990-1995	11.7	9.1	1.4	1.9	6.7	33.3	9.5	57.3
1995-2000	8.6	10.5	0.9	1.6	3.2	52.7	10.5	36.8
2000-2005	9.5	12.6	1.0	1.8	3.1	57.1	10.6	32.3

자료: Perkins and Rawski(2008), p. 839.

2. 중앙 · 지방 관계와 행정계획

1) 중국의 중앙 · 지방 관계

중국의 중앙과 지방관계는 주로 중앙과 성급 관할 정부와의 관계를 가리킨다. 중앙과 지방관계는 정부체계의 수직구조와 상하간의 등급 관할관계를 의미하며, 정부 간의 수평적 관계를 포함하지 않는다. 또한 중앙정부와 지방정부의 관계는 일종의 이해관계에 기초하고 있는 권력분배관계를 나타내고 있다. 이러한 이유 때문에 그동안 중국의 중앙과 지방관계는 중앙집권과 지방분권, 그리고 중앙집권이라는 순환현상을 반복해 왔다. 특히 신중국의 성립 이후 계획경제체제에서는 정치, 경제의 통합이라는 배경 하에 지방정부는 중앙정부의 통제를 받아 왔다. 그렇기 때문에 지방 자치라는 현상을 목격하기 어려웠다.

사실, 마오쩌둥(毛澤東) 시기에도 지방분권의 문제가 제기[13]되었으나, 이 시기에 나타난 분권현상은 개혁개방 이후 나타난 지방분권의 특징과는 분명한 차이가 있다. 원래, 개혁이전의 중국의 경제체제는 명령성(指令性) 계획경제체제로서 생산품의 생산량과 구성, 그리고 이에 대한 생산과 분배 모두를 중앙정부에서 결정하며, 자원 역시 중앙계획을 통하여 통제되고, 모든 생산수단은 국가소유로 귀결되었다. 이것은 모든 경제계획과 결정은 모두 중앙단위에서 이루어지며, 중앙정부기구는 직접적으로 기업의 경영활동에 관여할 뿐만 아니라, 지방정부의 경제활동까지도 결정한다는 것을 의미하였다.

13) 1950년대에 처음으로 지방분권이 이루어졌고, 1960년대와 1970년대에 집권-분권-재집권 현상이 나타났다.

자료: http://image.baidu.com.

[그림 1-6] 중국의 지리(위성사진)

즉 중국의 계획경제체제에서 몇 차례 지방분권이 실시되었다 하더라도, 이 지방분권의 추진은 단지 행정적 분권(行政性分權)[14]의 범위 내에 국한되었다. 또한 지방정부는 여전히 중앙의 통제대상이며, 중앙

14) 앞에서 언급한 바와 같이, 1978년 이전의 중국은 두 번의 중대한 행정적 분권을 실시하였다. 즉 1953-57년 사이 '제1차 5개년 계획(一五計劃)' 시기에는 구 소련경제체제의 영향에 따라, 중국은 고도로 중앙집권화된 관리체제를 형성하였으나, 1958-60년의 대약진 시기와 1966-76년 문화대혁명 시기의 중국은 지방에 대한 분권을 실행하였다. 예를 들어 대약진 시기에 재정권한을 급진적으로 지방정부에게 이양하였는데, 이것은 지방정부의 자주성을 확대하는 듯 보여 졌다. 그러나 실제로 정책실행에 대한 지방정부의 자유는 극히 제한적 이었으며, 단지 이러한 분권은 중앙의 직접통제를 지방에 의한 직접통제로 전환되었음을 의미할 뿐이었고, 문화대혁명 시기에도 크게 다르지 않았다. 이에 대해서는 다음을 참조 Jae Ho Chung, "Studies of central-provincial relations in the People's Republic of China: a mid-term appraisal," *The China Quarterly*, No. 142(June 1995), p. 500; Jan S. Prybyla, "Who has the emperor's clothes?: economic relationship between the central and local governments in mainland China," *Issues & Studies*, Vol. 32 No. 7(July 1996), pp. 20-23.

의 명령을 기업에게 전달하는 하나의 중개기구였다. 마오쩌둥 집권 시기에 실시된 행정적 분권은 중요 정책결정권이 실제로 지방에 이양되는 것을 의미하지 않았다. 단지 중앙의 정책이 기초단위까지 전달하기 위한 과정에서 고안된 것이고, 지방은 단지 중앙정책에 부합하는 자원의 분배만을 요구할 수 있을 뿐이었다.

그러나 중국개혁의 실시 이후, 더욱이 1984년 제12차 중국 공산당 3중전회(三中全會)와 1993년 제14차 3중전회(三中全會)에서 중앙은 '근본적 개혁의 추진과 그에 따른 시장으로의 경제체제 전환'을 결정하였다. 이러한 조치는 중앙과 지방간의 근본적인 변화를 가져왔다. 즉 이 시기의 개혁은 지방정부에게 지역경제의 정책결정에 대한 자유재량권을 부여하는 지방분권개혁이 이루어졌다. 이 시기의 지방분권 특징은 경제적 분권(經濟性 分權)이다. 개혁개방 이후에 실시된 지방분권은 먼저 기업에 대하여 경영 자주권을 확대하는 것과 동시에 진행되었고, 또한 이 분권화 개혁을 통해 지방정부는 지역경제 자치권 및 관할권을 획득하게 되었다.

이러한 특징을 정부 구조의 측면에서 살펴보면, 중앙정부의 정책집행은 지방정부에 의존하게 되어 있다. 중앙의 행정기관인 국무원(國務院)은 그 산하에 부(部), 위원회(委), 국(局), 서(署)를 두고 있다. 이들 기관은 기본적으로 국무원의 행정관리기능을 수행하는 기관이고, 주요 업무는 정책 수립과 거시적 계획 및 지도(指導) 지침의 마련에 초점을 맞추고 있다. 따라서 정책의 집행과는 크게 관련되어 있지 않기 때문에 중앙정부의 정책집행은 행정구조상 지방정부에게 의존하게 된다.

2) 개혁개방 이후 중앙·지방 관계와 행정기능

중국 국무원은 주로 거시적 정책조정과 지도지침을 구성하는 감독기능을 수행하고, 중앙의 정책은 중앙-성(省)-시(市)-현(縣)-향진(鄉

鎭)의 피라미드형 구조를 통해 하향식으로 정책집행이 전개된다. 그렇다고 지방정부가 중앙정부의 집행 부서를 뜻하는 것은 아니며, 중앙정부가 정책 수립 및 지침을 세우면, 정책의 집행에 대해서는 각급 지방정부에 위탁하게 된다는 것을 의미한다.15)

개혁개방이후 중국의 지방분권을 통해 나타난 중앙·지방 관계의 변화는 다음과 같다. 첫째, 지방정부가 자신의 지역관할권 내에서 경제적 관리의 자율성을 가지게 되었다. 둘째, 중앙은 여전히 성, 자치구, 직할시의 1급 간부의 인사관리에 대한 권한을 가지고 있으며, 이를 통해 정치적 통제를 실시하고 있다. 즉 중앙과 지방 사이의 경제적 관계가 변화의 핵심이고, 중앙의 지방에 대한 통제 및 조정능력은 지속되고 있다. 셋째, 지방정부의 경제적 자주권의 확대는 계획경제에서 시장경제체제로의 전환에 따른 중앙의 경제통제방식의 필연적 구조변화를 나타내고 있다.

이러한 관리체계를 통해 중앙은 거시적인 관리계획을 마련하고, 지방정부는 경제적 정책결정권을 가지면서 지방기업과 경제에 대한 관리권한을 행사하게 되었다. 특히 2003년 10월 14일 중국 공산당 3중 전회에서 통과된 「사회주의시장경제체제에 관련된 결정」에서 중앙과 지방의 경제사회사무 관리에 대한 권한과 책임의 합리적 구분을 명시하고 있다. 즉 전국적이고 성급(자치구, 직할시 포함) 범위를 초월하는 사무에 대해서는 중앙정부가 관리하고, 지방행정구역에 속한 사무에 대해서는 지방정부 관리 하에 둠으로써 조세, 금융, 투자와 사회보장 등의 영역에 대한 분업관리와 직무책임을 상호 조정한다는 것이다. 즉 중앙과 지방관계의 기능은 전국적이고 성급 범위를 초월하는 사무, 지방관할 사무와 공동관리 사무로 구분하여 각각의 행정기능을 수행하도록 하고 있다.

중국의 중앙과 지방관계의 구조는 다음 몇 가지 요인에 의해 나타

15) 특히 1994년 분세제(分稅制) 세제개혁 이후 이러한 중앙·지방 관계의 특성은 더욱 강화되었다.

나고 있다.

첫째, 지리적으로 복잡한 환경요소가 중앙과 지방 분권관계에 영향을 미치고 있다. 중국은 960만㎢의 광활한 영토를 가지고 있고, 산맥과 강하천이 종횡으로 교차하는 등 지리적으로 복잡한 환경을 가지고 있다. 그리고 중국은 각 지역 간의 소득수준, 산업구조, 생활양식 등이 크게 다르기 때문에 전통적으로 중국의 중앙과 지방관계가 성립되는 배경이 되고 있다.

둘째, 시장경제체제로의 전환이후 중국 지역의 경제발전의 수준차이가 중앙과 지방 분권관계에 영향을 미치고 있다. 따라서 중국 정부는 각 지역의 최근까지 경제적 발전 상황을 반영하는 새로운 8대 권역 구분법을 제시한 바 있다.

셋째, 중앙집권과 지방분권 관계는 중앙정부의 국가권력 집중이라는 사회주의국가의 정치적 요소를 반영하고 있다. 즉 중앙과 지방의 중국 내 권력배분형식은 헌법이 규정한 범위 내에서 행사되는 권력이고, 지방정부 정책은 중앙정부의 정책에 위배되지 않는 조건 하에서 자신의 정책을 제정할 수 있다.

중앙과 지방관계에서 볼 때, 개혁개방 이후 지방분권 개혁은 두 가지 측면에서 중앙과 지방간 경제권력 관계의 주요 구조변화를 야기하였다. 즉 하나는 중앙의 직접적 명령성(指令性) 행정명령과 행정개입은 지도성(指導性) 명령과 거시 통제적 조정관계로 변화하였다는 것이다. 또 다른 하나는 중앙은 지역적 공공재의 제공과 지역 기초설비 투자와 관련하여 중앙과 지방간의 경제관할에 대한 권력분할(division of power)을 실시하였다. 이러한 경제적 권력의 분할은 각급 정부의 기업관리 소유권에 근거하고 있다.[16] 다시 말해, 기업에 대한 소유와 관리를 둘러싸고 중앙은 지방과의 분업적 관리체계를 강화하였다는 것이다. 즉 수많은 중앙소유의 국유기업과 심지어는 국가의 중요 산업부문을 지방정부, 특히 성급(省級)과 부성급(副省級) 정부의 관할로 전

16) Jan S. Prybyla, *Ibid.*, pp. 27-28.

환시켰던 것이다. 따라서 개혁개방 이후 중앙과 지방의 관계는 과거의 위계적 명령구조에서 중앙-지방의 분업적 관리체계로의 변화를 의미하고 있다.

3. 동아시아국가 경제발전과 중국의 경제성장 방식

1) 경제발전의 경험과 정부의 역할

한국을 포함한 동아시아의 경제발전의 경험을 언급할 때마다 흔히 등장하는 말은 '개발국가'라는 용어이다. '개발국가(developmental state)'라는 개념은 Amsden(1989), Wade(1990), Johnson(1982) 등이 동아시아의 신흥공업국가(Newly Industrialized Countries, 즉 한국, 대만, 싱가포르, 홍콩)와 일본 등이 경제개발과정에서 국가가 주도적 역할을 했다는 점을 표현하기 위해 사용하기 시작한 용어이다.

그런데 이들의 국가 주도적 역할에 대한 주장은 동아시아 개발국가 사이에서 나타난 정부의 역할을 둘러싸고 신고전경제학파와의 논쟁을 불러왔다. 소위 수정학파라고 불리는 이들의 입장은 국가가 사회에서 독립된 실체인 것으로 가정하는 베버주의 국가론과 유사하며, 또 이들은 동아시아 개발국가와 같이 국가가 주도적으로 시장을 선도하고 경제영역에 개입하는 정부의 역할의 사례를 들어 개발국가론이라는 이론적 틀을 형성하였다.[17)]

수정학파가 제기한 개발국가론은 동아시아 신흥공업국가와 일본의 경제발전에 대해 다음과 같은 해석을 내놓고 있다. 즉 동아시아 국가 경제의 경이로운 발전은 정부가 공급관리와 효과적인 산업정책 등의 개입수단을 통하여 경제발전을 추진하였다는 것이다. 바꾸어 말하면,

17) 손정원(2006), "개발국가의 공간적 차원에 관한 연구: 1970년대 한국의 경험을 사례로", 『공간과 사회』, 25, p. 44를 참조

수정학파는 국가의 개입을 최소화하는 것이 좋고, 그래서 국가의 개입이 야경국가의 역할로 준해야 한다는 신고전경제학파의 관점을 확실히 부정하고 있다.18). 원래 신고전학파는 동아시아 개발국가의 경제성공은 최소한의 국가개입, 가격정책과 대외무역 및 외환관리제도, 그리고 최대한의 사적 소유 및 시장경제의 역할에 힘입은 것이라고 지적한다. 그러나 동아시아 국가의 경험은 경제에 대한 국가의 적극적 개입양식을 가지고 있고, 그래서 수정학파는 동아시아 개발국가들이 시장실패의 문제뿐만 아니라 강한 정부의 개입을 통해 자원동원, 투자분배와 기술혁신의 문제를 해결함으로써 산업의 번영을 촉진하였다는 것이다.

예를 들어, Johnson(1982)은 80년대 초반에 '개발국가론'을 처음으로 제시하였는데, 그는 일본 경제기적의 진정한 원인은 계획합리성과 효과적인 개발지향형 국가의 강조에 있다는 것이다. 개발지향형 국가의 구성요소로서 첫째, 전문 경제관료의 역할을 지적하고 있는데, 이들은 국가발전을 최우선적으로 고려하여 경제발전을 위한 지속적인 산업정책을 추진하였다. 둘째, 정부는 개인재산의 보호와 시장의 의무를 담당하였으나, 정부의 개입이 시장경제의 역할에 부합되는 범위 내로 한정하였다. 셋째, 경제관료기구의 주도적인 역할로서 정부는 엘리트로 구성된 지도기구나 경제참모부로 구성된 경제관료기구를 통해 시장을 주도하였다. 넷째, 정부주도에 의해 형성된 정부와 민간부분간의 협조적 관계가 경제발전과정에서 중심역할을 하였는데, 따라서 문제는 정부가 경제운용에 개입할 것인가, 혹은 개입하지 말 것인가가 아니라 어떠한 수단을 통해 경제에 개입할 것인가가 중요하다고 지적한다.19)

또한 Amsden(1989)은 Johnson의 개발국가이론을 이용하여 한국에 대한 연구를 진행했다. Amsden은 후발산업화국가(late industri-

18) 王紹光, 胡鞍鋼(1994), 『中國國家能力報告』, 香港: 牛津大學出版社, pp. 20-22를 참조

19) Chalmers Johnson(1982), MITI and the Japanese Miracle: The Growth of Industrial Policy, 1925-1975, California: Stanford University Press, pp.17-20을 참조.

alization)인 한국의 경우 경제성공의 원인은 무엇보다 학습(learning)과 규율(discipline)에 있다고 한다. 한국에서는 정부가 중요한 투자항목에 대한 결정, 가격왜곡정책과 보조금정책의 실시 등을 통하여 경제성공을 가져오는 규율성 국가(regulatory state)가 중심 역할을 하였다는 것이다. 따라서 한국 경제성공의 기초는 바로 전략산업의 육성과 국제경쟁력의 제고와 같은 경제적 효과성을 중시하는 정부의 적극적인 경제개입 역할에 있지만, 그러나 정부의 경제개입행위는 지대추구행위(rent-seeking behavior)로 귀결되지는 않았다고 한다.[20]

Wade(1990)의 경우는 한 걸음 더 나아가 통치시장형 이론(governing market theory)을 제시하였다. 그는 자유방임적 시장과 비교하여 정부의 시장 통치는 주로 정부관료기구를 시장운영에 배치시키고 정부관료기구의 조직적 참여는 투자차원에 이루어진다고 본다. 예를 들어, 높은 생산투자로의 유도와 중점산업투자에 대한 지원, 그리고 국제경쟁력이 있는 산업에 대한 보호정책과 특히 금융시장에 대한 개입은 정부가 시장을 통제한 주요한 사례라는 것이다. 따라서 정부의 시장 통치는 시장의 규율을 뒤따르는 것이 아니라 권위주의 체제하에서 정부가 전체 경제의 국제경쟁력을 향상시키고자 하는 측면에서 출발하여 이에 관련된 산업을 조합하는 방식으로 경제발전을 가져왔다는 것이다.[21]

이상의 내용을 놓고 볼 때, 개발국가론은 경제확장과 더불어 산업경쟁력을 확보하기 위해 동아시아 정부가 가격왜곡정책을 통한 체계적인 개입과 시장을 통제하는 역할을 함으로써 경제발전을 촉진하였다고 한다. 그러나 개발국가론은 정부가 어떻게 개입정책에 의존하여 경제성장을 가속화할 수 있는가에 대한 일반화된 논증은 아니며, 그래서 동

20) Alice H. Amsden(1989), *Asia's Next Giant: South Korea and Late Industrialization*, Oxford: Oxford University Press, p.327을 참조

21) Robert Wade(1990), *Governing the Market: Economic Theory and the Role of Government in East Asian Industrialization*, Princeton: Princeton University Press, pp. 224-227을 참조

아시아 신흥공업국가와 일본을 벗어난 기타 지역에서도 정부의 개입자체가 경제성장을 가져올 수 있는가에 대한 설명이 결여되어 있다.

이에 대해 1993년에 세계은행에서 진행한 동아시아국가 경제성공에 대한 분석보고서에서 동아시아 개발국가들의 정부는 시장과 정부의 개입이라는 두 정책을 혼합 사용하는 정책을 채택하였는데, 이러한 특징은 경제원칙과 선택적 정부개입이라는 정책방향에 기초하고 있다고 분석하였다.[22] 즉 시장의 역할과 정부의 선택적 개입을 강조하는 혼합정책은 거시경제차원의 안정과 수출의 빠른 증가를 가져왔다고 보고 있다. 결국 정부가 공공재(public goods)를 제공하는 외부적 중립기구라는 기본적인 틀 내에서 탄력적인 정부개입의 경제정책은 동아시아 개발국가의 경제성공에 중요한 영향을 미쳤음을 강조하고 있다(世界銀行, 1993).

세계은행의 분석에서 보는 바와 같이, 동아시아 경제발전의 경험은 정부와 시장이 경제발전을 촉진하는 역할에 있어 상호 배타적인 대체물이 아니라는 점을 보여준다. 수정주의적 시각이나 신고전주의의 양극단에 놓여 있는 이 두 시각은 동아시아 국가들의 실제적인 발전경험을 해석하는데 각각의 한계를 모두 지니고 있다. 특히 한국의 경우 산업주의 정책을 기본으로 정부가 제정한 종합적인 경제발전전략을 추진한 사례를 놓고 볼 때, 정부의 역할이 중립적이었다고 해석할 수도 없고, 그렇다고 정부의 적극적 개입역할이 시장과의 유기적 결합과 배리하였다고 볼 수도 없는 것이다.[23]

---

22) 특히 최근 Aoki교수를 포함한 '친시장론'자들은 동아시아 국가의 경제성장에 대한 역할은 거시적 경제정책을 중심으로 한 시장제도의 육성에 있다고 보고 있는데, 본 고 역시 이들의 관점에 입각하여 정부의 역할과 정책적 영향 관계를 살펴보고 있다. 이에 대한 논의는 다음을 참조 Masahiko Aoki, Hyung-Ki Kim and Masahiro Okuno-Fujiwara(eds.)(1996), *The Role of Government in East Asian Economic Development*, Oxford: Clarendon Press.

23) 趙潤濟(1998), "韓國: 政府干預和租金分配," 靑木昌彦, 金瀅基, 奧野-藤原正寬(主編), 『政府在經濟發展中的作用: 比較制度分析』, 北京: 中國經濟出版社, pp.261-263을 참조.

이러한 중앙정부 차원의 능동주의(activism)는 경제발전에 성공적인 경험을 갖고 있는 동아시아 개발국가들의 공통적인 부분이라 볼 수 있다. 정부가 능동적으로 경제발전을 촉진시켰다는 의미는 한국을 포함하여 동아시아의 기적이라 불려왔던 신흥공업국가(NICs)와 일본의 경제발전 경험이 주로 정부와 비즈니스간의 파트너십(government-business partnership)을 근간으로 하고 있다. 또한 이를 기초로 하여 동아시아 국가들 사이의 관료적 산업주의 정책모델이 공통적인 현상이었다는 점이다(Gore, 1998). 동아시아 국가들은 국제경쟁력을 높이기 위한 산업정책을 통해 1970년대, 80년대 빠른 경제성장을 구가하였으며, 경제발전계획은 사실 국가의 전략산업 육성과 산업고도화의 단계에 따른 공간적 배치가 핵심이 되었다.

2) 중국의 경제성장 방식: 국가 경제주의

중국과 같이 당-정체제(party-state system)를 중심으로 1당지배의 권위주의체제를 유지하고 있는 사회주의 국가에서 경제성장모델에 대한 해석 역시 흥미로운 비교대상이 된다. 중국은 한국과 같은 동아시아 국가로서 최근 비슷한 경제발전 궤적을 보이고 있다. 중국 역시 1978년 개혁개방정책을 실시한 이래 지난 30년 동안 중국의 GDP는 1978년 3,456억 위안(元)에서 2009년 341,401.5억 위안(元)으로 대폭 증가하는 등 개발도상국으로서 유례없는 경제성장을 달성하였다.

앞서 지적한 바와 같이, 개혁개방 이후 중국 경제성장의 주요 요인으로써 시장경제로의 체제전환(market transition) 뿐만 아니라 국가주도적인 산업화정책을 통한 자본축적전략이었다. 이러한 자본축적전략은 해외직접투자(FDI)와 수출 주도적 성장에 의존하였고, 내적으로는 은행통제를 통한 국유기업의 자금 대출과 산업 및 인프라 투자 등의 방식으로 이루어졌다. 또한 중국의 개혁은 첫째, 경제자주권을 중심으로 한 지방분권화의 실시와 성장잠재력을 갖춘 중점 지역 및 중점 산업부문의 선행 발전, 둘째, 비국유부분 기업(특히 지방정부 관할의 향진기업) 시장진입의 허용과 확대, 셋째, 재정분권화체제로 인한 재정안정성 유지, 그리고 넷째, 시장자유화를 향한 이중가격제의 실시 등과 같은 점진적 개혁을 중심으로 한 개혁정책을 채용하였다.

사실, 중국 정부도 체제 안정과 경제성장을 위한 지역적 실험이라는 당시 경제 환경을 고려해 여타 동아시아 개발국가와 같이 지역의 '불균형적 발전전략'[24]으로 개혁개방이후 중국경제의 비약적인 성장을 견인하였다. 또한 중국의 시장화 개혁정책은 기업에 대하여 경영 자주권을 확대하는 것과 동시에 정부와 시장기능의 유기적 결합을 중시하였다. 이와 동시에 중국은 재정도급제(財政包幹制, 1980-1993년)와 분세제(分稅制, 1994년 이후 현재)[25]라는 재정분권화개혁의 실시를 통해 지방정부주도의 경제성장을 촉진[26]함으로써 사실상 '시장 보존형 재정연방주의'체제를 형성하게 되었다.[27]

중국은 개혁개방이후 경제발전과정에서 산업화의 발전단계가 순리적으로 진행됨에 따라 일부분의 성과가 보조금 형식으로 생산효율이 낮

24) 경제분권화와 시장화개혁의 중심은 동부 연해지역에 있었으며, 1988년 13대 中共 2中全會에서는 "부분지역과 인민을 먼저 부유하게 한다"는 등소평의 주장대로 '연해경제발전전략'을 주요 개혁정책 일환으로 결정하였던 것이다. 王玉珍(1997), "我國改革時期區域差距擴大的成因透析," 『南京社會科學』, 5, pp.37-38을 참조.

25) 재정책임제는 중앙과 지방간의 책임계약을 기초로 한 세수지불관계를 의미하며, 분세제는 세금의 종류를 중앙세, 지방세, 공통세(중앙 75%, 지방 25%)로 나눈 재정분권화체제이다.

26) 사실 중국의 재정분권화와 경제성장에 대한 실증연구는 이제 시작단계에 있으며, 이에 대한 최근 范子英, 張軍(2009)의 연구에 재정분권화의 긍정적, 부정적 측면을 분석한 내용이 주목할 만하다. 재정분권화는 분명 지방정부의 '생산성' 지출을 자극하여 경제발전을 촉진시킨 점에서 그 효과는 명확하다. 그러나 지역간 격차의 확대 등 부정적 측면은 재정분권화의 결과에서 초래되고 있다. 따라서 재정분권화의 결과로 초래된 문제는 특히 중앙과 지방간, 그리고 지방간의 '재정전이지불제도'와 제도로 이 분권화체제를 어떻게 보완할 것인가에 달려 있다. 재정분권화 효과에 실증적 분석은 다음을 참조 范子英, 張軍(2009), "財政分權与中國經濟增長的效率", 『管理世界』, 7, pp. 15-25를 참조.

27) Hehui Jin, Yingyi Qian and Barry R. Weingast(2005), "Regional Decentralization and Fiscal Incentives: Federalism, Chinese Style", *Journal of Public Economics*, 89, pp.17-42를 참조.

은 부문에 이전됨으로써 점차 사회적 안정을 실현해 가는 동시에 국가는 정부가 중개하는 모종의 경제다원화로 경제개발을 촉진시키고 있다. 즉 최근 중국의 발전경험에서 과거 시기와의 큰 차이는 국가가 사회와 지방의 기층단위까지 수직적으로 통제하는 마오쩌둥(毛澤東)시대의 전체주의적 유산(totalitarian legacy)에서 벗어나 제한적이나마 사회적 자율성의 상대적 확대와 지방경제의 역동성을 창출하고자 했다는데 있다.

이때 국가는 거시 조정적 경제 관리역할을 추구하면서, 이와 동시에 한국과 같이 정부와 기업 간의 파트너십이 아니라 '관료적 기업가주의(bureaucratic entrepreneurship)'의 형태로 경제발전을 추진해 오고 있는 사례로서 묘사되고 있다는 점이다(Gore, 1998). 또한 중국은 경제성장을 촉진시키기 위한 개혁개방정책의 전개에 따라 지역공간정책의 중심이 한국과 유사한 지역집중-재확산이라는 교차논리를 반복하고 있다. 즉 산업투자 효율성과 성장잠재력을 가진 거점지역의 발전을 중시하고, 이로 인한 지역불균형문제에 대해서는 중앙정부의 지역개발사업을 통해 단계적으로 지역 확산효과를 창출하고자 하였다.

그러나 최근 관료적 기업가주의의 특성에서 나타나고 있는 부정적 문제를 살펴볼 때, 경제발전에 국가가 주도적으로 역할을 하였다는 의미에서의 또 다른 함의는 국가주의의 재도래이다. 또한 국가주의는 금융과 산업의 과두적(寡頭的) 형태의 긴밀한 결합으로 나타나고 있고, 자원배분의 문제에 큰 영향을 미치고 있다. 가장 대표적인 현상이 중앙 국유기업에 대한 기술과 자금의 집중뿐만 아니라, 중앙 국유기업은 에너지자원, 전력, 철강, 통신 등의 국가 기간산업에서 소비산업까지 국내시장의 독점기업으로 성장하고 있다. 이러한 측면에서 현재 중국의 경제체제가 탈공산주의형(post-communist) 시장경제체제라는 성격을 가지고 있으면서도, 여타 개발도상국가의 경제발전 경험과 다른 양상을 보이고 있다.

참고문헌

손정원(2006), "개발국가의 공간적 차원에 관한 연구: 1970년대 한국의 경험을 사례로", 『공간과 사회』, 25, 41-79.

宦國渝(1996), "雙重轉型于經濟增長關于西部地區發展模式再選擇的思考", 『經濟体制改革』, 5, 85-88.

范子英, 張軍(2009), "財政分權与中國經濟增長的效率", 『管理世界』, 7, 15-25.

林凌(1996), "東西部差距擴大問題的分析", 『經濟研究』, 7, 52.

沙北領(1996), "中國經濟改革的邏輯與非邏輯: 地方主義的發展", 『中國社會科學季刊』, 15, 127.

王紹光, 胡鞍鋼(1994), 『中國國家能力報告』, 香港: 牛津大學出版社

吳昂, 張建喜(1994), 『中國地方經濟分析』, 北京: 中國經濟出版社.

吳國光, 鄭永年(1995), 『論中央-地方關係: 中國制度轉形中的一介軌心問題』, 香港: 牛津大學出版社.

魏后凱(1995), 『區域經濟發展的新格局』, 云南: 云南人民出版社

謝慶奎(主編)(1996), 『當代中國政府』, 大連: 遼寧出版社.

王玉珍(1997), "我國改革時期區域差距擴大的成因透析," 『南京社會科學』, 5, 37-38.

葉孔嘉(1994), "經濟改革綜述", 載沃爾特·加勤森(主編), 『中國經濟改革』, 北京: 社會科學文獻出版社.

趙潤濟(1998), "韓國: 政府干預和租金分配" 青木昌彦, 金瀅基, 奧野-藤原正寬(主編), 『政府在經濟發展中的作用: 比較制度分析』, 北京: 中國經濟出版社.

Aoki, Masahiko, Hyung-Ki Kim and Masahiro Okuno-Fujiwara(eds.)(1996), *The Role of Government in East Asian Economic Development*, Oxford: Clarendon Press.

Amsden, Alice H.(1989), *Asia's Next Giant: South Korea and Late Industrialization*, Oxford: Oxford University Press.

Calder, Kent E.(2005), "China's energy diplomacy and its geopolitical implications," Reischauer Center, *Asia-Pacific Papers Series*. http://reischauer.jp/pdf/China__Energy__Diplomacy.pdf.

Chung, Jae Ho(1995), "Studies of Central-provincial Relations in the People's Republic of China: a Mid-term Appraisal," *The China Quarterly*, 142, 487-508.

Chung, Jae Ho(2000), *Central Control and Local Discretion in China: Leadership and Implementation During Post-Mao Decollectivization*, Oxford: Oxford University Press.

Gore, Lance L. P.(1998), *Market Communism: The Institutional Foundation of China's Post-Mao Hyper-Growth*, Oxford University Press.

Halpern, Nina P.,(1992), "Information Flows and Policy Coordination in the Chinese Bureaucracy," in Lieberthal and Lampton(eds.), *Bureaucracy, Politics, and Decision Making in Post-Mao China*, California: University of California.

Huang, Yasheng(1994), "Information, Bureaucracy, and Economic Reforms in China and the Soviet Union," *World Politics*, 47(1), 127-128.

Jin, Hehui, Yingyi Qian and Barry R. Weingast(2005), "Regional Decentralization and Fiscal Incentives: Federalism, Chinese Style", *Journal of Public Economics*, 89, 1743-1762.

Johnson, Chalmers(1982), *MITI and the Japanese Miracle: The Growth of Industrial Policy*, 1925-1975, California: Stanford University Press.

Li, P. P.(2005), The Puzzle of China's Township-Village Enterprises: The Paradox of Local Corporatism in a Dual-Track Economic Transition, *Management and Organization Review*, 1(2), 197-224.

Oi, J. C.,(1999), *Rural China Takes Off: Institutional Foundations of Economic Reform*, Berkely: University of California Press.

Palley, Thomas I.(2006), "External contradictions of the Chinese development model: export-led growth and the dangers of global economic contradiction," *Journal of Contemporary China*, 15(46), 69-88.

Perkins, D. H. and T. G. Rawski(2008). "Forecasting China"s Economic Growth to 2025," In *China's Great Economic Transformation*. Ed. L. Brandt and T. G. Rawski, Cambridge and New York: Cambridge University Press.

Prybyla, Jan S.(1996), "Who has the Emperor's Clothes?: Economic Relationship between the Central and Local governments in Mainland China," *Issues & Studies*, 32(7), 20-23.

Shirk, Susan L.(2007), *China: Fragile Superpower*, Oxford: Oxford University Press.

Tian, Xiaowen(1999), "Market Orientation and Regional Economic Disparities", *Post-Communist Economics*, 11(2), 161-172.

Qian, Yingyi(1999), "The Institutional Foundations of China's Market Transition", The World Bank, *Paper of Annual Conference on Development Economics*, http://www-siepr.stanford.edu/workp/swp99011.pdf

Wade, Robert(1990), *Governing the Market: Economic Theory and the Role of Government in East Asian Industrialization*, Princeton: Princeton

University Press.

Wong, Christine P.(1991), "Central Planning and Local Participation under Mao: the Development of County-run Fertilizer Plants," in Gordon White(ed.), *The Chinese State in the Era of Economic Reform: the Road to Crisis*, London: Macmillan.

중국 국가통계국, http://www.stats.gov.cn

2
chapter

중국의 지역개발과 광역경제권의 형성

1. 중국의 지역개발정책의 변천

1) 지역개발정책의 변천

중국은 사회주의 신중국의 성립 이후, 특히 1956년 마오쩌둥(毛澤東)의 '10대관계론(十大關係論)'의 발표 이후 중공업 우선 발전과 국방정책에 따라 동부 연해지역(東部沿海地域)과 중・서부내륙지역(中西部內陸地域)의 균형적 산업발전이라는 지역균형 개발정책이 수립되었다. 그러나 1978년 개혁개방정책의 실시 이후에는 중국의 경제성장과 지역경쟁력 강화라는 차원에서 지역불균형개발이라는 정책적 변화를 가져왔다. 즉 중국은 경제성장 촉진을 위한 산업화전략을 핵심으로 동부연해지역을 세계제조업 산업기지로 개발하는 정책을 추진하였다.

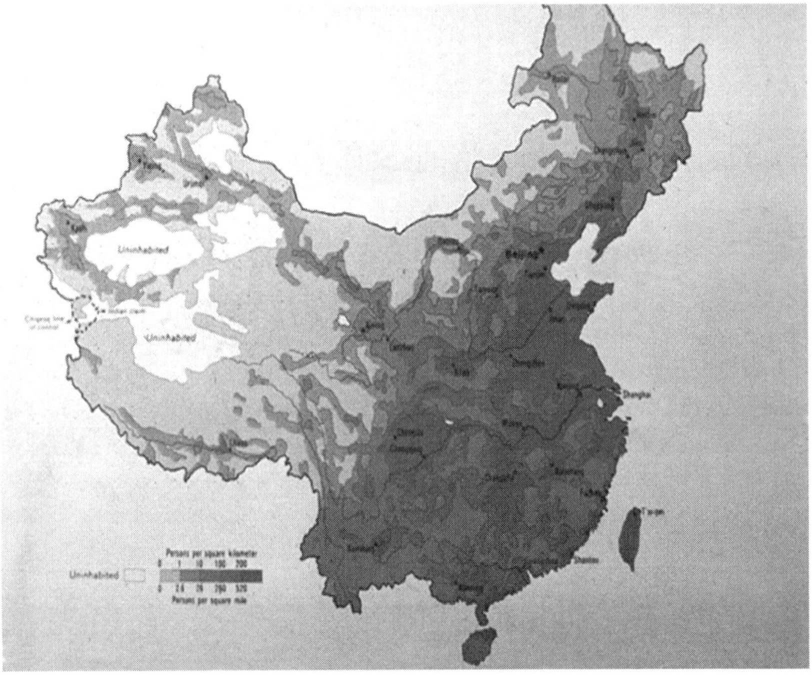

자료: http://image.baidu.com

[그림 2-1] 중국의 인구밀도 분포도

그리고 산업화가 빠르게 진행되는 성장단계에서 중국은 1999년 9월 중국공산당 제15차 4중전회(四中全會)를 통해 '서부대개발전략(西部大開發戰略)'을 제시한 이후 2000년대의 중국 지역개발정책은 동·서부의 협력적 균형발전을 위한 지역개발정책에 초점을 맞추어 왔다. 중국의 지역개발은 주로 중앙정부의 투자배분정책에 의존하여 왔다. 1949년 신중국의 성립 후 초기 경제개발5개년계획에서는 이미 산업화된 북·동지역에 투자배분이 집중되어 있었고, 1960년대 중반 이후부터는 내륙지역에 대한 투자가 이루어졌다.

그러나 중국의 개혁개방을 필두로 하여 다시 제5차 5개년 계획(1976-1980)부터 제7차 5개년 계획까지(1986-1990)까지는 동부연해지역에 집중적으로 투자배분이 추진되면서 지역의 불균형적 성장을 초래하게 되었다(Groenewold, Chen and Lee, 2010). 따라서 최근 중국의 지역개발에 대한 관심이 지역격차문제로 인해 중·서부 내륙지역과 같이 낙후된 지역에 대한 정책적 배려로 초점이 옮겨짐에 따라 예를 들어, '서부대개발(1999년)', '동북구산업기지진흥(東北振興, 2003년)'과 '중부흥기(中部崛起, 2004년)' 전략 등과 같은 지역개발사업이 추진되어 왔다.

또한 2006년 제11차 5개년 규칙에서는 동부지역 산업구조의 고도화와 경제성장방식의 질적 전환을 달성하기 위한 전체적인 틀을 가지고 동부지역이 중서부지역의 발전을 이끌어가는 개발방식을 강조하였다. 그리고 특히 2007년에는 중국 국무원(國務院)이 지역개발의 통일적인 공간적 계획을 중시하는 지역개발총괄전략(統籌區域發展)[1]을 규정함에 따라 지역개발정책에의 기본적인 변화를 가져왔다.

2) 지역개발총괄전략

2007년 7월 『국무원의 공간특성에 따른 전국 편제 계획에 관한 의견』에 의하면, 지역개발총괄전략(統籌區域發展)은 전 국토를 네 가지로 구분한다. 첫째는 최적화된 개발지역으로 개발밀도가 높고, 자원환경능력이 감소되고 있는 지역, 둘째, 중점 개발지역으로 자원환경능력이 강화되고 있고, 경제와 인구의 밀집조건이 비교적 좋은 지역, 셋째, 개발억제지역으로 자원환경능력이 약하고, 경제 밀집도나 인구조건이 좋지 않은 지역이며, 또한 생태보호가 필요한 지역, 넷째, 개발금지지역으로, 각종 자연보호를 위해 개발을 금지하고 있는 지역으로 구분하고 있다.

사실 중국의 중·서부 내륙지역은 마오쩌둥(毛澤東)시대의 유산으로 인해 군수산업과 중공업 관련 국유기업이 집중되어 있다. 또한 이들 중·서부지역에서는 개혁개방 이후에도 일반적으로 지역개발이 중앙정부에 대한 의존도가 높고, 지역정부의 지역개발의식도 과거 계획

1) 中國經濟网, http://www.ce.cn/macro/more/200910/21/t20091021_20244177.shtml.

경제 하에서의 행정적 명령체계에 익숙한 경향이 있었다. 이에 대해 Nee(1996)는 개혁개방 이후 시장제도의 발전과 개방정도의 차이에 초점을 두고, 이에 따라 나타나는 각 지역 경제개발의 차이를 설명하였다. 즉 중·서부와 같은 내륙지역은 시장이 비교적 발달하지 못한 지역(the less marketized inland province)으로서, 이 지역에서는 정부의 행정적 권력이 중요하게 자리 잡고 있고, 또한 정부주도의 직접적 개입전략이 강하게 나타나고 있다고 지적한다.2) 또한 동부 연해지역을 중심으로 지역간 불균등한 시장화의 촉진은 비국유부문의 향진기업이나 외자기업이 동부지역에 편중되어 발전하는 결과를 가져왔다고 지적하였다.

특히 최근 동부 연해지역은 주요 도시군을 핵심으로 한 4개의 주요 경제권역 즉 장강삼각주경제권(長江三角洲: 광동성의 심천, 주해, 동관 등 지역), 주강삼각주경제권(珠江三角洲: 상해, 강소성, 절강성 등 지역), 환발해지역경제권(環渤海地域: 북경, 천진, 하북성)이 형성되어 있다. 이들 지역은 중국내 우수 인력과 자본 그리고 선진 기술이 집중되어 있어 중국 내에서 가장 빠른 경제성장이 이루어지고 있는 지역이다(〈표 2-1〉참조). 이러한 동부 연해지역의 발전은 산업화의 진전과정에 따라 전문화된 전통산업 집적지와 소수의 첨단기술산업 집적지 등 신산업지역(new industrial district)으로 발전하였으며, 이는 시간이 경과해도 지역격차가 해소되기 쉽지 않다는 것을 나타낸다.

2) Victor Nee는 중국의 각 지역을 시장이 비교적 발달하지 못한 내륙 성(the less marketized inland province), 연해지역의 전통계획체제 성격이 강한 성(the coastal redistributive), 연해지역의 계획과 시장이 결합된 조합주의적 성(the coastal corporatist province), 그리고 자유시장체제적 성(the laissez-fair province) 등으로 구분하고, 이러한 각 지역체제의 특징이 발전의 차이와도 연관되어 있음을 묘사하고 있다. 이에 대해서는 다음을 참조 Victor Nee(1996). "The emergence of a market society: changing mechanism of stratification in China", *American Journal of Sociology*, 101(4), pp.935-942.

〈표 2-1〉 중국 동부, 중부, 서부지역의 GDP 점유비중(%)

연도	동부지역	중부지역	서부지역
1980	51.13	30.20	18.67
1985	51.96	29.69	18.35
1990	52.64	28.36	18.99
1995	55.54	26.09	18.37
1998	55.82	26.48	17.69
1999	56.59	25.90	17.51
2000	57.29	25.58	17.13
2001	57.50	25.41	17.09
2002	57.86	25.12	17.01

자료: 劉乃全·鄭秀君·賈彦利(2005), p. 29.

대체로 중국의 지역개발정책은 3단계의 변화과정을 거쳐 왔는데, 첫째, 균형개발단계(1956-1978 이전)로서 내륙지역의 산업발전을 위한 지역 균형적 산업배치를 추진하였다. 둘째, 불균형개발단계(1978-1999)로 지역개발을 동부 연해지역과 내륙지역으로 구분하여(兩个大局戰略) 단계적 개발확산전략을 제시하였다. 셋째, 협력개발단계(1999-현재까지)로서 중·서부지역의 경제발전을 중시하는 개발정책단계로 변천하였다. 중국은 세 번째 단계에서 지역개발총관전략을 제시함으로써 동부와 중·서부지역 간의 협력발전을 목표로 하고 있고, 또 중앙정부 주도의 거시적 조절기능을 강조하고 있다(劉健·李國平, 2006).

그러나 중앙정부 주도의 지역개발정책은 지역의 다양성을 고려하기에는 부족한 자금투자나 특혜정책과 같은 단일한 정책적 수단에 그치고 있다. Groenewold(2010) 등은 중국의 지역개발정책은 아직까지 중·서부지역보다 동부 연해지역에서 정책적 효과 크게 나타나고 있고, 다만 상대적으로 중부지역에 대한 투자효과가 서부지역보다는 크게 나타나고 있다고 하였다. 그러므로 중국의 지역개발은 최소한 중·서부지역 자체의 발전적 경로를 만들어 갈 수 있는 정책적 지원, 즉 생산성 투자나 정책적 특혜보다는 기반시설투자, 교육투자, 지역의 기업환경 개선을 위한 투자 등과 같은 다양한 정책을 고려해야 한다는 지적이 설득력을 지니고 있다. 또한 지역개발정책의 연속성과 예측성을 확보하기 위해 이와 관련된 법·제도의 구축이 시급한 실정이다.

2. 중국 광역경제권의 발전

1) 중국 광역경제권의 형성

중국 경제권역의 형성은 개혁개방이후 경제성장의 핵심지역인 동부연해지역을 중심으로 형성되었다. 중국 정부는 행정구역의 범위를 넘어서는 광역경제권역을 더욱 활성화시킬 뿐만 아니라 지역격차의 개선을 위해 경제권역을 서부내륙지역으로도 확대하고자 하였다.

중국의 경제권역 형성 이전에 중국정부는 전통적 지역구분으로서 지리적 위치에 따라 중국을 크게 3대 경제구역, 즉 동부 연해지역, 중부 내륙지역과 서부 내륙지역으로 분류하였다. 중국의 동부지역(東部)은 경제발전수준이 비교적 높고, 중부지역(中部)은 상대적으로 중등수준이며, 서부 내륙지역(西部)은 경제발전수준이 상대적으로 낙후된 지역이다. 중국의 동부지역은 북경(北京), 천진(天津), 하북(河北), 요녕(遼寧), 상해(上海), 강소(江蘇), 절강(浙江), 복건(福建), 산동(山東), 광동(廣東)과 해남(海南) 등 11개 성시(省市)를 포함하고 있다. 중부지역은 산서(山西), 길림(吉林), 흑룡강(黑龍江), 안휘(安徽), 강서(江西), 하남(河南), 호북(湖北), 호남(湖南) 등 8개 성(省)을 포함하고 있다. 그리고 중국의 서부지역은 중경(重慶), 사천(四川), 귀주(貴州), 운남(雲南), 서장(西藏), 섬서(陝西), 감숙(甘肅), 청해(青海), 영하(寧夏), 신강(新疆), 광서(廣西), 내몽고(內蒙古) 등 12개성(省)과 자치구(自治區)로 구성되어 있다.

그리고 최근 중국 국무원 발전연구중심(Development Research Center of the State Council)[3]은 각 지역의 경제적 발전 상황을 반영하는 새로운 8대 권역 구분법을 제출하였다. 즉 중국을 8대 권역을 구분하였을 경우, '동북지역(東北地域)'은 요녕, 길림, 흑룡강을 포함하고 있고, '북부연해지역(北部沿海地域)'은 북경, 천진, 하북, 산동, '동부연해지역(東部沿海地域)'은 상해, 강소, 절강, '남부연해지역(南部沿海地域)'은 복건, 광동, 해남, '황하중류지역(黃河中流地域)'은 산서, 섬서, 하남, 내몽고, '장강중류지역(長江中流地域)'은 호북, 호남, 안휘, 강서, '서남지역(西南地域)'은 운남, 귀주, 사천, 중경, 광서, '서북지역(西北地域)'은 감숙, 청해, 영하, 서장, 신강을 포함하고 있다.

이 8대 권역은 모두 지리적으로 인접한 성들로 구성되어 있고, 대부분 자연조건이나 천연자원중국 등 부존자원이 유사하다. 또한 문화적 동질성이나 경제발전 수준면에서도 대체로 유사한 지역들이라고 볼 수 있다. 따라서 중국의 제11차 5개년 규칙(11·5규칙)에서 장강삼각주경제권, 주강삼각주경제권, 그리고 환발해경제권이 중국 경제성장의 추진체로서 중국 현대화를 가속화하기 위한 개발계획의 방향을 제시하였던 것이다. 무엇보다 중국의 이 3대 경제권에는 현재 중국의 균형적인 지역개발정책과 산업구조의 업그레이드를 추진하고 있는 시점에서 우리가 주목해야 할 도시군(城市群)들이 형성되어 있는 지역이기도 하다.

2) 경제권의 기본개념에 대한 중국의 인식

최근 각 국에서 활발하게 촉진되고 있는 광역경제권은 현대 지역경

3) 국무원 발전연구중심은 국무원 직속 정책연구 자문기관으로 주요 직책은 국민경제, 사회발전과 개혁개방의 종합성 및 전체적인 측면, 그리고 전략과 장기적 문제에 대한 연구를 하며, 당중앙과 국무원에 정책건의와 자문을 제시하고 있다. http://www.drc.gov.cn.

제발전의 모델로서 그 역할에 대해서는 선진국가와 개도국에서 광범위한 공감대가 형성되어 왔으나, 각국의 광역경제권 개념에 대한 이해가 완전히 일치하는 것은 아니다. 기존 문헌에서 살펴보면, 일반적으로 밀집해 있는 도시로 구성된 경제구역을 '경제권' 혹은 '경제군', '경제벨트'로 칭하고 있다. 그런데 이 세 가지 개념은 엄격히 구분되는데, 그러나 이들 각자는 밀집해 있는 도시의 공간적 분포형태를 반영하고 있다는 점이다. 즉 환의 형태, 점의 형태, 벨트의 형태로 분포되어 있다는 것이고, 이를 경제관계를 토대로 비교하여 보면, '경제권'이라는 개념이 가장 경제학적 의미를 지니고 있다.

중국에서의 광역경제권(대도시군, 도시군 집합, 대경제구, 대도시구 혹은 대도시구 집합)은 일정 지역의 범위내의 경제조직실체를 가리키는 것으로 일종의 생산분포의 지역조합 형태를 이루고 있다. 즉 중국의 경제권은 주로 지역의 자연환경, 경제기술조건과 정부의 거시관리 정책에서 출발하여 일련의 내적 연계성을 지닌 지역산업의 분포권역이다. 일반적으로도 경제권은 통상적으로 면적이 큰 국가내의 특정 지역으로, 대부분 도시의 집합체를 의미하거나 혹은 국내 총생산량에서 점유하는 비중이 매우 클 뿐만 아니라 글로벌경제에 영향을 미치는 권역을 의미한다.

중국 광역경제권의 특징은 권역 내에 비교적 명확한 동질성과 군체성, 그리고 외적으로는 분명하게 구별되는 조직적·지역적 경계를 보이고 있다. 특히 중국의 광역경제권은 일반적으로 원재료 생산권역, 에너지 생산권역, 가공구와 농업기지가 있으며, 이해 비해 비교적 작은 경제권은 경쟁우위 산업이나, 지역특화산업이 특징적으로 발전해 있다.

앞서 살펴본 바와 같이, 중국 광역경제권의 형성은 본질상 시장화와 도시화의 결과라고 볼 수 있다. 일반적으로 중국의 도시군 혹은 경제권은 현재 점진적으로 형성되고 있거나 발전 과정 중에 있다. 그리고 개혁개방 이후 지방보호주의, 행정구획에 의해 초래된 지역분할 등의 장애를 극복하고 중국은 점차 환발해경제권, 장강삼각주경제권, 주강삼각주광역경제권 등이 형성되어 있다.

중국의 광역경제권의 형성은 중국이 시장경제로의 전환에 따른 시장경쟁과 분업적 협력이라는 시장경제의 특성을 반영하고 있다. 그리고 1990년대 중반이후 심화되기 시작한 지역경제의 광역화와 더불어 지역산업의 네트워크화 현상은 세계화의 조류에 부응하기 위한 변화로 볼 수 있다. 즉 중국 지역경제의 전통산업이 점차 개선됨으로써 광역경제권으로 발전하는 과정을 거치게 된 것이다. 또한 중국의 광역경제권은 노동과 자금의 유동성이 활발한 지역으로서 대외적으로는 계획적인 확장을 통해 주변 지역과의 경제통합이 강화되고 있고, 또한 고급 인력과 축적된 자본을 통해 권역내의 기술혁신과 산업구조의 고도화를 촉진하고 있다.

환발해경제권은 북경시, 천진시, 하북성을 핵심으로 하는 경진기(京津冀) 도시경제권을 가리킨다. 환발해경제권은 현행 경제체제하에서 전국 자원이 이들 대도시에 집중된다는 데에 장점이 있다. 장강삼각주경제권은 장강 삼각주지역을 중심으로 형성되어 있는 경제권역을 가리킨다. 그리고 주강삼각주경제권은 통상적으로 주강삼각주도시경제권 혹은 주강삼각주경제구역을 지칭하는 것으로 광동성 주강삼각주지역의 9개 지급시(地級市)로 구성된 경제권을 가리킨다.

현재 중국의 동부 연해지역에는 주로 3개 도시군을 핵심으로 한 경제권역 즉 장강삼각주(長江三角洲), 주강삼각주(珠江三角洲)와 환발해만지역(環渤海灣地域)을 중심으로 하는 경제권역이 형성되어 있다. 이들 지역에는 중국내 우수 인력과 자본 그리고 선진 기술이 집중되어 있어 중국 내에서 가장 빠른 경제성장을 주도 할 수 있었으며, 특히 장강삼각주와 주강삼각주는 중국 경제성장의 추진체로서 중국 현대화를 가속화하는데 주도적 역할을 하여 왔다. 그리고 전술한 환발해경제권, 장강삼각주경제권과 주강삼각주경제권 외에도 최근 중국내에서는 성유경제권(成渝經濟區), 무한경제권(武漢經濟區), 중원도시권(中原城

市圈), 장주담도시군(長株潭城市群), 북부만경제권(北部湾經濟區), 그리고 해협경제권(海峽經濟區) 등 새로운 경제권(경제협력조직)이 형성되고 있다.

3) 광역경제권 중 장강삼각주와 주강삼각주의 위상

현재 동부, 중부, 서부로 구분하고 있는 중국의 전통적 지역구분은 큰 의미가 없고, 개혁개방 이후에 형성된 광역경제권을 기초로 한 지역별 구분이 중요하다. 그리고 이 광역경제권은 중국의 경제성장 뿐만 아니라 동·서 간 지역의 경제발전에도 중요한 영향을 미칠 것으로 예상된다. 현재 중국의 동부 연해지역에는 중요 핵심 도시군을 중심으로 한 4개의 경제권역 즉 장강삼각주(長江三角洲), 주강삼각주(珠江三角洲), 환발해지역(環渤海地域), 그리고 최근(2009년) 중서부지역의 서삼각경제권(西三角經濟圈) 등과 같은 광역경제권역이 형성되어 가고 있다. 이들 지역에는 중국내 우수 인력과 자본 그리고 선진 기술이 집중되어 있어 중국 내에서 가장 빠른 경제성장을 주도해 오고 있다. 특히 제11차 5개년 계획(11·5계획)에서는 장강삼각주경제권, 주강삼각주경제권, 그리고 환발해경제권은 중국 경제성장의 추진체로서 중국 현대화를 가속화하는데 주도적 역할을 하도록 강조하고 전체적인 개발계획의 방향을 제시하였다.

이들 광역경제권 중에서 장강삼각주와 주강삼각주는 삼각주지역을 중심으로 한 유역경제(流域經濟)형태를 발전시켜 왔는바, 유역경제란 하천을 중심으로 한 물류의 흐름과 연계가 이루어지는 특수한 형태의 지역경제를 가리킨다. 특히 이들 장강, 주강 삼각주의 성장을 통해 유역경제는 지속적인 경제발전을 이룩하여 왔으며(孫祖培, 2003), 즉 역내 자원의 최적화와 조절을 통해 분업과 협력을 통한 효율성을 극대화하는 중국 특유의 경제권역을 완성하였다.

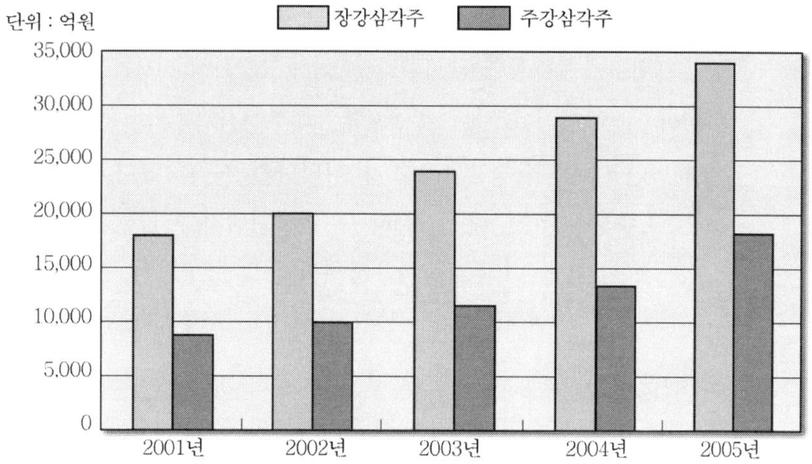

자료: 國家統計局, http://www.stats.gov.cn.

[그림 2-1] 장강삼각주와 주강삼각주 GDP 비교(2001-2005년)

먼저, 장강삼각주경제권은 상해를 선두로 하고 강소성의 남경시(南京), 진강시(鎮江), 양주시(楊州), 태주시(泰州), 남통시(南通), 소주시(蘇州), 무석시(無錫), 상주시(常州)와 절강성의 항주시(杭州), 가흥시(嘉興), 호주시(湖州), 영파시(寧波), 소흥시(紹興), 주산시(舟山), 태주시(台州) 등 16개 지급시(地級市) 이상의 도시소재로 구성되어 있다. 이중에서 초대형 도시가 2개(상해와 남경), 특대형 도시 1개(항주), 대도시가 4개(무석, 소주, 상주와 영파), 그리고 14개의 중등 도시와 33개의 소도시가 있다. 총면적이 21만 7백㎢(상해는 6340.5㎢, 강소성은 10만 2천6백㎢, 절강성은 10만 1천8백㎢)로 전국 토지면적의 2.19%을 차지하고 있다. 장강삼각주경제권은 중국의 대외개방정도의 높은 최대권역으로서 공업 및 상품경제가 발전하였을 뿐만 아니라 수륙교통이 편리한 전국 최대의 대외무역수출 단지이다.

다음으로, 주강삼각주경제권은 장강삼각주경제권과 환발해경제권 다음으로 세 번째 경제규모를 갖추고 있는 수출지향형 도시경제권이다. 지리적으로 주강삼각주(珠江三角洲)는 중국 남해에 인접해 있고, 화남

지방에서 광동성으로 흐르는 주강수계가 합류하는 지역이다. 주강삼각주경제권의 개념은 1990년대 초기에 형성되기 시작하였다. 1990년 후반에 소주강삼각주를 중심으로 대주강삼각주가 출현하게 되었으며, 2003년 다시 '범주강삼각주'가 나타나기 시작하였다. 주강삼각주경제권은 소주강삼각주, 대주강삼각주, 범주강삼각주의 지역구분을 포괄하는 의미를 갖고 있다.주강삼각주경제권의 9개 도시는 광주시(廣州), 심천시(深圳), 주해시(珠海), 불산시(佛山), 혜주시(惠州), 조경시(肇慶), 강문시(江門), 중산시(中山)와 동관시(東莞)이다. 총 토지면적은 45,202㎢로 전국 토지면적의 0.47%에 해당하고, 인구는 약 4,092만 명으로 전국 총 인구의 약 3.1%를 차지하고 있다. 특히 주강삼각주경제권에 입지하고 있는 기업의 절대 대다수 제품이 국제시장에 공급되고 있는데, 이러한 수출지향형 경제권의 발전은 해외자금, 선진 기술, 선진 설비와 관리기법의 유치에서 비롯되었다. 이른바 소주강삼각주[4]는 중국 동부 해안선 남단에 위치하고 있으며, 구역면적은 24,437㎢, 광동성 면적의 14%에 이르고 있다. 또한 인구는 4,283만 명으로 광동성 인구의 61%에 해당된다. 2008년 소주강삼각주의 GDP는 29,745.58억 위안(4,342.843억 달러)로 중국 전체의 10%를 차지하는 중국 제2의 삼각주이다.

3. 광역경제권 개발계획: 장강삼각주와 주강삼각주

중국은 2011년 3월에 개최된 전국인민대표대회(全人大)와 정치협상회의(政協)의 양회(兩會)를 통해 '중화인민공화국 국민경제와 사회발

4) 원래 주강삼각주라는 개념은 1994년에 출현하였으며, 이것이 소주강삼각주를 의미하게 되었다. 그 지역은 광주, 심천, 불산, 주해, 동관, 중산, 강문 등의 7개 도시로 구성되어 있고, 이것이 2개의 도시가 더 포함되어 현재 주강삼각주 경제권을 형성하게 되었다. 그리고 홍콩과 마카오까지 포함될 때는 대주강삼각주 혹은 범주강삼각주를 의미하는 것이다. http://baike.baidu.com/view/33354.htm.

전에 관한 제12차 5개년 규칙 강요(12·5규칙, 2011-2015년)'을 정식 발표하였다. 제12차 5개년 규칙은 사회주의 신농촌 건설의 강화, 중국 내수시장의 확대를 통한 성장방식의 전환, 산업구조의 고도화 및 업그레이드, 공공 서비스체계의 구축 및 인적 자본의 확대, 7대 전략적 신흥산업의 육성정책(에너지 절약 및 환경보호, 차세대 정보통신기술, 바이오, 첨단장비제조, 신에너지, 신소재와 신에너지 자동차) 등의 내용을 담고 있다.

그런데 이 12·5규칙이 담고 있는 산업구조의 고도화 및 업그레이드, 그리고 전략적 신흥산업의 육성정책 부분을 놓고 볼 때, 2010년과 2008년에 앞서 제정된 장강삼각주, 주강삼가주 광역경제권 개발계획에서 이에 대한 구체적이고 상세한 개발계획을 이미 다루고 있다는 점이다.[5] 특히 이 두 광역경제권 개발계획에서는 이 뿐만 아니라 지역간 협력 및 연계산업의 체계적 발전전략과 이를 위한 기초 인프라 구축계획과 핵심 산업 거점지역의 기능과 역할이 구상되어 있다.

예를 들어, 장강삼각주경제권은 상해를 핵심으로 하여, 상해와 남경(南京) 그리고 상해와 항주(杭州), 영파(寧波)를 연결하고, 그리고 강, 바다, 만을 따라 남경, 호주(湖州), 항주를 연결한다고 되어 있다. 또한 호수와 동롱해(東隴海)와 운하를 따라 온주(溫州), 여수(麗水), 금화(金華), 구주(衢州)를 일대로 발전 벨트를 형성하는 '한 개의 핵심과 9개의 지역벨트'를 공간적 분포로 형성하도록 한다고 되어 있다.

나아가 장강삼각주경제권은 중국의 대외개방정도가 높은 최대권역으로서 선진 제조업산업(전자정보, 설비제조, 철강, 석유화학)과 신흥 산업(바이오의약, 신소재, 신에너지, 민간항공·우주), 그리고 전통 산업(농업, 방직의류, 관광)의 발전뿐만 아니라 수륙교통이 편리한 전국 최대의 대외무역수출 단지로서 국제화 발전을 위한 선진권역으로서의 기능을 강조하고 있다.

---

5) 이 발전계획에 대한 상세 내용은 다음의 엄수원·이상빈·왕전사·송우경(2011), 『중국 광역발전계획』, 지역발전위원회·한국산업기술진흥원, 과천: 범신사 참조.

한편, 주강삼각주경제권은 이권역과 홍콩, 마카오지역이 현대서비스업 분야에서의 협력을 지원하고, 금융업, 박람회, 물류업, 정보서비스업, 과학기술서비스업, 비즈니스서비스업, 아웃소싱서비스업, 문화창의산업(cultural and creative industry)과 관광업 등을 중점적으로 발전시켜 전체 서비스업의 발전수준의 업그레이드를 강조하고 있다. 그리고 기존 인프라와 항구조건을 충분히 활용하여 자본 및 기술집약적이고, 연관성 및 파급효과가 큰 현대설비, 자동차, 철강, 석유화학, 선박제조 등의 산업을 중점적으로 발전시켜 신흥 산업화를 지속적으로 촉진한다는 것이다.

또한 전자정보, 바이오, 신소재, 환경보호, 신에너지, 해양 등의 첨단산업을 중심으로 2012년까지 생산액 천억 위안(元)을 초과하는 신흥산업클러스터 3-5개를 육성하여 매출액 규모가 천억 위안(元)에 이르고, 또 글로벌 경쟁력을 갖춘 다국적 기업을 3-5개 정도 육성하도록 되어 있다. 이러한 과정을 통해 2020년까지는 첨단기술제조업의 부가가치가 제조업산업 부가가치의 점유 비중에서 30%까지 끌어 올리는 목표를 설정하고 있다.

참고문헌

대외경제정책연구원(2003), 『2003년 중국경제연보』.

엄수원 · 이상빈 · 왕전사 · 송우경(2011), 『중국 광역발전계획』, 지역발전위원회 · 한국산업기술진흥원, 과천: 범신사.

오갑훈 · 송재훈(1994), 『쉽게 찾는 중국 경제용어』, 서울: 현암사.

Groenewold, Nicolaas, Anping Chen and Guoping Lee(2010), "Inter-regional spillovers of policy shocks in China," *Regional Studies*, 40(1), 87-101.

Leman, Edward(2003), "Can the Pearl River Delta region still compete?," *The China Business Review*, http://www.chinabusinessreview.com/public/0305/leman.html.

March, James and Johan P. Olson(1989), *Rediscovering Institutions: The Organizational Basis of Politics*, New York: The Free Press.

Victor Nee(1996). "The emergence of a market society: changing mechanism of stratification in China", *American Journal of Sociology*, 101(4), 935-942.

Weng, Qihao(1998), "Local impacts of the post-Mao development strategy: the case of the Zhujinag Delta, Southern China," *International Journal of Urban and Regional Research*, 22(3), 425-443.

Yeh, A. G. O. and Li, X (1999), "Economic Development and Agricultural Land Loss in the Pearl River Delta, China," *Habitat International*, 23(3), 373-390.

3
chapter

주강삼각주 경제권의 사례 분석

1. 경제특구와 주강삼각주

장강삼각주는 면적이 크고 인구가 많기 때문에 경제규모가 주강삼각주보다 클 뿐만 아니라 경제성장 잠재력 또한 주강삼각주보다 우위에 놓여 있다고 할 수는 있으나, 현재 중국정부의 개혁개방정책의 최대 수혜자는 주강삼각주 지역이라 할 수 있다. 지리적 위치를 보면, 중국의 특별행정구역인 홍콩은 동쪽 끝에, 서쪽 끝에는 마카오가, 북쪽에는 심천과 주해라는 두 개의 경제특별구가 자리 잡고 있다. 그 경계역내 동부에는 혜주(惠州)와 동관(東莞)에서 광주(廣州), 서부에는 불산(佛山), 중산(中山) 등이 있다. 경제지리적 측면에서 보면, 주강삼각주는 핵심, 내층(內層), 외위(外圍) 3부분으로 구성되어 있다.

주강의 입구, 즉 해구(海口)의 내측에 위치하고 있는 홍콩, 심천, 마카오, 주해 등 4개 특구 도시는 주강삼각주의 핵심이다. 주강을 따라 핵심 특구의 인접도시인 불산시, 동관시, 강문시, 중산시는 주강삼각주의 내층을 형성한다. 서강(西江)유역에 위치한 조경시와 동강(東江)유역에 있는 혜주시는 주강삼각주의 외위(外圍)를 형성한다. 이러한 구분은 각 지역들이 주강입구와의 거리를 나타낼 뿐만 아니라 주강 3대 구성부분의 경제발전수준을 보여준다. 홍콩, 심천, 마카오, 주해 등 4개의 핵심지역은 주강삼각주에서 가장 발달한 지역으로 주강삼각 핵심지역의 주축이다(莫世祥, 2003).

자료: http://image.baidu.com

[그림 3-1] 주강삼각주 경제권역

중국의 첫 경제특구지역으로 성장해 왔던 주강삼각주는 홍콩과 마카오와의 지리적 근접성 등을 이용하여 외국인 투자를 유치하는 동시에 세계경제와의 점진적인 연계를 가져오는 역할을 해왔다. 특히 1997년 홍콩과 마카오가 중국으로 반환되어 특별행정구로서의 기능을 수행함으로써 '전점후창(前店後廠: 즉 앞에는 상점 뒤에는 공장을 의미하는 위탁가공무역)'전략의 기초가 될 뿐만 아니라 명실 공히 중국 경제발전의 견인차로서의 역할을 수행하였다. 그리고 주강삼각주는 중국에서 가장 큰 화교고향으로서, 교포들이 세계 120여 개의 국가와 지역에 분포되어 있으며, 자금, 기술, 인력 등 여러 측면에서 주강삼각주의 발전과정에 큰 공헌을 하였다. 또한 경제가 지속적으로 발전하면서 경제국제화 수준이 비교적 높다. 현재 주강삼각주의 경제발전은 너무 빨라 세계에서 경제성장속도가 가장 빠른 지역에 속한다.

광동성(廣東省)에 주강삼각주경제구가 지정된 것이 1994년도이며 또 홍콩과 마카오의 중국 반환 이후 하나의 경제지대로 통합되면서 중국에서 시장화 및 국제화수준이 가장 높은 경제권으로 성장하였다. 그리고 주강삼각주 지역은 홍콩, 마카오, 동남아시아에 가까운 지역적 우위와 화교고향이라는 인적자산의 우위를 바탕으로 가공무역 위주의 중국 수출의 전진기지 역할을 담당하고 있다. 주강삼각주 지역은 대체로 외자유치를 통한 경제발전모형의 전형적인 형태이다.[1)]

그런데 어떤 지역이라 할지라도 당해 지역의 경제성장은 대체로 경제성장의 내생적 요인과 외부환경조건에 크게 제약을 받는다고 할 수 있다. 특히 주강삼각주의 경우 한편으로는 경제특구로서 특혜정책의 수혜를 가장 많이 받았으며, 다른 한편으로는 홍콩과 마카오 및 기타 외국자본의 투자와 국제시장진출에 힘입어 경제발전을 이루었다. 즉 주강삼각주지역은 유리한 외부환경조건과 외부시장 진출에 의존하여 지속적으로 성장하여 왔으며, 그리고 현재는 이 지역의 생산능력이 크게 확대되는 상황 하에서 이 지역시장의 신속한 확장과 내생적인 성장요인의 개발 및 확대가 필수적이라 할 수 있다.

이것은 중국의 기타 지역들이 각종 특구나 개발구 형태로 대거 선

1) 예를 들어, 2002년 당시 광동성(廣東省) 실제이용외자 총액은 165억 8,900만 달러(그중 주강삼각주 116억 1,900만달러)로 2001년에 비해 26.2% 증가하였다. 이 1년간의 실제이용외자액 만으로도 서부지역 12개성 전체가 유치한 개혁개방이후 외자유치 누적액에 달하는 규모이며 주요 외자원천은 홍콩, 동남아시아 및 기타 해외의 화교자본이다.

정됨으로써 경제특구로서의 의미가 사라지고 있을 뿐만 아니라, 다른 지역과의 경쟁은 물론 주강삼각주 지역 내 경제구조의 재구조화 문제가 대두되고 있어 경제성장의 엔진으로서 주강삼각주 지역의 역할 재정립을 위한 필연적 과정이었다(Leman, 2003). 현재 주강삼각주는 주강삼각주의 역내 경쟁력을 지속적으로 유지하고 발전시킬 수 있도록 중국의 중앙정부를 비롯한 각 구성주체(성정부, 시정부, 홍콩 및 마카오 특별행정구)가 경제구조의 재구조화를 실시하는 동시에 실질적으로 통합된 유역경제권역으로 발전하고 있다. 특히 경쟁력을 갖춘 금융, 물류, 운송 서비스산업을 중심으로 권역 내의 분업과 협력을 달성하고, 산업구조를 현대 서비스업 중심으로 업그레이드하고 있다. 본장에서는 특히 주강삼각주의 개혁개방 이후 경제특구지역으로서의 성장과정과 특히 유역경제권역으로서의 경제구조적인 측면들을 살펴보고자 한다.

2. 주강 삼각주지역의 역사적 변천

1) 개혁개방 이전의 주강 삼각주

주강삼각주의 발전역사는 청조(清朝)시기 건륭제(乾隆帝, 1711~1799)가 취한 쇄국정책으로 거슬러 올라갈 수 있다. 건륭제의 쇄국정책은 광주(廣州) 지역만을 제외한 모든 지역의 통상창구를 폐쇄하였는바, 당시 광주는 중국과 외부 세계의 경제와 사회를 연결시켜주는 유일한 창구였을 뿐만 아니라 당시 중국의 대외무역의 발전에도 지대한 공헌을 하였다.

그리고 개혁개방 이전에는 홍콩이 중국의 대외 연결의 교두보 역할을 담당하였다. 그러나 마오쩌둥 시기의 전통 계획경제체제 하에서는 주강삼각주 지역이 홍콩과 지리적으로 근접해 있는 입지조건은 경제발전에 있어 오히려 열세로 작용하였다(葉裕民, 2003). 즉 대외로부터 중국의 전략적 방어 및 발전계획이었던 모택동의 삼선건설계획(三線建設計劃)에 따라 중국의 중앙정부는 방어개념에서 볼 때 취약한 위치에 놓여 있는 광주에 대한 투자를 억제하였다. 예를 들어, 1978년 이전에는 광동성의 고정자산 투자의 점유비율은 전국의 고정자산 투자비중과 비교해 볼 때 전체적으로 2~4% 수준에 불과하였다. 그리고 이 시기 광동성 인구비중 역시 전체 인구에서 5.1~5.3%로의 비중에 불과하였는바 이는 광동성의 1인당 고정자산 투자비중이 전체 수준에 훨씬 못 미치고 있음을 나타낸다.

2) 개혁개방 이후의 주강 삼각주

주강삼각주 지역의 발전은 개혁개방 이후에 두드러지게 나타나기 시작하였으며, 발전단계별로는 대체로 다음과 같이 세 단계의 발전과정을 거치고 있다. 첫 번째 단계는 초보적인 탐색단계(1978~1984년)이다. 두 번째 단계는 중국의 개혁개방이 전면적으로 실시되었던 단계(1985~1991)이다. 세 번째 단계는 1992년 남순강화 이후 현재까지로 주강삼각주 지역의 경쟁력우위 확보를 위한 혁신단계이다.

① 경제특구의 탄생(1978~1984)

1978년 4월, 국가기획위원회와 외무부는 '홍콩, 마카오 경제무역시찰팀'을 조직하여 홍콩과 마카오 현지를 시찰하였고, 3월 국무원 부총리 구무(谷牧)는 '중국대외경제시찰단'을 거느리고 서독, 영국, 프랑스, 스위스, 덴마크, 벨기에를 방문하였다. 이 두 차례의 시찰을 통해 외국의 선진방법을 중국내에 널리 알려 최고 의사 결정층이 주지하게 되었음은 물론 개혁개방에 대한 결심을 더욱 확실히 하는 계기가 되었다. 특히 서독과 홍콩, 마카오의 방문은 주강삼각주 지역에 중국경제특구의 탄생에 직접적인 원인이 되었다.

광동성(廣東省)에서는 1979년 9월 『광동성경제특구조례(초안)』을 작성하기 시작하는 과정에서 전통적인 계획경제 관념과의 갈등 끝에 13차의 수정을 거쳐 끝내 1980년 8월 26일, 중화인민공화국 제5기 전국인민대표상무위원회 제15차 회의를 통과하였다. 이 조례가 바로 심천경제특구를 탄생시킨 모태인 것이다. 그리고 1980년에는 심천과 주해가 경제특구로 지정되었다. 1985년 1월 25일에서 31일 광동성 성장(省長) 양링광(梁靈光)의 국무원 보고에서 주강 삼각주 경제특구의 기본 설계는 다음과 같다. 즉 광주, 심천 주해의 경제특구 및 개방구 이외에, 주강삼각주의 소삼각(佛山, 江門 등 10개 현과 시, 즉 협의의 주강삼각주)에서 경험을 쌓고 점진적으로 대삼각(광의의 주강삼각주)으로 확대한다는 것이다. 1987년 11월 21일 국무원은 광동성 주강 삼각주 경제개방구의 범위를 원래의 17개 현, 시에서 28개 현, 시로의 확대를 비준하였다(王信賢, 2003).

경제특구는 성격과 역할에서 차이가 있지만, 크게 자유항, 자유무역단지, 수출가공단지, 과학기술공업단지 등 4가지로 나뉜다. 이들 경제특구의 공통점은 관세, 소득세를 감면하는 등 우대방식으로 외국인투자를 유치함으로써 자국의 경제를 발전시키고자 하는 것이다.

이 시기에는 초기 개혁개방의 실시와 실험에 따른 경제특구정책과 그에 따른 특혜조치의 실시로 말미암아 주강삼각주 지역이 발전하기 시작하였는데, 특히 이 시기는 중국의 경제체제개혁을 위한 초보적인 탐색단계로 특징 지워진다. 또한 이 경제특구의 탄생으로 인해 주강삼각주 지역에는 각 시정부를 중심으로 한 구성주체가 나타나게 된다. 중앙정부는 경제특구 실험의 성공여부를 가늠하기 위한 주체로서 설정되고 홍콩과 마카오는 경제특구 실시에 따른 대외 관계성차원에서 주강삼각주의 지역경제에 관여하게 된 것이다. 특히 경제특구의 실시로 중앙정부의 특혜정책을 수혜하고, 지방정부에 대해서는 경제적 자주성을 부여받았다. 이는 지방정부는 중앙정부의 행정대리기관이라는 전통적 관념에서 탈피하고 지방정부가 자발적으로 지역경제를 발전시킬 수 있는 계기를 마련해 준 것이었다.

② 개혁개방의 실시(1985~1991)

1986년 8월 1일, 덩샤오핑은 특구경제가 내부로부터 외부로 전환해야 한다는 요구에 따라 외부지향적으로 정책을 전환하였다. 예를 들어, 주해경제특구는 1988년에 구조, 효율성, 시장, 자금 등에서 5가지의 정책전환을 감행하였다. 첫째, 종래의 단순한 정부 우대정책에서 정부의 우대정책과 자체의 우위를 병행하는 정책으로 전환하였다. 둘째, 종래의 노동집약적인 가공업 위주에서 기술 집약적 제조업으로 전환함으로써 기초제조업발전을 중요시하기 시작하였다. 셋째, 종래의 외부형 확대 재생산에서 내부와 외부를 병존하는 확대 재생산방식으로 전환하였다. 넷째, 종래의 국내시장 위주에서 국제시장으로 확대하였다. 다섯째, 종래의 국내자금 활용수준에서 외국자금과 국내자금을 동시 조달하는 방식으로 전환하였다. 따라서 이 시기에 시장화 개혁이 제도화됨에 따라 주강삼각주 지역은 대외 개방형 경제와 국제시장이 이 지역의 발전을 주도하고, 나아가 협업과 분업을 중시하는 유역경제로 발전하게 되었다.

3) 남순강화와 경제의 재구조화 시도(1992~현재)

① 덩샤오핑의 남순강화(南巡講話)

덩샤오핑은 1984년도에 처음 심천을 방문한 지 8년만인 1992년 1월 19일에 두 번째로 심천을 방문하였다. 이 때 덩샤오핑은 심천의 개혁성과를 높이 평가하는 한편 경제특구 또한 긍정적으로 평가하였다. 1992년 2월 28일 전 당에 중공중앙(中共中央)(1992) 2호 문건으로 덩샤오핑의 남순강화를 전달하였다. 이는 중국이 개방의 범위와 영역을 더욱 확장하게 하는 계기가 되었다. 주강 삼각주에 대한 중요한 개발조치로는 ㉠ 해남양포개발로서, 국무원은 1992년 3월에 해남성에 외국인투자를 허용하여 30㎢규모의 양포 경제개발구를 건설하였다. ㉡ 상해, 천진, 심천에 보세구역을 설립하였으며 동년 5월 대련, 광주(廣

州) 보세구를 설립하였다.[2)]

② 산업구조의 승화

1992년 당시에는 주해의 첨단기술제품생산기업은 40여 개, 첨단기술제품이 60여종으로 생산액이 전체 제조업생산총액의 10%를 차지하고 있었다. 1994년에는 주해경제특구에 102개의 첨단기술기업과 157종의 첨단기술제품이 개발되었으며 생산액이 36억 8,900만 위안으로 전체 제조업생산총액의 15.29%를 차지한다.[3)] 심천의 경우 1992년 이후, 심천산업구조 변화의 가장 큰 특징은 첨단기술산업의 시작과 3차 산업 발전을 촉진한 것이다.

〈표 3-1〉 장강삼각주와 주강삼각주의 대외무역 총액 비교

	2001년		2004년		2005년	
		전년 대비 성장률(%)		전년 대비 성장률(%)		전년 대비 성장률(%)
무역액(억 달러)						
장강삼각주	1,381	11.73	4,012	44.85	2,271	25.21
수입	641	13.45	1,929	42.15	2,271	17.42
수출	740	11.92	2,083	47.42	2,271	32.45
주강삼각주	1,684	11.67	3,418	26.04	2,271	20.17
수입	776	9.92	1,596	26.47	2,271	15.04
수출	908	7.20	1,822	25.65	2,271	24.58
전국	5,097	7.46	11,545	35.66	6,559	23.16
수입	2,435	8.17	5,612	35.96	6,559	17.61
수출	2,661	6.78	5,933	35.39	7,619	28.43

자료: 國家統計局, http://www.stats.gov.cn.

2) 보세구역은 다른 개방지역보다 더욱 빠르고 민첩하게 지역우대정책을 실행하며 국제관례에 따라 운영되는 곳이다.

3) 주해경제특구는 정보기술, 바이오기술, 신소재, 신에너지, 해양기술 및 마이크로기술, 컴퓨터기술, 광전자과학을 위주로 신속히 발전하였다. 주해경제특구의 "대학단지"에는 청화대학, 중산대학, 북경이공대학, 하얼빈공업대학 등이 학교와 연구기관을 설립함과 동시에 남방소프트단지, 중국공상소프트단지, 청화과학원이 설립되었다.

이 시기는 주강삼각주 지역에 제조업의 생산효율성이 떨어지고 기타 지역과의 경쟁은 더욱더 심화되는 과정에서 경제의 재구조화라는 압력을 받는 단계이다. 따라서 1990년대에는 주강삼각주 지역 중에서 특히 심천과 주해는 첨단기술산업을 일으킴과 동시에 3차 산업 발전을 시작하였다. 그리고 주강삼각주 지역은 이러한 제도혁신 과정을 통하여 기술발전과 인력자본 등의 요소들을 이용한 경제성장의 방식을 선택하기 시작하였다. 즉 1980년 주강삼각주의 1, 2, 3차 산업의 비중은 23.7 : 47.8 : 28.4인데 비해 전국은 30.1 : 40.5 : 21.4이었다. 그러나 1995년에는 2차 산업은 큰 변화가 없었으나 1차 산업의 비중은 8.1%로 급속도로 낮아진 반면, 3차 산업의 비중은 급속도로 증가하였다. 또한 주강삼각주의 발전은 홍콩·마카오와 밀접한 관계를 갖고 있고, 당시 다국적기업이 생산기지목적으로 이전함으로써 주강삼각주는 특히 세계 IT산업의 생산기지로 급부상하였다.

〈표 3-2〉 장강삼각주와 주강삼각주의 산업구조 비교

(단위: %)

	제1차산업			제2차산업			제3차산업		
	2001년	2004년	2005년	2001년	2004년	2005년	2001년	2004년	2005년
장강삼각	6.6	4.6	4.1	51.7	55.8	55.0	41.7	39.6	40.9
주강삼각	5.3	3.8	2.8	49.5	53.8	50.9	45.2	42.4	46.3
전국평균	14.1	13.1	12.5	45.2	46.2	47.3	40.7	40.7	40.2

자료: 國家統計局, http://www.stats.gov.cn.

3. 주강삼각주 유역경제의 특징

1) 주강삼각주 유역경제

주강삼각주는 눈부신 경제성과를 보이면서 줄곧 중국의 경제발전에 견인차의 역할을 하고 있다. 다른 지역에 비해 유역경제로서 주강삼각주가 갖고 있는 경쟁적 우위요인을 몇 가지 들어보면 다음과 같다.

첫째, 주강삼각주와 홍콩·마카오 간에 장기적인 분업과 협력에서 비롯된 보완적 지역우위가 있다. 홍콩, 마카오와 심천, 주해는 지리적으로 매우 가깝다. 이러한 지리적 이점은 경제협력비용에 직접적인 영향을 미친다. 또한 1980년대에 들어서부터 심천과 주해경제특구의 경제발전과 함께 동일한 문화배경을 갖고 있는 홍콩, 마카오의 자금, 기술과 경영기법 등이 대량으로 유입되면서 심천과 홍콩의 합작, 주해와 마카오간에 합작이 발생하기 시작하였다.

우선, 경제의 수직적인 분업은 '전점후창(前店後廠: 앞은 상점, 뒤는 공장)'방식으로 홍콩, 마카오에서 주문을 받아 각기 심천과 주해에서 생산을 하는 방식으로 협력을 하였다. 개혁개방초기에는 홍콩과 마카오는 토지와 인적자원의 제약으로 인해 고비용 압력이 높았으며, 동남아 생산기지의 저비용 경쟁압력으로 말미암아 주강삼각주 일대로 이전하기 시작하였다. 이러한 경제적 격차로 인하여 저렴한 노동력이야말로 홍콩과 마카오의 투자를 유인하는 중요한 요인이 되었다.

초기에는 자금, 노동력, 토지 등 기본 생산요소의 결합을 통해 심천과 주해가 경제적으로 독립함으로써 거액의 투자자금과 함께 해외시장과 기업관리기술을 신속하게 확보할 수 있었을 뿐 아니라 전통적인 농업경제로부터 산업화 경제로 전환되었다. 이와 동시에, 홍콩과 마카오는 주강삼각주의 저렴한 임금과 토지를 활용하여 노동집약형 제조기업을 성공적으로 이전하였으며 생산된 제품의 경쟁력을 유지하고, 나아가 금융 및 무역 등 서비스업의 발전을 촉진함으로써 제조업에서 서비스업으로의 경제전환을 가속화하였다.

둘째, 주강삼각주가 성공한 것은 중국정부가 초기에 실시했던 효과적인 정책 때문이었다. 중국정부는 일찍부터 경제특구에 대해 다양한 특혜 및 우대 정책을 실시하였다. 그 중에서 가장 특징적인 것이 조세상의 혜택과 금융제도 상의 특혜정책이다. 이것이 경제정책에서 가장 중요하고 핵심적인 부분이며 동시에 경제의 원동력이 되었다.[4)]

셋째, 주강삼각주의 우위는 체제개혁 통해 새로이 창출된 인력우위에 기인한다. 경제특구가 채택한 개방식 인력고용정책은 타 지역의 노동력들을 끌어 모으는 흡인력을 갖고 있으며 지역경제발전을 견인하는데 큰 역할을 하였다. 중국근로자들은 대부분이 평생고용, 평등분배 등의 사회주의적 노동관행에 익숙해져 있어 생산효율성이 매우 낮았다. 반면에 경제특구는 자본주의의 개방식 노동관리방식을 도입함으로써 노동생산성을 높일 수 있었으며 우수 노동력을 확보하기 위해 유리한 조건을 제공하였다.

넷째, 경제특구가 설립되던 초기 심천은 저렴한 토지, 낮은 임금, 저원가, 특구정책 등 의 우위로 인해 당시 산업구조조정 중에 있던 홍콩의 자금을 대거 끌어들일 수 있었다. 심천은 '삼래일보(三來一補)'[5)] 제

4) 구체적으로 살펴보면 다음과 같다. ① 기업소득세가 전국에서는 55%(후에 33%로 조정됨)였지만, 경제특구내의 외국인기업에 대해서는 15%의 소득세만을 부과한다. 또 초기에는 "양면삼감반(兩免三減半: 2년 기업소득세 면제, 그 후 3년은 50% 감면한다)"의 특별 혜택을 제공하였다. ② 경제특구에서는 "지산지소(地產地銷: 현지에서 생산된 제품을 현지에서 판매하다)"제품은 생산부가가치세를 면제한다.[1)] ③ 금융면에서는 1998년부터 중앙은행은 본점이 심천 경제특구의 지점에 1회 예금을 예치한 후, 대출 쿼터를 할당받는 중앙집권적 관리방식이 적용되지 않는다. 따라서 현지 지점에서 신축적으로 조정할 수 있었으므로, 대출이 부족하던 당시에는 더욱 많은 자금을 중앙은행으로부터 지원받아 지역의 경제발전을 추진할 수 있었다. ④ 현지에서 자체적으로 대출 등 이자율을 조정할 수 있었다. 이러한 자율적인 금리정책은 심천이 외부의 자금을 끌어들이는데 매우 효율적이었다.

품가공만을 책임져 인건비를 벌었지만 제품의 설계, 시장확대, 기술개발 등 이윤율이 상대적으로 높은 서비스는 홍콩에서 수행되었다.

특히 이 삼래일보(三來一補)정책을 통해 주강삼각주 역내에 과거의 수직적 분업에서 점차 수평적인 분업으로 발전하게 되었을 뿐 아니라 심천과 홍콩의 쌍방 간에는 종합적인 경제효율성을 높일 수 있었다. 이로 인하여 심천은 홍콩의 대규모자금, 선진기술, 선진경영관리기법과 풍부한 국제시장정보를 통하여 국제시장에 필요한 전문인력을 육성할 수 있었던 반면, 홍콩은 상대적으로 낙후한 산업을 심천으로 이전함으로써 경제구조에 커다란 변화를 가져와 결과적으로 새로운 비교우위창출은 물론 경제성장점을 형성할 수 있게 되었다.

다섯째, 1997년은 홍콩이 중국으로 반환되면서 양 지역 간에 경제협력의 발전이 중대하게 되어 산업구조가 새로이 형성되기 시작한 시점이다. 이로 인해 민간 협력방식에서 정부가 추진하는 전방위 협력방식으로 전환되어 시장의 추진과 정부의 협력이 결합된 새로운 협력형태로 나타나기 시작하였다. 말하자면, 종래의 노동집약적인 제조업으로부터 점차 과학기술혁신과 최적화자원배분에 의한 분업적 협력이 점차 태동하기 시작하였다는 점이다.

1978년 개혁개방정책에 따라 중앙정부가 주도적으로 경제특구 및 개방도시 및 개발구 지정함으로써 주강삼각주 지역에 우선적으로 특혜성 지원정책을 펼쳤다는 데에 그 의의가 있다. 특히 중앙정부의 특혜정책이 세제상 감면 혜택이라든지, 금융지원, 적극적인 외국투자유치정책 등을 통해 나타나면서 주강삼각주 지역은 경제적으로 성공할 수 있는 주된 요인들이 되었다. 더욱이 주강삼각주 지역은 경제특구나 개발구 지역에 해외자본을 적극 유치함으로써 얻게 되는 자본시너지효과

5) 삼래일보(三來一補)란 외국기업이 중국측에 대해 가공형태, 가공재료, 가공부속품(來料加工, 來件裝配, 來樣加工, 즉 三來)의 위탁가공무역과 외국기업으로부터 기계설비, 기술, 특정 원료 등을 공급받아 생산한 제품을 다시 외국기업에게 수출하는 형식의 녹다운(Knock down)수출·지정된 견본에 따른 제조·보상무역(補償貿易, 즉 一補)을 가리킨다. 오갑훈·송재훈(1994), 『쉽게 찾는 중국 경제용어』, 서울: 현암사, pp.157-159를 참조.

까지 누릴 수 있었다. 외국의 선진 다국적기업과 화교자본을 투자유치함으로써 선진경영기법과 선진기술을 학습하는데 큰 도움이 되었을 뿐 아니라, 이 학습은 다시 기업을 내부개혁 하는데 영향을 주었다. 이러한 현상은 상대적으로 전통 국유기업이 많은 다른 지역과는 확연하게 대비되는 특징적 현상이다.

2) 주강삼각주지역의 경쟁력 개선

주강삼각주 지역은 위에서 제시한 경쟁력 위협요소와 당면과제에도 불구하고 30여년에 걸친 개혁과 개방정책이 실시되는 동안 이 지역 특성과 결합하여 제각기 독특한 발전모델을 구축하였으며, 각 지역의 경계범주를 넘어선 협력관계가 점차 주강삼각주 지역의 새로운 경쟁력 우위로 나타나고 있다. 즉 주강삼각주에는 '동관(東莞)모델', '순덕(順德)모델', '중산(中山)모델', '남해(南海)모델'이 체화되었을 뿐 아니라 주강삼각주 역내 일정 역영에서 지역경계를 넘어서는 지역협력모델을 창출함으로써 주강삼각주 지역의 산업구조를 한 단계 승화 및 발전시키는 계기로 만들어 가고 있다.

동관(東莞)모델은 전형적인 대외개방형 혹은 외향형 발전모델이라고 할 수 있다. 즉 동관은 지리적으로 근접해 있는 홍콩을 이용하여 '삼래일보(三來一補)'의 보상무역 정책으로 경제발전을 추구하는 모델이며, 특히 이 지역의 기초인프라를 개선함으로써 홍콩의 많은 중소기업을 유치하고 초기적인 자본축적을 쌓아 왔다(朱佳佳, 2002). 또한 동관정부는 줄곧 외국인자본을 통해 경제발전을 촉진시키는 동시에 외국인 투자기업으로 하여금 저부가가치 산업에서 고부가가치산업으로 이전하도록 하는 산업고도화 정책을 추진하였다. 그 결과 동관은 제조가공업의 발전을 촉진하는 동시에 산업구조가 전자통신제조업 위주로 전환되도록 함으로써 새로운 국제 가공제조업기지로 성장할 수 있었던 것이다.

순덕(順德)모델은 국유 기업과 대형 기반기업 위주로 하는 경제발전전략 모델을 형성하였다. 원래 이 지역에 많이 존재하였던 현(縣)관할 국유기업과 집체소유 기업(社隊企業)의 기초위에 경영책임제 방식을 도입하여 공업화 과정을 촉진시켰다(張元元 · 朱衛平, 1995). 그러나 지역경제발전을 지속적으로 유지할 수 있었던 것은 기업재산권제도 개혁과 체제개혁을 계기로 정부가 기업에 대해 경영책임을 지는 문제를 해결한 데에 있었다. 이를 통해 정부는 경쟁이 치열한 산업분문에서 철수하여 민영위주의 경제발전을 추진함으로써, 결국 이 지역에 가전제품 산업 위주의 산업클러스터를 형성할 수 있게 된 것이다.

중산(中山)모델은 국유부문과 제2차 부문 경제(집체소유 및 개인소유의 향진기업, 외국인 기업 위주)가 혼재되어 있는 혼합경제(hybrid economy)발전 모델을 형성하고 있다. 즉 개혁초기부터 중산시는 국유경제부문의 확대에 의존하여 경제발전을 추진하였다가 1980년대 말과 1990년대 초기에 향진기업(鄕鎭企業)과 외국인 기업이 빠르게 발전함에 따라 국유부문이 차지하는 비율을 점차 감소시키고 2차 부문의 경제를 발전시키는 모델을 추진하였던 것이다(鄭少智, 2000).

남해(南海)모델은 이 지역 중소기업의 급속한 발전과 민간부문의 경제가 확대됨에 따라 형성된 모델이다. 개혁초기부터 정부는 비국유부문 경제를 정책적으로 장려하고 지원하며, 법률적으로도 보호조치를 취하면서 난하이 지역에는 비국유부문 경제를 중심으로 한 전통산업과 함께 중소기업 클러스터 조직형식을 발전시켰던 것이다(毛艶華, 2003). 또한 전통산업을 발전시키기 위해 정보화 전략을 채택함으로써 전체 산업의 발전을 모색할 수 있었던 것이다.

그러나 일반적으로 보면 주강삼각주 지역은 특정 지역 내에 나타나는 발전모델이 현재의 성장 동력이 아니라 지역경계를 넘어선 새로운 산업클러스터 출현이 주강삼각주의 독특한 경제발전의 특징이라 할 수 있다. 이를 반증하듯이, 동관의 동부와 심천에는 전자정보 부품조립산업 지역 클러스터가 형성되어 있다(童昕, 王緝慈, 2001). 주지하다시

피, 이러한 협력효과는 생산, 혁신 그리고 신기업의 형성에 결정적인 영향을 미치며, 나아가서는 지역 경쟁우위를 제고시키는 것이다. 이 역시 순덕지역의 용규진(容桂鎭)에 전국 에어컨 생산기지, 동관의 호문(虎門)에는 국제 의복생산기지가 있다는 것이 반증이다.

또한 주강삼각주의 향진(鄕鎭)에는 한 종류나 혹은 두 세종류의 전문화된 생산방식을 가지고 있는데, 개체기업(個體企業)[6]과 개인기업 위주의 중소기업 중심으로 전문화와 분업화 네트워크를 이루고 있다. 이러한 지역 네트워크 생산체계는 기업간의 수평적 네트워크 관계를 강조하게 되며, 특히 지리 집중적 네트워크로부터 창출되게 된다. 주강삼각주의 경쟁력 개선은 홍콩과 마카오와의 협력관계에서 뿐만 아니라 이러한 지역 내의 수평적 조직통합 형식으로 내부 성장의 동력을 모색하고 있다는데서 그 동인을 찾을 수 있다.

6) 개체기업은 소유제 형식으로는 개인소유 형식을 가지면서 일반적으로 고용인 7명 이상을 넘지 않는 기업을 가리킨다.

참고문헌

陳德昇(主編)(2003), 『中國大陸區域經濟發展: 變遷與挑戰』, 台北: 五南圖書出版公司.

童昕・王緝慈(2001), “東莞PC相關制造業地方產業群的發展演變”, 『地理學報』, 6, 722-729.

毛艷華(2003), “珠江三角洲'南海模式': 中小企業發展特征与啓示”, 『南方經濟』, 4, 44-46.

莫世祥(2003), 『開放經濟的比較優勢』, 北京: 中國時代經濟出版社

何增科(1996), “新制度主義: 從經濟學到政治學”, 劉軍寧(等編), 『市長社會與公共秩序』, 上海: 生活・讀書・新知三聯書店.

林平凡・陣詩仁(等著)(2003), 『企業聚群競爭力: 珠江三角洲企業聚群競爭力提升戰略研究』, 廣州: 中山大學出版社

李永清(2003), 『深圳與否不行了?』, 合肥: 合肥工業大學出版社.

李郇・鄭永淸・徐江・葉嘉安(主編)(2003), 『珠江三角洲研究文獻指引』, 廣州: 中山大學出版社.

蘇東斌(2001), 『中國經濟特區史略』, 廣州: 廣東經濟出版社.

史健玲(2002), 『走向可持續發展的深圳』, 北京: 中國社會科學出版社.

宋子和(等)(1999), 『'珠江三角洲'跨世紀經濟國際化探索』, 廣州: 廣東高等教育出版社.

兪可平(2000), 『海外學者論中國經濟特區』, 北京: 中央編譯出版社.

劉鍵・李國平(2005), “統籌區域發展問題研究綜述”, 『經濟學研究』, 1, 6-11.

劉乃全・鄭秀君・賈彦利(2005), “中國區域發展戰略政策演變及整体效應研究”, 『財政研究』, 31(1), 25-37

鍾堅(2001), 『深圳和香港經濟合作關係研究』, 北京: 人民出版社.

朱佳佳(2002), “東莞模式探析,” 『經濟前沿』, 11(1), 6-17.

張元元・朱衛平(1995), “順德市企業產權制度改革的啓示与思考”, 『南方經濟』, 7, 36-42.

鄭少智(2000), “'工業化'和'城市化'理念下的中山模式及其功效評价”, 『广東發展導刊』, 3, 47-51.

Groenewold, Nicolaas, Anping Chen and Guoping Lee(2010), “Inter-regional spillovers of policy shocks in China,” *Regional Studies*, 40(1), 87-101.

Leman, Edward(2003), “Can the Pearl River Delta region still compete?,” *The China Business Review*, http://www.chinabusinessreview.com/public/0305/leman.html.

March, James and Johan P. Olson(1989), *Rediscovering Institutions: The Organizational Basis of Politics*, New York: The Free Press.

Victor Nee(1996). “The emergence of a market society: changing mechanism of stratification in China”, *American Journal of Sociology*, 101(4), 935-942.

Weng, Qihao(1998), “Local impacts of the post-Mao development strategy: the case of the Zhujinag Delta, Southern China,” *International Journal of Urban and Regional Research*, 22(3), 425-443.

Yeh, A. G. O. and Li, X (1999), "Economic Development and Agricultural Land Loss in the Pearl River Delta, China," *Habitat International*, 23(3), 373-390.

中國國家統計局, http://www.stats.gov.cn
中國資迅行, http://www.chinainfobank.com
廣東統計信息罔, http://www.gdstats.gov.cn
深圳高新開發區, http://www.ship.gov.cn
深圳軟件園區, http://www.szsoftwarepark.com
廣東省科學技術中心, http://www.gdstc.gov.cn
廣東高新技術産業中心, http://gdgxjs.gdstc.gov.cn
中山大學-香港・澳門 ・珠江三角洲研究中心, http://www. hkmac.zsu.edu.cn
香港・澳門 ・珠江發展信息罔, http://www.hku.hk/hkprd
中國專家論壇, http://csf.kiep.go.kr/home.nsf/intro.htm.
http://image.baidu.com.
http://www.drc.gov.cn.

4
chapter

국유기업개혁과 중국정부의 공공정책

1. 중국의 국유기업개혁

1) 중국의 국유기업개혁

1978년 중국이 개혁개방정책을 추진한 이후, 중국 기업부문의 개혁 문제는 과거의 중앙집권식 계획경제에서 시장경제체제로 체제를 전환하는 체제개혁의 과정에서 언제나 중심 이슈로 부각되어 왔다(吳敬璉, 2003). 특히 이 기업부문의 개혁과 관련하여 중국 전체 국민경제의 절대비중을 차지하고 있는 중국 국유기업의 문제는 개혁의 우선순위에서 볼 때 항상 먼저 거론되어 왔다. 또한 중국의 '사회주의 시장경제 건설'이라는 구호 속에서도 이 국유기업의 개혁은 여러 가지로 의미하는 바가 컸던 것이다.

사실 중국의 국유기업은 1980년 중반까지 비교적 양호한 성적을 내면서 전체 국민경제의 발전에 기여한 바 있으나, 1980년대 후반부터 만성적인 적자 상태에 빠지면서 경제효율성에 심각한 문제를 낳기 시작하였다. 따라서 1990년대 초반과 또 중반에 이르러서 중국정부는 국유기업 개혁의 지속적인 추진을 위해 현대기업제도의 설립과 뒤이어 '구조조정(抓大放小)'정책의 공식적인 실시를 선포하였다(Zhao Xiao, 2006).

특히 중국정부는 이 '구조조정(抓大放小)'정책을 통해 매각 혹은 파산 등의 방식을 통해 중·소형 국유기업은 신속히 처리하고, 그리고 대·중형 국유기업에 대해서는 지속적으로 지원한다는 방향을 설정하였던 것이다. 이는 국유기업이 대부분의 도시 근로자에게 고용 및 복지문제를 담당하며, 중국의 각 급 정부에 대해서는 주요 재정수입을 제공하고 있는 그 지위와 역할과 관계있는 것이다(Steinfeld, 1998). 이 정책은 중국의 국유기업의 문제를 놓고 볼 때, 정치적으로는 사회주의 시장경제를 건설한다는 방향과, 그리고 경제적으로는 소유와 경영을 분리해서 현대식 기업제도의 정착을 통한 국유기업의 개혁방향과 서로 일치된 정책적 선택이었다고 할 것이다.

사실, 개혁개방 이후 중국에서의 시장제도의 형성은 경제부문을 막론하고 정치, 사회분문에서까지 행위자의 행위동기를 유발하는 인센티브제를 조성하였지만, 그러나 유독 중국 국유기업은 시장 지향적 이유추구행위(market-oriented behavior)가 결여되어 있었다. 시장경제의 활성화로 비국유부문의 향진기업(鄕鎭企業: township and village enterprises)은 크게 성장하는 반면, 국유기업은 여전히 부실화로 인해 1993년에서 1999년 기간 동안 고용인원이 7천6백40만 명에서 4천7백30만 명으로 감소되었다. 그리고 GDP에서 정부수입이 차지하는 비중 역시 1980년 25.7%에서 1995년 10.7%로 크게 감소되는 등의 심각한 문제가 야기되었던 것이다(Burns, 2003).

그런데 국유기업의 성장을 통해 공공고용의 기회를 제공해야 권력입지가 공고화될 수 있는 중국 정부의 입장에서 볼 때 국유기업의 부실화는 복잡하고도 심각한 문제가 아닐 수 없었다. 따라서 이런 상황에서 중국 국유기업에 대해 어떠한 구체적인 개혁조치를 취해야 하는

가, 또한 향후 국유기업의 개혁은 어떠한 방향으로 전개되어야 하는가 등의 문제는 중국 국내뿐만 아니라, 대외적으로도 항상 논란의 대상이 되어 왔다. 이에 대하여 Nee(1996)와 같은 서구 학자는 도시부문의 개혁에 있어서의 성공여부는 단순히 경영과 소유의 분리문제가 아니라 국유기업에 대한 재산권(property rights)의 사유화에 달려 있으며, 이 조치를 통해서만이 경제효율성을 향상시킬 수 있다는 견해를 피력한 바 있다.

그러나 문제는 이론적으로는 국유기업 재산권의 명확화를 위한 사유화 조치가 개혁방향에 대해서는 어느 정도 통찰력을 제공하나, 중국사회에서 국유기업의 민영화가 실제적으로 추진되는 데에는 그렇게 간단한 것이 아니라는 점이다. 따라서 국유기업개혁을 위한 중국정부의 조치 역시 국유기업의 현대 기업적 성격을 강화하면서 대·중형 국유기업에 대해서는 보존하고, 지원한다는 구조조정정책을 폈던 것이다. 그러나 이러한 구조조정정책에도 불구하고 국가가 통제하는(즉 주식통제) 다수의 국유기업은 1993년 회사법(公司法)[1] 공표와 더불어 진행된 회사제개혁 이후에도 여전히 다원화된 재산권주체가 서로 견제와 균형을 이루는 재산권구조를 갖추지 못하였다는데 있다. 즉 재산권의 주체가 불명확하고, 국가주의 인격화된 주체 역시 결여되어 있다는 문제를 안고 있었다.

그리고 중국 정부는 다시 2002년에 국무원 직속의 국유자산관리위원회(國有資産管理委員會)를 설립하여 '국가 통일 소유, 지방 분할 대표'를 실시하였다. 이 관리위원회의 설립으로 소유와 경영과 관련된 기업지배구조가 개선되긴 하였지만, 다른 한편으로 국유기업 경영자 선정에서의 투명성은 여전히 미진한 상태를 벗어나고 못하고 있다. 사실, 재산권 이론의 시각에서 중국 국유기업 개혁을 위한 중국정부의

1) 1993년 회사법의 개혁으로 국유기업의 형태가 ① 공공성 사업이나 국방 등 전략적 업종 및 자연 독점성 업종의 경우 국유독자회사 형태로 전환, ② 경쟁성 업종의 대부분 국유기업은 유한책임회사나 주식유한회사로 전환, ③ 큰 기간산업의 대형기업은 국가가 소수지분을 갖는 형태로 전환되었다.

이러한 선택 혹은 정책이 적절한 것인가 판단하는 것도 중요하지만, 또한 중요하게 고려되어야 할 문제는 그 이전에 중국 정부는 왜 이러한 정책을 선택을 하였는가, 그리고 정책 시행 후 그 정책적 성과는 어떠한가라는 점이다.

따라서 본 장에서는 국유기업 개혁을 위한 중국정부의 공공정책변화라는 관점에서 중국 국유기업의 개혁과정 및 문제점 등을 전체적인 맥락으로 살펴보고자 한다. 또한 이 논의에 의거하여서 중국과 같이 과거의 계획경제에서 시장경제체제로의 전환과정에서 국유기업 개혁을 위한 중국 정부의 '구조조정(抓大放小)'정책은 국유기업의 효율성을 개선해 나갈 수 있을 것인가 하는 문제를 검토하고자 한다. 그리고 끝으로 국유기업개혁뿐만 아니라 중국 정부의 공공 행위에 영향을 미치는 제도의 문제, 즉 제도개선(institution improvement)의 중요성을 제기하고자 한다.

2) 정부행위와 공공선택

대개 중국에서 국유기업의 성공적인 개혁을 위해 정부가 어떤 방향으로 정책을 추진해야 하는가에 대한 이슈는 항상 중요한 논쟁점으로 제기되어 왔다. 대부분의 학자들이 지적하듯이, 중국 국유기업의 문제는 국유소유제도 자체에 있는 것이 아니라, 소유권자가 반드시 발휘해야 할 소유자로서의 권리와 책임관계에 관련된 기능을 발휘하지 못한다는 점에 있다는 것이다. 그러므로 공공선택이론의 관점에서 중국 정부의 '구조조정(抓大放小)'정책이 출현한 배경을 중심으로 하여 중국 국유기업 개혁문제와 관련된 중국 정부의 선택 및 행위동기, 그리고 그 성과에 대한 문제를 설명할 필요가 있다.

공공선택이론(public choice theory)은 1950년대 말, 뷰캐넌(Buchanan)과 툴락(Tullock) 등에 의해 구축되고 발전되어 온 분야로서 시장외적인 경제활동이나 의사결정의 분석 및 정치적 문제에 대한 경제학적 분석기법의 적용을 통해 분석하는 정치경제학분야의 한 이론이다.[2] 공공선택이론은 시장의 실패를 주장하는 입장에 대한 비판으로서 생긴 것으로서 정부의 실패 문제를 설명하는 경제학적 접근방법을 말한다. 즉 그 논점은 불완전한 시장, 불완전한 정부라는 것이다.

또 다른 하나는 시장에서는 이기심, 정치의 장에서는 이타심이라고 하는 각각의 동기에 따라 행동하는 것이 아니라 시장과 똑같이 정치에 있어서도 개인이 이기적이고 합리적인 자기이익의 극대화를 위해 행동한다는 행위가설에서 정치와 경제의 상관관계를 분석하는 것이다(신혜룡, 1991). 따라서 중국 정부의 경제정책을 판단할 때, 공공재(public goods)와 경쟁적 시장 환경을 보호하는 외재적(外在的)인 중립기구의 역할뿐만 아니라, 개혁과정에서 나타나고 있듯이 자신의 이익을 추구하는 내재적(內在的)인 경제참여 행위자로서의 모습도 고려하여 접근해 보는 것이다.

그러므로 여기에서 적용되는 공공선택이론은 중국 국유기업의 개혁정책이 이미 공공성을 담지하고 있다고 전제하기보다 실질적으로 시장경쟁질서의 확립에 기여하는 것인지 판단기준을 세우는 것이다. 또한 이를 촉진시키기 위한 정부의 정책선택이 기업의 경제행위를 효율적으로 유도하고 제약할 수 있는 제도 환경의 구축에 도움이 되었는지 살펴보는 것이 중요하다.

---

2) 당시 Virginia대학교의 교수였던 Buchanan과 Tullock은 1962년에 『*The Calculus of Consent: Logical Foundations of Constitutional Democracy*』을 출판하면서 공공선택연구를 구축하였으며, 1963년에는 '시장 외적인 의사결정에 관한 위원회'를 결성하여 시장 외적인 문제에 대한 경제학적 분석방법을 적용하는 연구를 하기 시작하였던 것이다. 그리고 1966년부터 학술지인 『시장 외적 의사결정에 관한 논문집』(*Papers on Non-Market Decision Making*)을 발간하게 되었고, 1968년에 논문집을 『공공선택』(Public Choice)으로 개칭하고 같은 해 정식으로 공공선택학회(Public Choice Society)를 발족하여 오늘에 이르고 있다. James M. Buchanan and Gorden Tullock(1962), *The Calculus of Consent: Logical Foundations of Constitutional Democracy*, Indianapolis: Liberty Fund; 소병희(1996), "공공선택의 이해와 정책분야에서의 응용", 『한국정책학회보』, 제5권 제2호를 참조.

따라서 뷰캐넌이 지적하였듯이, 제도적 환경은 정부의 공공선택을 가져오는 요소를 포함하고 있으며, 정부의 선택은 반드시 공공이익의 선택과정에 근거하는 것은 아니고 각각의 특수이익의 주체가 맺게 되는 게임의 결과로 볼 수 있다. 그러므로 여기서 제시하고 있는 주요 시각은 1990년대 중반에 나타나게 된 국유기업 '구조조정(抓大放小)' 정책은 지방정부를 포함하여 다양한 경제행위자에 의해 출현하게 된 결과이며, 따라서 중앙정부가 궁극적인 목표로 전체 국유기업의 경쟁력 강화라는 측면에서 제시되고, 선택된 공공선택의 결과로 풀이하고 있다.

2. '구조조정(抓大放小)' 정책결정의 주요 배경

1) 중국의 체제개혁과 국유기업

1978년 개혁개방 이후 중국 중앙정부는 기업에 대한 소유와 관리를 둘러싸고 지방과의 분업적 관리체계를 강화하였는데, 즉 수많은 중앙소유의 국유기업과 심지어는 국가의 중요 산업부문을 성급(省級)과 부성급(副省級) 정부의 관할로 전환시켰다. 이러한 변화의 핵심은 정부조직에 종속되어 있는 국유기업에 경영자주권을 넘겨주고, 또 시장경제체제로의 전환을 통해서 시장의 기능을 운용하기 위한 것이다.

중국은 시장경제체제로의 전환의 과정에서 특히 국유기업에 대한 지속적인 개혁추진에 따라 경영자가 자주적으로 행사할 수 있는 경영권의 내용과 범위를 확대하게 되었다. 구체적으로 1992년 7월 '전민소유제 공업기업 경영메커니즘 전환 조례'와 1993년 11월 14기 3중전회(三中全會)의 결정에 따른 현대기업제도[3]로의 개혁조치에 의하여 생

3) 현대기업제도의 확립이라 함은 국유기업을 법인화, 회사화하고 기존의 국유기업을 주식회사나 유한책임회사로 개조한다는 것을 의미한다. 특히 법인화 이후

산량결정, 가격결정, 판매와 구매, 간부임명 및 근로자 고용, 이익유보, 임금과 성과급 배분, 기구재편과 자산처분 등에서 경영자주권이 정착되기 시작하였다.[4)]

또한 국유기업에 대한 소유와 경영분리를 추진함에 따라 시장경제체제로의 전환이라는 과도기적 과정에서 중국 정부는 시장친화적인 역할을 지향하면서 조절자로서의 기능을 담당하는 제도의 규칙이 성립되기 시작하였다. 그러나 불완전한 시장이라는 조건에서 중국 정부는 시장에 기초하여 국유기업에 대한 정부의 간섭과 조절 역할을 담당해야 했다. 그러나 다른 한편으로는 정부가 지니고 있는 다양한 수단을 통해 국유기업의 관리역할의 변화과정에서 부패나 지대추구행위를 자행할 수 있는 문제도 여전히 남아 있게 되었다. 이러한 환경의 변화는 중국정부가 국유기업 개혁을 위한 조치와 정책선택이 이루어질 때 나타나는 선택의 제약으로 작용하게 되었다. 국유기업의 입장에서는 시장경제체제가 가져오는 다양한 경쟁에 직면하여 시장주체로서 영리성과 사회적 책임을 담당하는 주체로서의 공익성을 동시에 만족시켜야 하는 부담을 안게 되었다.

2) 국유기업의 효율성문제와 '구조조정(抓大放小)' 정책의 배경

개혁개방 기간 동안, 사실 중국의 국유기업은 양호한 성적을 내면서 전체 국민경제의 발전에 기여한 바 있으나, 1980년대 후반부터 비국유기업[5)]의 발전과 그에 따른 도전을 받으면서 경제효율문제를 낳기

기업의 법인자산은 국가가 직접 점유하는 전체 국유자산으로부터 분리되어 기업은 재산권을 소유한 시장주체가 되고, 소유와 경영의 분리를 통해 전문가 경영을 실현하겠다는 의지의 표현인 것이다. 다음 박장재(1999/2000), "정부와 시장 관계에 대한 중국의 선택과 조정", 『中蘇硏究』, 23(4), p.172를 참조.

4) 나인철(1999/2000), "중국 국유기업의 개혁과 기업관리체제 변화", 『中蘇硏究』, 84, p.118을 참조.

5) 개혁개방 이후 주로 중국 동부 연해지역을 중심으로 한 향진기업(집체기업 및 사영기업)과 외자기업(外資企業)의 빠른 성장과 발전은 국민경제에 차지하고 있던 국유기업의 지위를 대체해 버렸다.

시작하였다. 1989년 국유기업의 적자는 인민폐 100억 위안(元)을 초과하여 그 적자액이 전년도에 비해 갑자기 180%의 비율로 증가하였다. 이 문제는 비국유기업과의 경쟁에서 국유기업의 경쟁력 약화가 직접적인 원인으로 작용한 것으로 나타나고 있다.

그리고 〈표 4-1〉에서 보는 바와 같이, 1990년에는 적자기업의 적자액이 계속 큰 폭으로 상승하여 인민폐 300억 위안에 이르렀고, 이는 전년도에 비해 94%의 증가율을 보이고 있는 것이다. 그리고 1992년 덩샤오핑의 남순강화 이후 호전되는 추세를 보이기는 했으나, 국유기업의 적자액이 이전 수준으로 회복되지는 않았고, 계속해서 400억 위안, 500억 위안, 그리고 심지어는 800억 위안의 높은 수준에 달하여 적자율은 매년 40% 이상을 웃돌고 있다. 또한 〈표 4-1〉에서 국유기업의 이윤총액과 적자기업의 적자액을 합쳐서 보면, 국유기업의 성쇠(盛衰)는 다음의 네 단계를 거치고 있는 것으로 볼 수 있다.

첫 단계는 1978년부터 1988년 이전까지 국유기업의 이윤과 납세총액의 빠른 증가를 보이고 있고, 적자기업 비율과 적자율이 감소하는 추세를 나타내고 있다.

제2단계는 1989년에서 1991년까지로 이 기간 동안 국유기업의 이윤과 이윤총액이 매년 두 자리 수 마이너스 성장을 보이고 있고, 적자기업 비율과 적자율이 각각 약 30%와 50%로 상승하였다.

제3단계는 1992년에서 1993년의 2년 기간 동안 국유기업의 이윤이 잠시 빠르게 회복되었으나 적자 역시 지속적으로 빠르게 증가하고 있고, 이윤과 적자간의 폭이 더욱 벌어지는 양상을 보이고 있다. 결과적으로는 국유기업의 이윤총액, 그리고 이윤총액과 적자율의 비율은 3년 전과 비교하여 큰 개선이 없었고, 적자기업의 비율과 적자율은 약간 감소하여 각각 약 30%와 35%로 나타나고 있다.

제4단계는 1994년 이후의 기간으로 국유기업은 만성적인 적자 상태로서 이윤은 다시 하락하는 추세를 나타내고 있다. 비록 중국 정부가 대·중형 국유기업에 대해 정책성 대출을 실시하였으나, 1996년 달성된 이윤은 전년도에 비해 42.5%가 감소하고 적자액은 37.5% 증가하였다. 이 기간부터 국유기업은 회복할 수 없는 만성적인 쇠퇴단계로서 국유기업의 순적자액이 절대적으로 증가하는 상황에 이르렀음을 의미한다.

〈표 4-1〉 향과 향급 이상 독립채산 공업기업의 영리와 적자 추세

연도	이윤 총액 (亿元)	이윤 증가율 (%)	납세 총액 (亿元)	납세 증가율 (%)	적자액 (亿元)	적자액 증가율 (%)	이윤총액 /적자액	납세총액 /적자액	적자 기업 (%)	적자율 (%)
1978	509.80		790.70		42.06		12.10	18.80	19.30	7.63
1979	562.80	10.61	864.40	9.32	36.38	-13.50	15.47	23.76	17.64	6.07
1980	585.40	4.02	907.10	4.94	34.30	-5.72	07.07	26.45	19.17	5.53
1981	579.70	4.95	923.30	1.79	45.96	33.99	12.61	20.09	22.90	7.34
1982	597.70	3.11	972.30	5.31	47.57	3.50	12.56	20.44	20.78	7.37
1983	640.90	7.23	1032.80	6.22	32.11	-32.50	19.96	32.16	12.75	4.77
1984	706.20	10.19	1152.80	11.62	26.67	-16.94	26.48	43.22	10.20	3.63
1985	738.20	4.53	1334.10	15.73	32.44	21.63	22.76	41.23	9.66	4.21
1986	689.90	5.73	1341.40	0.55	54.49	67.97	12.66	24.62	13.07	7.32
1987	787.00	14.07	1514.10	12.87	61.04	12.02	12.89	24.81	13.00	7.20
1988	891.90	13.33	1774.90	17.22	81.92	34.21	10.89	21.67	10.91	8.41
1989	743.00	-16.69	1773.10	-0.10	180.19	119.96	4.12	9.84	16.03	19.52
1990	388.10	-47.77	1503.10	-15.23	348.76	93.55	1.11	4.31	27.55	47.33
1991	402.20	-42.54	1661.20	10.52	367.00	5.23	1.10	4.53	25.84	47.71
1992	535.10	33.04	1944.10	17.03	369.27	0.62	1.45	5.26	23.36	40.83
1993	817.30	52.74	2454.70	26.26	452.64	22.58	1.81	5.42	28.78	35.64
1994	829.00	1.43	2876.30	17.18	482.59	6.62	1.72	5.96	30.89	36.79
1995	665.60	-19.71	2874.20	-0.07	639.57	32.53	1.04	4.49	35.53	43.87
1996	412.60	-38.01	2737.10	-4.77	726.69	13.62	0.57	3.77	37.70	63.51

주: 적자기업과 적자율에 관한 비율은 鄭海航(1997)에 의거함.
자료: 中國統計局, 『中國統計年鑒』各期, 中國統計出版社; 鄭海航(1997).

결과적으로 1978년에서 1996년까지의 수치에서 보는 바와 같이 국유기업은 생산액, 이윤과 재정수입 중의 비중이 계속 하락하는 추세에서 중국 정부는 국유기업부문에 대한 정책성 대출만으로 국유기업의

경제효율성을 문제를 해결할 수 없는 곤경에 처하게 되었다. 더욱이 1995년에는 특히 중소형 국유기업의 문제가 악화되는 시점에서 국유기업개혁이 어느 방향으로 전개되어야 하는지 더욱 명확해지게 되었다(〈표 4-2〉 참조).

〈표 4-2〉 대 · 중소형 독립채산 국유기업의 분포와 변동 추세

		단위: 억원(亿元)					비중: %				
		1993	1994	1995	1996	1997	1993	1994	1995	1996	1997
기업수(개)	대형기업	3816	4009	4685	4946	4800	4.74	5.03	5.33	5.69	6.45
	중형기업	10418	10508	10983	10817	10123	12.93	13.18	12.49	12.44	13.61
	소형기업	66352	65214	72237	71219	59465	82.34	81.79	82.18	81.88	79.94
	합계	80586	79731	87905	86982	74388	100.00	100.00	100.00	100.00	100.00
총공업생산액	대형기업	12519.03	15057.95	15907.27	17282.16	18434.26	56.68	59.51	61.44	63.33	66.17
	중형기업	5210.57	5535.36	5302.35	5227.87	4875.1	23.59	21.88	20.48	19.16	17.50
	소형기업	4358.36	4707.91	4680.31	4779.32	4549.25	19.73	18.61	18.08	17.51	16.33
	합계	22087.96	25301.22	25889.93	27289.35	27858.61	100.00	100.00	100.00	100.00	100.00
공업증가액	대형기업	4297.72	5026.22	5719.45	5948.85	6442.56	59.03	63.60	68.85	68.05	70.08
	중형기업	1538.39	1525.45	1402.62	1432.67	1411.31	21.13	19.30	16.88	16.39	15.35
	소형기업	1444.82	1351.27	1185.12	1360.9	1339.06	19.84	17.10	14.27	15.57	14.57
	합계	7280.93	7902.94	8307.19	8742.42	9192.93	100.00	100.00	100.00	100.00	100.00

자료: 中國統計局, 『中國統計年鑒』1993-1998.

이러한 상황에서 국유기업의 적자문제를 해결하기 위한 중국 정부의 '구조조정(抓大放小)'[6] 정책은 중국의 지방정부에서부터 먼저 출현하게 되었다. 이 정책은 국유기업이 처한 현실 속에서 중국 지방정부가 선택할 수 있는 최선의 선택이었다고 볼 수 있다. 세계은행(1996)의 보고에 따르면, 무한(武漢)시의 경우 1994년 288개의 국유기업 중에서 파산을 선포한 5개의 국유기업을 매각하고, 다른 17개 국유기업(11개는 소형 국유기업, 6개는 중형 국유기업) 역시 파산을 준비하고

6) 즉 적자문제가 심각한 중소형 기업은 매각, 합병, 파산 등의 방법을 이용하여 해결하고 비교적 건실한 대중형 국유기업에 대해서는 지속적인 발전을 하도록 돕는다 정책적 사고를 의미한다.

있었다고 지적하였다.[7]

이 정책의 중심은 대형 국유기업은 보존하고(保)[8], 우수 기업은 지원하며(扶), 중소형 적자기업은 매각, 합병, 파산의 방법에 의해서 해결한다(放)는 것이다. 그리고 '구조조정(抓大放小)'정책은 중국 중앙정부가 일련의 국유기업에 대한 조사활동과 의견취합을 한 후, 1995년 14차 5중전회(五中全會)에서 국유기업 개혁의 추진을 위한 중대한 조치로 선택함으로써 정식으로 실시되기에 이르렀다.

3. 국유기업의 경쟁약화와 '구조조정(抓大放小)' 정책의 선택

1) 중국 정부의 지대추구행위

전술한 바와 같이, '국유기업 구조조정(抓大放小)'정책의 출현은 지방에서 먼저 출현하여 정식으로 중앙정부가 공식정책으로 선택하게 되었다. 그 원인은 첫째 중국의 경제개혁을 위한 일련의 조치 즉 분권화와 시장화개혁을 위한 조치를 취하는 과정에서 무엇보다 정부와 기업 사이의 담합관계가 나타나고 이로 인해 국유기업의 적자문제를 더욱 가속화 시켰다는 점에서 찾아볼 수 있다. 이 문제는 정부의 지대추구행위(rent seeking behavior)로 요약할 수 있다.

둘째는 전통적인 중국의 정부와 국유기업간의 관계에서 나타나는 국유기업 본래의 경쟁력 약화문제에서 찾아질 수 있다. 이 문제는 다

7) 世界銀行(1996), 『中國經濟: 治理通脹, 深化改革』, 北京: 中國財政經濟出版社, p.19를 참조.

8) 대·중형 국유기업을 지속적으로 보존한다는 의미는 이 국유기업이 전체 국민경제에 차지하고 있는 지위와 역할과 관계있는 것으로, 정치적으로 사회주의 시장경제를 건설한다는 방향과, 그리고 경제적으로는 소유와 경영을 분리해서 현대식 기업제도의 정착을 통한 국유기업의 개혁방향과 일치된 정책적 선택으로 볼 수 있다.

수위탁-대리관계(the relationship of multi principal-agent)에서 국유기업의 본질적인 문제로 요약할 수 있다. 이 국유기업의 경쟁력 약화와 적자문제의 심각성은 다시 전체 국민경제뿐만 아니라 지역경제에도 많은 영향을 미치기 때문에 국유기업의 만성적인 적자문제를 해결하는 것 역시 중국 정부의 시급한 과제가 될 수밖에 없었다. 먼저 개혁조치의 실시 이후에도 80년대와 90년대 지속적으로 나타나는 국유기업 적자문제의 원인을 구체적으로 살펴볼 필요가 있다.

먼저 정부의 지대추구 행위로 나타나는 국유기업의 적자문제는 1980년대 시행되었던 각급 정부간, 그리고 정부와 기업 간에 계약을 기초로 맺어진 재정도급계약제와 밀접한 관계가 있다. 즉 중앙정부와 지방정부, 그리고 성정부와 각급 지방정부에서도 마찬가지로 상급정부와 관할 기업에 대해 재정이전(財政轉移)을 위한 계약책임관계를 형성하면서, 관할 정부가 재정수입의 최대화를 자연스럽게 추구하게 되었다. 특히 국유기업의 비중이 큰 관할 정부의 경우 국유기업과의 수직적인 행정관계로 인해 이러한 경향이 심하게 나타났다.[9]

2) 위탁-대리관계에 의한 행정간섭과 국유기업의 적자

일반적으로 국유기업개혁은 1978년부터 1993년까지 3단계에 걸쳐 기업자주권을 확대화기 위한 개혁과정을 겪었다. 즉 제1단계인 1978년에서 1983년까지는 주로 기업의 경영자주권확대라는 원론적인 의미에서 1단계 과정이 진행되었다. 제2단계인 1984년에서 1991까지는 기업 청부경영책임제를, 그리고 제3단계인 1991년부터는 주식기업제와 1993년 현대기업제도를 공식적으로 추진하였다.[10]

---

9) 국유기업의 비중이 크고 내륙지역에 속하는 지방정부 일수록 국유기업에 전통적인 행정관계가 개혁이후에도 하나의 관성으로 많이 작용하고 있는 것으로 나타나 있다.

10) 王政(1993), "成就, 差距与不足十五年改革鸞回首: 對成都市經濟體制改革歷程的回顧", 『城市改革与發展』, 6, p.30.

중국에서 정부와 국유기업 관계를 단일 위탁-대리관계로 묘사하고 있는데, 그러나 이러한 단일 위탁-대리관계 모형은 중국에서 정부와 국유기업 관계를 지적하는데 부적절하다. 즉 80년대에 지방국유기업 차원만 보더라도, 실질적인 기업 재산권을 가지고 있는 지방정부부문은 다시 기업을 연결시키는 중간단계인 행정성 기업이 존재하는데, 따라서, 지방관할 국유기업에 대하여 언급하자면, 이 행정기구들 모두가 위탁인의 지위에 있는 것이다.

특히 지방 국유기업 관리과정을 보면 역시 다수 위탁-대리관계 놓여 있음을 알 수 있다. 개혁의 추진으로 인해 기업의 투자결정과정에서 정부부문의 개입범위와 능력을 대체로 줄여왔다고 하나, 이러한 다층적인 위계관계에서 여전히 정부가 국유업에 대해 행정제약을 가하고 또 상호의존이 지속되고 있음을 보여 주고 있다.

3) '구조조정(抓大放小)' 정책의 선택과 제도변천

국유기업의 적자가 누적되는 상황에서 우수 기업과 중점기업을 육성하는 정책은 자연스럽게 지방에서 출발하였다. 중앙정부는 다시 지방의 의견을 취합하여 대형 국유기업 집단의 선정 및 육성정책을 실시함으로써 국가의 산업발전 목표를 달성하고자 하였다. 이와 동시에 지방 특히 현(縣), 구(區)정부는 소형국유기업의 개혁을 위한 책임주체로서 연합, 합병, 주식합작제, 임대, 매각 등의 방법을 통해 국유기업의 문제를 개선한다는 '구조조정(抓大放小)' 정책이 공식적으로 출현하게 된 것이다. 이러한 결과로 1995년 6월에는 1,000개의 우수 국유기업을 선정하고 대기업 명단을 확정하였으며, 이는 국제화된 경영을 실시한다는 목표를 가지고 있었다.[11)]

이 정책은 다음과 같은 여섯 가지 정책적 함의 가지고 있다. 첫째, 대출 은행을 정하고 은행유동자금의 대출방법 등을 통해 중점 국유기

11) 吳邦國, 『在全國經貿工作會議閉幕大會上的講話』, 1997年 12月 20日.

업에 대한 은행자금의 제공정책을 편다는 것이다. 둘째, 합병과 파산 정책을 통해 1,000개 기업은 이 정책이 규정하는 합병정책을 적용할 수 있다는 것이다. 셋째, 대외 수출입에 자주 경영권을 부여하는 측면에서 1,000개 기업에게 집중적으로 심의·비준정책을 제공한다는 것이다. 넷째, 1,000개 중점 기업의 리더그룹을 훈련시키는 정책을 편다는 것이다. 다섯째, 기술혁신장려 정책을 통하여 조건에 부합하는 대형 기업의 기술센터 건립과 기술혁신 시범 기업을 선정 지원한다는 것이다. 여섯째, 직접융자 정책을 통해 채권전환과 주식발행 측면에서 1,000개 중점 기업에 대해 우선적인 고려를 해 준다는 것이다.[12] 이러한 정책 선택의 본질적인 의미는 국유기업의 적자문제가 기타 비국유기업과의 경쟁력 약화에서 우선적으로 파생된 것으로 보고 몇몇 중점 국유기업을 선정하여 국내외적인 기업경쟁력을 강화한다는 것에 초점을 두고 있다.

이러한 중국 정부의 공공선택은 시장경제체제로 전환하는 과도기적 시기에 정부와 시장메커니즘의 상호 관계적 역할의 필요성 하에서 취한 선택이라고 할 수 있다. 그러나 이러한 정부의 정책적 선택이 효율적이고 합리적인가에 대한 판단은 정부와 시장의 상호역할에 대한 적절한 역할의 배열과 그에 따른 정책의 선택에 놓여 있는가에 있다. Stiglitz(1998)에 의하면, 정부의 정책과 그 역할에 있어서 중요한 점은 정부의 정책과 역할 자체가 아니라, 언제와 왜 그리고 어떤 정책선택과 역할을 함으로써 시장실패와 공공실패의 문제를 피할 수 있느냐 하는 것이다.[13] 다시 말해, 중국의 개혁으로 나타나는 제도변천의 과정에서 시장기제확립의 불확정성과 정부역할의 보완의 필요성이 제기되고 있고, 특히 국유기업의 문제가 악화되는 상황에서 '구조조정(抓大放小)'정책은 중국 정부의 필연적인 선택이 될 수밖에 없었다는 것이다.

---

12) 國家經貿委 [1996, 1997] 관련 文件.

13) J. Stiglitz(1998), 『政府爲什麼干與經濟: 政府在市場經濟中角色』, 鄭秉譯, 北京: 中國物資出版社, pp.69-72를 참조.

4. 경쟁개념의 도입과 '구조조정(抓大放小)' 정책의 효율성

1) 국유기업개혁을 위한 중국내의 논거

국유기업개혁과 관련된 중국내 논쟁의 핵심은 대체로 두 가지 논점으로 요약할 수 있다. 하나는 국유기업에 대한 재산권(property rights)[14] 문제를 명확하게 하기 위해서 전체적으로 민영화방향으로 개혁을 추진해야 한다는 주장을 제기하고 있다. 재산권은 점유주체의 성격에 따라 사유재산권, 정부재산권과 법인재산권으로 구분된다. 국유기업에 대한 재산권을 명확히 한다는 것은 결국, 사유재산권이 포함하고 있는 사용권, 수입 향유권과 양도권을 개인에게 부여하고, 그 권리 행사에 대해 법률적으로 보호한다는 의미이다. 또 다른 하나는 재산권에 대한 개혁보다는 국유기업의 경쟁력 강화를 그 핵심 개혁의 대상으로 삼아야 한다는 것이다. 이 전자에 대한 주장은 장웨이잉(張維迎)에 의해서, 그리고 후자에 대한 주장은 린이푸(林毅夫)로 대표되고 있다. 이들의 입장은 다음과 같이 설명될 수 있다.

먼저 기업의 재산권(property rights) 개혁의 의미는 기업에 대한 소유권을 분명히 하여 기업에 대한 수익권, 판매권(혹은 사용권), 양도권을 명확하게 하자는 의미를 지니고 있다. 즉 기업의 소유자가 누리게 되는 '수익권과 자원배치의 통제권'을 보장하고 존중하여야 인센티브기제의 형성과 기업 간의 공평한 경쟁이 가능하다는 주장을 내포하고 있다. 즉 국유기업에 대한 민영화를 통해서 경제효율성을 더욱 진작시킬 수 있다는 것이다.[15] 이에 대해 린이푸는 기업에 대해 재산

14) 재산권(property rights)은 재산소유권이라고도 하며, 경제소유제 관계의 법률적 표현형식으로서 여기에는 재산의 소유권, 점유권, 지배권, 사용권, 수익권과 처리권을 포함하고 있다.

권개혁을 명확히 반대하면서, 경쟁력의 육성 및 강화만이 국유기업이 가지고 있는 위탁-대리문제를 해결할 수 있다고 하였다. 이를 통해서 국유기업의 이윤과 적자가 국유기업에게 충분한 다가올 수 있는 정보 내지 신호로서 역할을 하게 된다는 것이다.16)

그러나 이들의 주장에서 공통적으로 발견되는 점은 국유기업의 개혁에서 경쟁개념을 똑 같이 중시하고 있다는 점이다. 국유기업의 경쟁력 강화를 위해서 공평한 경쟁이 이루어질 수 있는 규칙이나 제도를 개선하든지, 기업의 재산권을 명확히 하든지 간에 경쟁 질서를 유지하기 위한 조건이나 또 이를 유발할 수 있는 재산권개혁을 강조하고 있는 것이다.

2) 경쟁의 도입과 '구조조정(抓大放小)' 정책의 성과

Stiglitz는 1993년 발간한 그의 『경제학』에서 경쟁은 시장과 가격에서 한정되어 나타나는 것이 아니고 각 개인(혹은 집단, 국가)이 어떤 것을 획득하려고 하는 경우에는 모두 시장에서 나타나는 것과 같은 경쟁이 존재할 수 있다고 지적한 바 있다.17) 이러한 측면에서 볼 때, '구조조정(抓大放小)'정책은 중점 국유기업에 특혜를 부여하는 우대정책의 일종이라기보다는 국유기업의 개혁과정에서 국유기업의 경쟁력을 강화하고 경쟁질서를 구축하는 점에 그 초점이 맞추어져 있다고 보아야 할 것이다. 그리고 이 점에서 '구조조정(抓大放小)'정책의 성과를 가름해 보아야 할 것이다.

15) 張維迎은 "국유자산을 채권으로 변화시키면 감독비용을 절약할 수 있고, 또 국유기업자산이 안정적으로 증가될 수 있도록 하는 효과적인 방법"이라고 지적하고 있다. 다음 張維迎(1995), 『企業的企業家: 契約理論』, 上海: 上海三聯書店出版社, p.302를 참조.

16) 즉 林毅夫는 "국유기업 개혁의 핵심은 공평한 경쟁의 제도와 규칙의 조건을 마련해 주는 것에 있다"라고 지적한 바 있다. 다음 林毅夫(1997), 『充分信息与國有企業改革』, 上海: 上海人民出版社, p.22를 참조.

17) J. Stiglitz(1993), 『經濟學』, 北京: 中國人民大學出版社, pp.359-376을 참조.

'구조조정(抓大放小)'정책은 먼저 중소형 적자기업은 매각, 합병, 파산의 방법에 의해서 해결한다는 '방소(放小)'정책 측면에서 살펴보면, 지역경제발전에 긍정적인 것으로 나타나고 있다. 예를 들어, 1992년과 1995년에 산동성(山東省) 내의 제 도시에서 나타나고 있는 자산부채율의 경우, 전체 시에서의 35개 국유기업은 자산부채율이 정책실시 이전에는 93.5%이었던 것이 실시 후에는 76.70%로 하락하였다. 또한 자산 성과율은 정책실시 전에 7.36%, 자본금 이윤율은 7.49%에서 실시 후에는 각각 9.79%와 49.35%로 향상되었다.[18)]

또한 1995년 전국 도시의 국민총생산액은 1992년에 비해 87.3%로 연평균 23.3% 증가한 것으로 나타났다. 1995년 재정수입은 1992년에 비해 1.4배로 평균 33.7%로 증가하였다. 이 중에서 지방수입과 중앙수입은 1992년에 비해 각각 2.3배와 2.5배로 증가하였다. 전국 도시의 공업총생산액은 1995년이 1992년 비해 2.4배 증가하였으며, 도시 주민의 1인당 생활비 수입은 96.7%로 연평균 25.3% 증가하였다. 국유기업의 취업 근로자수는 1992년에서 1995년까지 연평균 3%가 증가하였고, 임금총액은 연평균 27.6%가 증가하였다.[19)]

'방소(放小)'정책은 지역경제에서 하나의 새로운 성장을 위한 출발선을 제시하면서 국유기업의 경제효율성 개선을 위한 전략적 변화와 그 조건을 마련하였다. 그러나 '조대(抓大)'정책의 성과는 명확한 변화를 가져왔다고 볼 수는 없고 다만 중점 국유기업은 국유기업의 전체 수준을 볼 때 주요 경제지표가 양호하다고 볼 수 있다. 1996년과 1997년 상황을 비교하여 보면, 중점 국유기업은 먼저 공업총산액은 전년도에 비해 10,194. 3억 위안으로 12.5% 증가하였다. 둘째, 전체 국유공업에 차지하는 상품판매수입의 비중은 58.5%에서 61.3% 증가하였다. 셋째, 자산총액은 56.3%에서 60%로 증가하였다. 넷째 중점 국유기업의 경제성과지표가 국유공업의 평균 수준보다 양호하다는 것

18) 中國社會科學院工業經濟研究所, 『中國工業發展報告: 制度創新, 組織變遷与政策調整』, 經濟管理出版社, 1998年版 참조.

19) 中國社會科學院工業經濟研究所, 1998, 앞의 책 참조.

이다. 즉 자산 납세율은 3.2%에서 5.1%로, 노동생산성은 1인당 4.9억 위안으로 약 1배정도가 증가하였다.[20]

따라서 '구조조정(抓大放小)' 정책의 성과는 우세한 국유기업 끼리의 연합에 있는 것이 아니라, 국유기업에 개혁의 핵심은 분리 혹은 분해에 놓여 있다는 것이다. 즉 국유 적자기업은 매각, 합병, 파산 등의 방법에 의한 '방(放)'의 형식에서 국유기업제도의 변혁을 찾아볼 수 있다.

결국, 1990년대 전반적인 중국의 국유기업 개혁의 초점은 기업의 경제행위를 효과적으로 자극하고 제약할 수 있는 제도 환경의 창출과 관련이 있다고 할 수 있다. 시장행위자의 인센티브구조와 경쟁 질서를 창출하기 위한 제도변화과정에서 중국 정부의 '구조조정(抓大放小)' 정책은 전체 국유기업의 경쟁력 강화 측면에서 선택되어진 공공선택의 결과이다. 그리고 이 정책은 먼저 지역경제에서 지방정부라는 경제행위자에 의해 출현하게 되었던 것이다. 그러나 '구조조정(抓大放小)'정책은 중점 국유기업에 특혜를 부여하는 우대정책이었다기보다는 국유기업의 개혁과정에서 국유기업의 경쟁력을 강화하고 경쟁질서를 구축에 그 초점이 맞추어져 있었다. 또한 이 정책의 핵심은 '강강연합(强强聯合)'보다 중소국유기업의 분해에 있었다. 이런 점에서 '구조조정(抓大放小)'정책은 아직 완결되지는 않았지만, 국유기업의 경제효율성 개선에 어느 정도 밑거름이 되었다.

20) 『中國統計年鑒』, 中國統計出版社, 1996-1998 참조.

참고문헌

나인철(1999/2000), “중국 국유기업의 개혁과 기업관리체제 변화”, 『中蘇硏究』, 23(4), 99-125.

박장재(1999/2000), “정부와 시장 관계에 대한 중국의 선택과 조정”, 『中蘇硏究』, 23(4), 153-177.

소병희(1996), “공공선택의 이해와 정책분야에서의 응용”, 『한국정책학회보』, 5(2), 267-292.

신해룡(1991), “한국재정지출의 공공선택적 분석”, 『재정논집』, 5, 225-266.

林毅夫(1997), 『充分信息与國有企業改革』, 上海: 上海人民出版社.

Stiglitz, J.(1993), 『經濟學』, 北京: 中國人民大學出版社.

世界銀行(1996), 『中國經濟: 治理通脹, 深化改革』, 北京: 中國財政經濟出版社

王政(1993), “成就, 差距与不足十五年改革驀回首: 對成都市經濟體制改革歷程的回顧,” 『城市改革与發展』, 6, 30-34.

吳敬璉(2003), 『當代中國經濟改革』, 上海: 上海遠東出版社.

吳邦國, 『在全國經貿工作會議閉幕大會上的講話』, 1997年 12月 20日.

張中華(1997), 『中國市場化過程的地方政府投資行爲硏究』, 長沙: 湖南人民出版社.

張維迎(1995), 『企業的企業家: 契約理論』, 上海: 上海三聯書店出版社.

中國社會科學院工業經濟硏究所(1998), 『中國工業發展報告: 制度創新, 組織變遷与政策調整』, 北京: 經濟管理出版社.

中國社會科學院工業經濟硏究所(2010), 『2010中國工業發展報告: 國際金融危機下的中國工業』, 北京: 經濟管理出版社.

中國國家統計局,『中國統計年鑒(1996-1998)』, 北京: 中國統計出版社.

國家經貿委, [1996, 1997] 文件.

Buchanan, James M. & Gordon Tullock(1962), *The Calculus of Consent: Logical Foundations of Constitutional Democracy*, Indianapolis: Liberty Fund.

Burns, John P.(2003), “Downsizing the Chinese State: Government Retrenchment in 1990s,” *The China Quarterly*, 175, 775-802.

Granick, David(199), *Chinese State Enterprises: a Regional Property Rights Analysis*, Chicago: The University of Chicago Press.

Steinfeld, Edward S.(1998), *Forging Reform in China: the Fate of State-Owned Industry*, Cambridge: Cambridge University Press.

Nee, Victor(1996), “The Emergence of a Market Society: Changing Mechanism of Stratification in China”, *American Journal of Sociology*, 101(4), 935-942.

Xiao, Zhao(2006), "Competition, Public Choice, and Institutional Change," *The Chinese Economy*, Vol. 39, No. 1, pp. 5-73.

Parish, William L. and Ethan Michelson(1996), "Politics and Markets: Dual Transformation", *AJS*, 101(4), 1042-1059.

Shirk, Susan L.(1992), "The Chinese Political System and the Political of Economic Reforms", in Kenneth G. Lieberthal and David M. Lampton(eds.), *Bureaucracy, Politics and Decision Making in Post-Mao China*, California: University of California Press.

Wong, Christine P. (1991), "Central Planning and Local Participation under Mao: the Development of County-run Fertilizer Plants," in Gordon White(ed.), *The Chinese State in the Era of Economic Reform: the Road to Crisis*, (London: Macmillan, 1991)

5
chapter

전통 온주상인(溫州商人)과 민영기업

1. 중국 절강성 온주상인과 민영기업

1) 온주모델과 민영기업

1912년부터 1949년 이전의 민국시기(民國時期) 중국 경제는 개인 소유 중심의 민영경제가 주를 이루었다. 그러나 마오쩌둥(毛澤東)시대의 중국은 1956년 민영기업을 전부 소멸시키고 '사회주의 개조'를 완성하였다. 이로써 마오쩌둥시대 국가사회주의체제인 신중국(新中國)에서는 국유경제와 준 국유경제 형식의 집체경제가 중국의 유일한 경제 기초로 자리 잡게 되었다. 또한 단일 국유제를 기초로 하는 계획경제 체제가 확립되어 대부분의 민영경제가 소멸되었을 뿐만 아니라 신중국에서는 시장경제도 성립될 수 없었다(吳敬璉, 2004).

그런데 1978년 개혁개방을 추진한 덩샤오핑(鄧小平)시대에는 농촌개혁을 시작으로 경제적인 부를 얻기 위한 개개인의 성취의욕을 장려하면서부터, 민영부문의 개체기업[1]과 사영기업(私營企業)이 활성화되기 시작하였다. 특히 중국 절강성(浙江省) 동남부에 위치한 온주(溫州)지역에서는 온주모델로 대표되는 민영경제, 즉 기업가와 민간주도로 지역경제의 눈부신 성장을 이끌어 왔다. 온주지역에서 민영경제의 발전은 지역자원의 한계, 즉 토지의 부족 및 생산요소의 결핍과 깊은 관련이 있다고 지적되었다(Shi Jin Chuan, 2004). 이러한 환경에서 온주는 온주상인(溫州商人)을 중심으로 한 비즈니스 네트워크와 원거리 무역을 통해 온주지역에서 흔히 발견할 수 있는 가정경영 중심의 민영경제가 발전하게 되었다.

중국의 국내외 학자들은 특히 1980년대와 1990년대에 중국 절강성 온주지역의 경제성장에 주목하면서, 시장경제와 온주 민영경제 간에 형성된 관계를 설명하는데 많은 관심을 기울여 왔다. 사실, 온주지역에서 민영경제의 형성, 그리고 이를 대표하는 온주모델은 인문 지리적 요소와 함께 역사적 변천 과정에서 축적된 내재적 역량과 깊은 관련이 있다. 온주의 역사를 살펴보면, 역사적 과정에서 축적되어 온 온주만의 문화적 전통이 깊이 자리 잡고 있다. 또한 온주의 전통에 기초하고 있는 민영경제가 개혁개방이후 점진적 개혁과정을 통해 구축된 시장경제체제와 결합하여 온주지역의 경제발전을 촉진시키고 있다는 점이다. 이와 반면에, 절강성 온주지역과 이웃하고 있는 중국 강소성(江蘇省)의 소남(穌南)지역은 개혁개방 이후 지방정부주도형 집체소유제 향진기업 중심으로 경제가 활성화되어 왔기 때문에 온주와 비교되곤 한다.

다시 말해, 절강성 온주지역에서 민영경제의 발전은, 소남지역과 비교하여 볼 때, 전형적으로 민영기업 중심의 시장주도에 의존해 왔다고 강조되고 있다. 또한 온주모델이라는 것도 기타 지역에서 흔히 발견되는 개혁개방 이후 정부주도에 의한 지역경제 성장이라는 중국의 전통

1) 중국에서의 민영기업은 대개 개체기업(個體企業)과 사영기업(私營企業)으로 분류된다. 개체기업과 사영기업의 구분은 기업의 고용원수에 따라 이루어지는데, 고용원 8명 미만의 기업은 개체기업으로 8명 이상은 사영기업으로 구분하고 있다.

적 기업성장 양식과는 달리 역사적인 전통을 지닌 온주상인의 기업가적인 혁신적 역할이 온주 지역의 경제성장을 가져 왔다. 따라서 온주지역에 대한 최근 연구들은 온주지역의 경제성장을 중국 개혁개방정책의 초점에서 밝히기보다 개혁개방 이후 진행된 자본축적과정과 온주지역 고유의 사회문화의식과의 연관성을 지적하고 있다.

이와 같이 온주지역에 대한 공통된 설명은 온주민영경제가 지역경제성장의 중심에 위치하고 있다는 점이다. 또한 온주 민영경제의 성장은 온주의 인문·지리적 특성과 온주의 역사적 궤적을 통해 전체적으로 이해되어야 할 필요성을 제기하고 있다. 즉 온주 민영경제와 온주상인 형성의 역사적 과정에 대한 설명은 단순히 개혁개방 이후의 형성과정과 경제적 성과를 도출하기보다 역사적으로 축적된 온주 민영기업들과 이 온주상인의 내재적 역량 및 혁신적 역할이 어떻게 시장화 개혁과정과 결합하여 성장하게 되었는지를 살펴보아야 한다는 것이다. 그럼에도 불구하고 지금까지 대부분의 연구는 개혁개방 이후 온주사례에 집중되어 있고, 그나마 온주지역사례에서 나타나고 있는 경제활동 주체에 대한 분석에 있어 역사적 접근에 기초하고 있는 연구사례는 많이 부족한 편이다.

본 장에서는 1978년 개혁개방 이후 더욱 특징적으로 성장해 왔던 온주지역에서의 민영기업, 그리고 온주상인의 역사적 형성과정을 추적해 보고자 한다. 본 장에서 특히 초점을 두고 설명하고자 하는 부분은 역사적 맥락에 기초한 귀납적 분석을 강조하는 부분이다. 즉 '역사적 제도분석(historical institutionalism)'이라는 이론적 틀에 준거하여 온주상인의 형성과정을 검토해 보고자 하는 것이다. 이를 통해서 절강성 온주지역이 어떠한 역사적 배경과 지리적 입지에 놓여 있는지, 그리고 온주상인 및 민영경제의 형성과 발전을 통해 형성된 지역고유의 내재적 역량이 무엇인지 설명하고자 한다.

2) 역사제도적 분석

중국의 개혁개방 이후, 온주사람들은 이 지역의 경제적 조건에서 출발하여 대대적으로 민영경제를 발전시켰을 뿐만 아니라, 과거 계획경제의 속박에도 불구하고 지금은 '민간주도형' 경제발전 모델을 발전시켰다. 이제 온주는 중국에서 민영경제가 활발하게 발전된 지역이고, 또 온주상인은 중국 상권에서 가장 큰 영향력을 행사하고 있는 집단이 되었다. 온주 발전모델을 언급할 경우 경제발전 특징의 배후에 문화적 요소가 작용하고 있음을 발견할 수 있고, 또 한 지역의 정신을 설명할 경우 이러한 정신이 역사적으로 발현되어지는 과정과 조건을 지적해야 한다.

지금까지 전개되어온 중국 절강성 온주지역 발전에 대한 연구 중에서 류(Liu 1992)는 문화적, 역사적 전통이 온주지역의 민영경제의 특징과 온주상인의 형성에 기여하게 되었다고 한다. 이에 반해, 중국 국내의 초기 연구에서 제기되었던 논점은 중국의 개혁개방 이후 나타나게 되는 경제적 조건(economic conditions)이 민영기업과 상공업정신으로 대표되는 '온주모델'을 형성하게 되는 주요 요인이었으며, 또 이 점이 온주지역의 경제적 발전을 가져왔다고 설명한다. 그러나 전체적으로 온주지역의 민영경제와 온주상인의 형성과정에 대한 설명은 첫째, 온주시 정부의 역할, 둘째, 개혁개방이후 경제적 조건, 셋째, 구체적인 역사적, 사회문화적 요소 등 세 가지 특징과 연관된 측면에서 규명해 보아야 한다. 그리고 온주지역을 마오(毛)시대의 유산으로 비견되는 국유부문 중심의 여타 다른 지역과 비교해 볼 경우 뚜렷이 차이가 나타나고 있는 온주상인의 역할, 그리고 그 지역발전모델을 이해하기 위해서는 역시 제도와 경제발전 관계의 특성을 포괄적으로 다루는 '역사제도적' 접근이 강조되어야 할 것이다.

이 문제와 관련한 유사한 연구로 특히 양(Yang)의 연구가 주목할 만한 하다. 양은 온주의 종교적 전통의식(비자본주의적 요소)과 민간 가족기업형태(자본주의적 요소)의 결합으로 나타나기 시작한 지역의 특성을 분석하고 있다. 이 연구에 따르면, 자본의 원시적 축적과정을 통한 성장으로서 온주는 1970년대 후반에 임금 노동과 장거리 무역을 통해 농촌 자본이 형성되기 시작하였다. 그리고 1980년대는 농촌 자본의 축적은 민영중심의 가정 농촌산업을 가져왔으며, 이 산업들은 더 많은 자본과의 결합으로 확대하거나 주식합작제(股份合作制) 기업으로 성장하였다. 1980년대 이후에는 외부지역의 자본이 온주 지역에 집중되어 형성됨으로써 지방정부의 관할 기업과 민영 기업가들의 성장을 도왔고, 또 다른 한편으로는 해외 화교자본의 투자로 발전되어 왔다는 것이다(Yang, 2000). 특히 1980년대 이후 온주상인과 해외 화교자본과의 네트워크가 온주상인의 특성을 반영하며, 이는 중국의 전통문화에 자리 잡고 있는 유교적 가치와 자본주의적 요소가 결합된 것으로 설명한다.

한편, 화이팅(Susan Whiting)과 같은 학자는 상해시의 송강(松江), 강소성(江蘇省)의 무석(无錫)과 온주의 악청(樂淸)지역에 대한 비교연구에서 밝혔듯이, 온주의 민영경제의 형성은 마오쩌둥 시대의 산업적 유산에서 비롯된 것이라고 설명하고 있다. 그리고 개혁개방이후 정치적, 법제도적 환경과 시장제도의 형성이 온주지역에서 민영경제의 발전을 가져왔다는 것이다(Whiting, 2001). 그러나 지금까지 온주에 대한 연구는, 화이팅의 연구에서도 마찬가지로, 지리적 입지(location)의 문제와 역사·문화적 요소를 통한 역사적 접근이 아직 체계적으로 이루어지지 않고 있다.

다만 스진촨(史晉川) 등의 중국내 최근 연구에서 North 등의 '제도변천이론'[2], 즉 효율적인 경제조직이 경제성장의 관건이라는 관점에 의거하여 온주모델에 대해 일종의 귀납적인 방식으로 역사주의적 해석

2) 노스의 '제도변천이론'에 관한 내용은 중국어판 道格拉斯 諾斯(1999),『西方世界的興起』, 北京: 華夏出版社를 참조.

을 전개하고 있다. 다시 말해, 개인소유의 재산권(property rights)을 기초로 하는 민영경제와 온주상인의 도전적 역할, 그리고 이를 효과적으로 보호하는 과정과 현대시장경제로의 진전이라는 특징을 통하여 온주의 경제발전모델을 설명하고자 하였다.[3)]

그러나 첸다오(錢滔)가 지적한 바와 같이, 사진천 등의 연구는 온주에서 나타나고 있는 제도변천과 경제발전모델의 관계를 설명하기 위해서 제시한 이론적 분석틀에 있어서 분석도구 선택의 문제와 구체적인 적용상의 문제가 나타나고 있다(錢滔, 2002). '역사제도분석이론'의 중심은 특정 역사와 관련된 제도의 기원과 제도선택의 과정, 그리고 제도의 경로의존성에 대한 경험적 검증을 전개해 나가야 한다는 것이다. 따라서 온주지역의 민영화 경제 형성과정에 관한 역사적 접근은 온주지역에 민영화경제가 형성되고 온주상인이 발전하게 되는 제도의 기원 및 제도선택의 과정, 그리고 자기 강화적 제도(self-reinforced institution)와 제도의 경로의존적(path-dependent) 특징을 중심으로 역사적 과정을 살펴보아야 한다. 이를 위해 역사제도분석의 전개를 위한 몇 가지 분석의 중심점을 설명하면 다음과 같다.

첫째, 노스에 의하면, 제도를 통해 설정된 경제대리인에 의한 교환 및 거래관계가 자원배분에 영향을 미치기 때문에 경제 효율성의 문제가 나타난다고 지적한다(North, 1999:5). 왜냐하면 교환 및 거래관계를 반영하는 규칙은 전략적 게임에서의 균형(equilibrium)과 유사하기 때문에 개인은 규칙의 이행자이고, 특히 그가 점유하고 있는 사회적 위치에 연관된 규칙을 이행하게 되는데 이런 행위자의 행위를 제약하는 규칙을 제도로 정의하고 있다(Greif and Laitin, 1997). 그런데 Greif는 노스의 이러한 제도에 대한 정의를 받아들이면서도 '제도는 자신의 행위에 대한 비기술적 요소에 의해 결정되는 자신 스스로

3) 사진천 등의 연구는 史晋川, 金祥榮, 趙偉, 羅衛東(2004),『制度變遷与經濟發展: 溫州模式的硏究』, 杭州: 浙江大學出版社에서 상세히 다루어지고 있으며, 이들은 온주모델이 민영화와 시장화를 이용하여 추진된 공업화와 도시화의 특징이 지역경제사회 발전모델이라는 것이다.

의 제약'이라고 더욱 광범위하게 정의내리고 있다(Greif, 2005).

둘째, Greif가 강조하는 '역사적 제도주의(historical institutionalism)'는 바로 행위자의 전략적 선택과 게임의 균형점이라는 이론적 배경하에 개인과 개인의 행위에 영향을 미치는 제도(institution)와의 상호관계성에 분석의 초점을 두고 있다.[4] 예를 들어, 개인의 주관적 신념은 행위의 규칙에 대한 학습을 통해 다른 행위자와 행위를 수렴하게 되며, 제도화된 규칙은 이러한 신념이나 수렴과정에서 정보를 제공함으로써 도움을 주게 된다는 것이다. 따라서 역사제도분석은 개인의 행위와 신념에 관련하여 사회적으로 연관되어 있는 제도화된 규칙(institutionalized rule)을 분석해야 한다.

셋째, 과거에 학습된 행위의 규칙은 미래의 행위가 어떠할지 가장 잘 나타내고 있으며, 이 점은 다른 개인도 이전의 제도화된 규칙을 이행할 것이라는 조건에서 과거 자기의 행위패턴을 지속적으로 이행하는 것이 합리적이라는 것이다. 이러한 의미에서 제도는 자기 강화적이라는 것이며, 따라서 역사제도분석은 제도화된 규칙이라는 개념을 중심으로 사회문화적 요소뿐만 아니라 자신의 실행행위와 과거 경로 의존적(path dependent) 선택의 상호관계를 경험적 과정으로 분석할 수 있는 틀을 제공해 주고 있다(Greif, 2005). 그리프에 의하면, 역사제도분석은 시장의 발전이 제도에 의존한다는 점을 지적하면서, 예를 들어, 어느 사회가 더욱 공동체주의적인가 혹은 개인주의적인가의 가치규범의 정도에 따라 개인행위자의 선택과 제도가 다르게 나타난다고 강조한다.[5]

---

4) 특히 Greif A. and Laitin D. D.(1997), "A Theory of Endogenous Institutional Change", *Working Paper*, Stanford University를 참조.

5) 전자의 경우에 사회내의 각 개인행위는 사회적 구조(친척관계, 출생지, 종교)나 사회적 제약에 크게 영향을 받게 되고, 후자의 경우에는 각 개인과 가족 사이에서 나타나는 상호간의 사회적, 경제적 제재에 크게 영향을 받게 될 것이라는 것이다. Avner Greif(2005), "Institutions and the path to the modern economy: lessons from medieval trade", in Ménard and Shirley (eds.), *Handbook of New Institutional Economics*, Amsterdam: Springer를 참조.

넷째, 역사제도분석에서 제도의 변천과정은 신념의 변화와 제도화된 규칙과 관련된 행위의 불이행으로 나타나나는 내생적 과정(endogenous process) 혹은 외부 충격, 그리고 이 두 가지 요인의 결합에 의해서 발생한다는 것이다. 새로운 제도가 의도적인 설계에 의해서 나타나거나 혹은 제도적 요소의 변화와 조정에 의해서 출현하는 제도의 변천은 의도적인 경향이 강하다는 것이다. 즉 새로운 상황에 대한 학습에 의해 점진적인 변화보다 대안적 행위의 의도적 선택, 집단결정을 통한 새로운 규칙의 구체화와 조직체의 의도적 추진에 의한 제도변천이 공통적 현상이라는 것이다.

그러므로 역사제도분석은 개인의 신념이 사회적으로 제도화된 제도의 규칙뿐만 아니라 내생적 과정 혹은 외부충격에 의한 의도적 선택 및 추진을 의미하는 제도변천과정을 추적해야 제도변천의 내용과 경제발전의 관계를 규명할 수 있다는 것이다. 이런 의미에서 역사제도분석은 행위자의 내적 행위 동기 및 사적 질서(私的秩序)를 파악하는 것이 중요하다(Greif(韓毅(譯)), 2003). 따라서 이러한 역사제도분석에 기초하여 행위와 제도의 상호관계성에 설명의 초점을 두고 온주 민영경제와 온주상인 형성의 역사적 과정을 설명하고자 한다. 즉 특수한 역사적 맥락에서 구체화된 행위모델과 이와 관련되어 있는 환경을 설명하기 위해서 미시적 차원에서 행위동기를 중심으로 온주지역에 대한 경험적이고 역사적인 탐색을 진행한다.

2. 온주상과 민영경제의 형성 과정

1) 절강성(浙江省) 온주(溫州)지역의 사회 · 경제적 여건

중국 절강성 동남부에 위치하고 있는 온주는 1981년 온주지역과 온주시가 통합되어 성립된 온주시(溫州市)로서 '시(市) 관할 현(縣) 체제(市管縣體制)'를 시행하고 있는 지역이다. 따라서 온주는 행정구역상으로 녹청(鹿城), 용만(龍湾), 구해(甌海)의 3개 구(區)와 현급시(縣級市)인 서안(瑞安), 악청(樂清)의 2개 시(市), 그리고 영가(永嘉), 동두(洞頭), 평양(平陽), 창남(蒼南), 문성(文成), 태순(泰順)의 6개 현(縣)으로 구성되어 있다. 현재 온주는 절강성 남부 지역의 교통의 요통지이면서 또한 중국 전체의 위치에 볼 때, 동부 연해지역의 중간에 가까이 위치하고 있다. 온주는 개혁개방 초기에 지정된 14개 연해 개방도시, 농촌개혁의 시범지구, 전국 18개 항구도시 등 주요 개혁개방 도시 중의 하나였다([그림 5-1] 참조).

온주시에는 현재 국유, 집체, 민영기업(私營企業, 個體企業) 등의 다양한 소유제 형식의 기업이 있다. 그러나 온주시 전체 기업 중에서 민영기업(民營企業) 수는 90% 이상의 다수를 차지하고 있고, 특히 20여만 개의 개체 공상업 기업(个体工商戶)이 활동하고 있어 중국에서 민영경제가 가장 발전한 지역으로 꼽히고 있다(廖泉文 · 姚世華, 2006). 특히, 개혁개방 이후 온주 민영경제의 빠른 성장은 이 지역의 발전에 크게 공헌하고 있다. 예를 들어, 2004년 현재 온주 민영경제의 생산액은 총생산액의 80.3%, 민영 공업생산액은 총공업생산액의 96.0%, 소매 무역액은 83%, 민영기업의 직접수출은 총수출액의 55.8%의 비중을 점하고 있는데, 온주의 민영경제는 지역경제에 중추적 위치를 차지하고 있다(王尙銀, 2006).

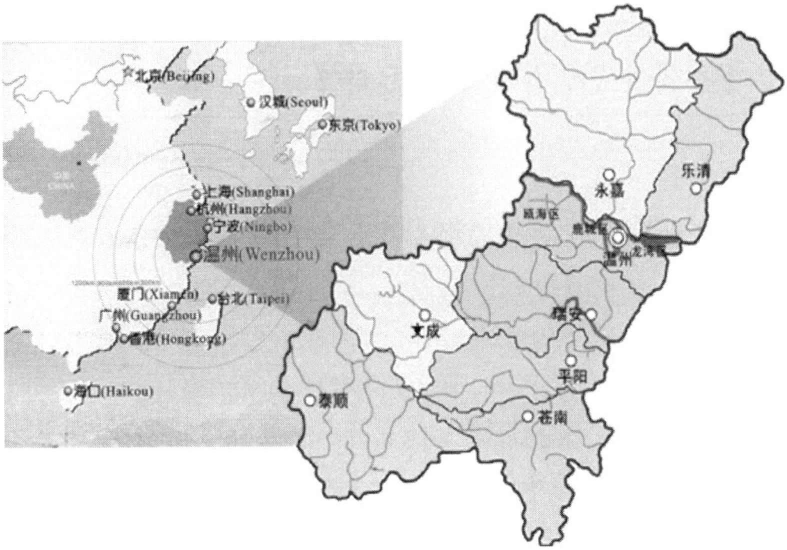

자료: 온주지명구분 웹 사이트(http://www.wzqhdm.gov.cn)

[그림 5-1] 온주시의 지리환경

온주시 통계국에 따르면, 2005년 현재 온주의 총면적은 11,784㎢ 그리고 해역면적은 11,000㎢, 인구는 약 750만 명에 이르고 있다. 그 중 시 지역(市區) 면적은 1,187㎢, 인구는 약 139만 명으로 파악되고 있다(〈표 5-1〉 참조). 온주의 지리적 특징은 도시 지역이 온주시 전체의 약 4%에 그치고 있고, 총면적의 78%가 산악지대로, 즉 동북쪽에서 서남쪽으로 3개의 산맥이 형성되어 있다는 것이다. 또 온주의 섬과 강들도 상당한 면적을 차지 있어 온주지역에서 1인당 평균 경작지 면적이 약 0.3 무(畝)에 그치고 있다. 따라서 온주는 중국의 기타 지역과 고립되어 있을 뿐만 아니라 온주의 도시 지역에의 인구밀도가 높은 반면 토지자원이 상당히 부족하다는 것을 알 수 있다.

그러나 과거 빈곤의 대명사로 일컬어져 왔던 온주는 역사적으로 불리한 자연적 조건과 지리적 제약을 극복해 왔다. 송(宋) 대부터 온주는 수공업 및 대외항구도시로서, 특히 개혁개방 이후 온주지역은 민영경제의 발전을 중심으로 온주상인이 형성되고 경제적으로 크게 성장했다. 온주상인을 중심으로 하는 중국 국내외교역 및 거래관계와 시장지향적인 민영기업의 발전을 지속해 온 관계로 현재까지도 온주는 정부주도형 향진기업으로 인한 쇠퇴현상을 겪지 않고 있다. 온주 민영기업과 온주상인의 형성과정 및 그 발전의 특징 속에는 온주지역의 입지적 환경조건에서 역사적으로 전개해 온 민영경제의 연속성이 자리 잡고 있다. 즉 온주는 특수한 지리적 조건과 역사적 경험을 바탕으로 개혁개방 이후에는 중국 동부 연해지역의 기타 지역과도 구별되는 온주상인의 개방적이고 자유스러운 기질(libertarian bent)을 가지고 경제적 부를 창출하였던 것이다. 또한 개혁개방 이후 중국의 전형적인 정부주도형 지역경제성장 모델과 비교되는 온주는 민영기업가의 혁신적 역할, 그리고 온주시 정부와 민간협회의 간접적 지원정책 등이 민영경제의 지위를 공고히 하게 이르렀다.

〈표 5-1〉 온주시의 구성과 토지면적(2005년)

지역	총인구	토지면적	경작지면적	인구밀도	1인당 경작지면적 무(畝)
	(만명)	(㎢)	(천ha)	(인/㎢)	
전시(全市)	750.28	11,784	158.82	637	0.32
시내(市區)	139.01	1,187	15.14	1,171	0.16
녹청구(鹿城區)	67.33	294	3.21	2,290	0.07
용만구(龍湾區)	31.55	279	4.78	1131	0.23
구해구(甌海區)	40.13	614	7.16	654	0.27
서안시(瑞安市)	113.48	1,271	28.92	893	0.38
악청시(樂淸市)	116.97	1,174	23.82	996	0.31
동두현(洞頭縣)	12.34	100	0.94	1,234	0.11
영가현(永嘉縣)	89.34	2,674	19.99	334	0.34
평양현(平陽縣)	84.82	1,051	22.1	807	0.39
창남현(蒼南縣)	123.11	1,272	28.05	968	0.34
문성현(文成縣)	36.47	1,293	10.31	282	0.42
태순현(泰順縣)	34.74	1,762	9.54	197	0.41

주: 1무(畝)는 약 666.7㎡로서 우리나라의 약 190평 정도에 해당함.
자료: 온주시통계국 홈페이지(http://www.wzstats.gov.cn)

2) 개혁개방 이전: 상공업 전통

온주지역은 송(宋) 대(960-1279)부터 온주지역의 자연적 조건과 지리적 환경의 제약성을 이점으로 바꾸어 오곤 하였다. 특히 북송(北宋)시대 이후부터 온주는 유명한 수공업 도시로 성장하였고, 북송 함평(咸平) 2년(서기 999년)에는 상업이 번창한 동남지역의 유명한 진(鎭)으로서 당시 북송 조정으로부터 대외무역항구로 지정받게 되었던 것이다(李丁富, 2004). 더욱이 온주지역에서 농촌 가내 수공업[6]의 번창은 광범위한 지역 시장 인프라가 구축되게 하였을 뿐만 아니라 온주사람만이 지닌 원거리 무역의 전통으로 인해 온주지역의 자연조건이 허락하는 인구수보다 훨씬 많은 인구를 유지할 수 있게 하였다(Liu, 1992). 또한 온주의 민영경제의 형성은 온주사람 특유의 상업적 기질과 정신문화에 의해서 비롯되었다. 온주지역을 대표하는 정신문화는 남송시대 섭적(葉適)에 의해서 집대성된 '영가학파(永嘉學派)'의 경제사상 즉 공상업의 발전을 주창한 민본중심의 공리주의(功利主義) 경향이 온주의 지역 사회적 특징과 결합하여 오늘날 온주상인의 온주정신과 문화를 대표하고 있다.[7]

무엇보다 온주는 역사적으로 대략 두 차례의 대외개방의 무역 항구도시로서 발전하였다. 그 첫 번째는 남송 소흥(紹興) 원년(1132년) 온주에 '시박무(市舶務)'를 설립하여 대외무역을 관리하게 한 것이다. 이로써 온주는 중국 국내의 광주(廣州), 천주(泉州), 항주(杭州) 등의

---

6) 당시 온주의 농산품은 감귤, 누에와 뽕나무, 차, 동유, 목재 등이 풍부하였고, 수공업으로는 도자기, 조선, 제지, 조각, 칠기, 자수, 우산, 가죽신, 비단, 실크 등이 전국적으로 유명하였다.

7) 온주의 영가학파(永嘉學派)는 절강성 온주 영가(永嘉) 출신의 에쉬(葉適)에 의해 집대성되었으며, 에쉬는 남송시대의 정치사상가로서 당시 중농경상(重農輕商)의 유교통치 사상적 전통과 정책에 반대하여 공상업의 발전과 '실효성의 추구, 공리(功利) 중시'의 원칙을 주창하였다. 晏國彬, 談振興(2006), "葉適經濟思想的創新价値及其對溫州經濟模式的影響," 『企業經濟』, 10, pp.127-129를 참조.

상선들이 온주에서 무역을 하였을 뿐만 아니라 인도와 일본, 그리고 당시 고려 상인들이 온주에서 상업을 경영하기도 하였고, 또 온주 상선은 중국 국내 각 항구에 출입하고 점차 동남아시아지역에까지 이르렀다. 두 번째는 청조 광서(光緖) 2년(1876년) 청조와 영국 사이에 맺은 ≪중영연태조약(中英烟台條約)≫을 통해 온주가 대외 통상항구로 지정받음으로서 대외무역이 크게 발전하게 되었던 것이다. 특히 1877년에는 온주에 '구해관(甌海關)'을 설립하여 영국이 세무권을 장악하게 됨으로서 당시 영국을 비롯한 서구 열강들이 상사(商社)를 온주에 개업하게 되었다. 온주는 1900년대에 이르러 차와 우산, 목재, 실크, 백반, 약재 등의 전통 산품을 대량 수출하여 대외무역액이 점차 크게 확대되었고, 1918년에는 온주항의 수출입화물 총액이 은(銀) 339.7만량에 달함으로써 1878년 비해 14배나 성장하였다(李丁富, 2004).

이러한 온주의 대외무역항구도시로서, 그리고 농촌 가내 수공업을 중심으로 한 사회경제적 조건의 성장 외에도 온주지역은 또한 해외이민에 관한 오랜 역사를 지니고 있다. 예를 들어, 앞에서 언급하였듯이 송 대 말기(서기 960-1279)에 온주상인의 실용주의와 공리주의(功利主義) 정신문화를 대표하는 영가학파(永嘉學派)가 몽고의 지배에 직면하여 지금의 캄보디아지역으로 이주한 것을 비롯하여 19세기 말엽 온주 평양(平陽)출신 노동자(약 10명)가 마카오(Macao)를 통해 쿠바의 하바나(Havana) 지역으로 이주하기도 하였다.

그렇지만 온주 사람들은 주로 상업을 목적으로 해외에 이주하였는데, 특히 온주지역에 근접해 있는 절강성 청전현(靑田縣)에서 남송(南宋)시대에 채석되기 시작한 동석(soap stone)의 조각 및 소매판매를 위해 행상활동을 전개하거나 해외로 본격적인 이주를 시작하였던 것이다(John T. Ma, 2004). 따라서 온주사람은 해외 이민의 역사를 통하여 중국 국내지역 뿐만 아니라 미국과 유럽의 유명 도시에까지 온주사람을 중심으로 한 온주상인 네트워크를 형성하였던 것이다.[8)]

8) 언제부터 이런 행상활동을 위한 이주가 시작되었는지 분명하지 않지만, John

개체경영과 장거리 무역을 중심으로 한 온주의 경제는 원(元), 명(明), 청(淸) 시기를 거쳐 발전과 쇠퇴를 반복하며 정체기를 겪다가, 항일전쟁 시기에는 온주가 다시 기형적인 번영을 구가하였다. 즉 항일전쟁 시기 강서(江西), 복건(福建), 호남(湖南), 사천(四川)성 등의 행상인과 군수물자 상(商)들이 이곳에 모여들게 됨으로써 중국에서 유일한 대외 통상항구의 역할을 하게 되었는데, 1938년 온주의 물동량은 80만 톤, 1940년 총 수출입무역액은 2,707만 위안(元)에 이르렀다(李丁富, 2004:17). 그러나 1949년 사회주의 신중국(新中國)이 성립한 이후 온주의 상공업 전통은 자본주의 길을 걷는 우파주의 행위로 비판을 받았고, 또 온주사람의 상업적 재능도 크게 위축되었다. 또한 온주가 대만과 근접하다는 이유로 온주에 대한 국가의 투자도 억제되어, 1949년부터 1981년까지 근 30여 년간 온주에 대한 투자 총액은 5.95억 위안으로 전국 평균수준의 7분의 1에 수준에 그쳤다(經濟觀察報, 2006).

특히 1956년 사회주의 개조를 위한 집체화 계획의 실시이후 대약진운동과 인민공사화 시기에(1958년부터-1960년까지) 이르러서는 이 당시 '식량생산을 기본으로 한다는 강령(以粮爲綱)'이 강조되어 '농업생산에만 집중하지 않고 부업을 일삼는 행위(弃農經商)'에 대해서는 가차 없이 비판을 받게 되었다. 따라서 온주 농가의 부업, 즉 합작사나 인민공사에 참여하지 않는 '개인경영(單干)'은 반대되어 온주상인과 민영경제가 크게 쇠퇴되기에 이르렀다.

더욱이 문화대혁명의 시기(1966년에서 1976년까지)에는 온주가 '자본주의에 대한 무력투쟁(후에 온주의 성씨별 무력싸움으로 변질)'이 가장 격렬했던 지역 중의 하나로서 도시와 농촌에 있는 온주의 기업들은 노동·생산활동이 모두 중지되었다.[9] 따라서, 문화대혁명의 영향

T. Ma는 19세기 중엽에 프랑스, 네덜란드, 러시아, 영국 등의 유럽지역에 이른 것으로 보고 있다. John T. Ma(2004), "The Wenzhounese Community in New York City", *Chinese America: History & Perspective*, pp.43-56을 참조.

으로 인해 1966년부터 1978년 사이 온주의 산업성장률은 단지 0.1%에 그쳤다(Kristen Parris, 1993). 이러한 문화대혁명의 시기를 거친 온주는, 1978년 당시 통계에 의하면, 온주의 1인당 평균수입이 113위안으로 중국 전체 성(省)의 평균수준보다 낮았다(張建君, 2005). 그리고 1980년 온주의 1인당 재정수입도 30위안으로 상대적으로 집체향진기업이 많았던 강소성 무석(无錫)에 비해 10분의 1수준에 해당하는 것이었다(〈표 5-2〉 참조).

〈표 5-2〉 강소성 소남(무석)과 온주의 1인당 재정수입의 변화(1980-2000)

(단위: 위안(元))

연도	1980	1985	1990	1995	2000
무석(无錫)	286	422	513	1126	2582
온주(溫州)	30	65	134	380	1004

자료: 張建君(2005), p.113.

전체적으로 보면, 마오쩌둥의 계획경제시기 강소성 소남지역은 국유경제의 보충형식인 집체소유경제가 상당한 점유 비율을 차지하고 있는 지역으로서 중국 정부의 '정치적인 후원'을 받으며 성장하였다. 이에 비해 역사적으로 특히 북송 때부터 대외무역 항구도시로서 민영경제 중심으로 발전해 온 절강성 온주지역은 모택동의 시기 경제 성장이 크게 위축되었다. 즉 사회주의 정치적 이념과 계획경제체제로 인해 전통적으로 온주경제의 발전을 주도해온 상공업 활동도 상당한 제한을 받게 되었을 뿐만 아니라, 가족기업 및 가족경영 형태를 특징으로 한 개체기업(個体企業) 중심의 온주 민영경제와 온주상인은 크게 좌절되었던 침체의 시기를 겪게 되었다.

9) 대외무역항구로서 농촌가내 수공업과 상업이 발전한 온주의 전통은 크게 위축되었으나, 온주의 민영경제가 완전히 소멸된 것은 아니고, 그 일부는 지하경제로 숨어 밀수행위를 전개하기도 하였다.

3) 개혁개방이후: 민영기업의 형성과정

온주에서 온주상을 중심으로 한 민영경제의 형성과 발전은 무엇보다 1978년 중국의 개혁개방 이후의 시기에 두드러지게 나타나기 시작한다. 즉 모택동의 계획경제시기에는 개체기업 중심의 민영경제가 좌절의 시기를 겪다가, 덩샤오핑 시기에 이르러서는 크게 발전하였다. 다시 말해, 1978년 이후 덩샤오핑 시기의 개혁개방이 지방정부로의 기업관리 권한의 이양 즉 분권화개혁에서부터 시장화(marketization)와 기업의 재산권 개혁(property rights reform)으로 그 초점이 옮겨지면서, 온주에서는 농촌지역을 비롯하여 비국유부문의 개체소유 향진기업이 경제성장의 중요한 역할을 하게 되는 계기가 되었다.

민간경영을 핵심 요소로 하는 온주의 민영경제는 개체기업(個体企業)을 필두로 하여 사영기업(私營企業), 주식합작제 기업(股份合作制企業), 그리고 주식제 기업(股份制企業)으로 나뉘어져 발전을 거듭하였다. 이러한 온주지역의 민영경제는 개혁개방 이후, 주로 가족기업(家族企業)을 보편적인 형태로 하여 초보적인 단계의 발전을 이루었다. 더욱이, 덩샤오핑시기에 개혁개방정책 추진 이후로 온주의 민영경제는 다음과 같은 발전과정을 거치며 성장하였다.

첫 번째는 민영경제의 회복단계(1979-1984년)로서, 온주의 민영경제가 개체기업을 중심으로 다시 성장하기 시작하였다.[10] 그러나 이 단계에서는 여전히 공업, 농업, 상업부문에서 주도적 위치를 차지하고 있는 것은 온주의 민영경제가 아니라 국유경제와 집체경제였다(王尙銀, 2006). 이 단계에 민영경제가 회복하기 시작한 주된 원인은 당시 중국은 개혁정책의 일환으로 먼저 농촌개혁을 실시하였기 때문이다. 즉 중국 농촌에서 가정을 기본 단위로 하여 식량생산을 위탁하는 '가

10) 1984년말 등록된 공상(工商) 개체기업수는 130,470개, 종업원수는 156,726명, 사영기업(私營企業)은 1,211개에 이르렀다. 戴靜, 陳工孟(2000), p.65를 참조.

정연합생산청부책임제(家庭聯產承包制)'라는 정책을 실시하면서 농촌의 식량생산을 크게 향상시켰을 뿐만 아니라 가정 부업을 장려하였다. 또한 농촌개혁은 농촌건축업, 운수업, 농촌상업을 포함하여 농촌공업 및 다양한 소유제 형식의 농촌공업기업의 발전에도 기여하게 되었던 것이다(吳敬琏, 1999).

그런데 중국 농촌개혁의 전개과정 중에서 특히 온주지역에서는 향(鄕) 경영기업, 촌(村) 경영기업, 가정연합 기업, 개체 혹은 사영기업(私營企業) 등의 기업소유제 형태 중에서 가족기업형태인 개체 상공업 기업의 회복과 성장을 가져왔다. 이는 무엇보다 중국의 소비품 시장이 장기간 공급부족현상 하에서 온주의 가정 혹은 가족기업형태의 내적 응집력은 생활소비품의 생산과 판매에 유리하게 작용하였기 때문이다. 또한 가족기업의 성장은 온주지역에서 생산판매시장인 전문시장을 발전시켜 저전압 전자기구시장, 단추시장 등과 같은 10대 전문시장이 형성되기도 하였다(劉楓, 2003). 이러한 온주의 개체 민영경제는 주로 청년인력과 유휴인력의 취업 문제를 해결하는데 큰 도움이 되어 도시와 농촌의 노동인력이 개체경제에 유입되기도 하였다. 이때에 온주는 수공업 중심의 소규모 가족기업 형태가 주를 이루기 시작하였다.

두 번째는 온주의 개체기업, 사영기업(私營企業)을 중심으로 한 민영경제의 빠른 성장과 이 과정에서 과도기적인 '주식합작제 기업(股份合作制企業)'이 발전하는 단계(1985-1993년)이다. 이 단계에 들어서서 온주에서는 국유경제의 비중이 감소하고, 온주 민영경제의 역량이 갈수록 발전하게 된다. 특히 주식합작제 기업의 발전은 온주에서 뿐만 아니라 집체소유제 형식의 향진기업이 발전한 지역에서도 노동의 협력의 강조된 정부주도 형식으로 발전하기도 하였지만, 그러나 이 시기 온주에서는 민영기업 스스로에 의해 자본의 협력을 가져온 민영기업간의 연합기업형태로 발전하였다는 점이 초기단계와 비교된다.

〈표 5-3〉 온주시 공업경제의 소유제구조와 변화(1980-1998)

(단위: %)

연도	1980	1985	1990	1995	1996	1998
총공업생산액 구조	100.00	100.00	100.00	100.00	100.00	100.00
1. 향 및 향 이상 공업	86.70	77.00	69.00	38.00	34.50	30.70
국유경제	32.70	18.20	16.50	6.60	4.60	3.90
집체경제	53.90	58.10	50.80	25.70	22.50	22.20
향(鄕)경영 기업	12.20	15.70	19.20	15.20	12.30	12.10
가(街)경영 기업	2.80	7.70	9.80	3.40	2.50	2.70
기타 경제유형	0.10	0.70	1.70	5.60	7.40	4.60
삼자기업(三資企業)			0.70	3.30	2.70	3.30
2. 향 이하 기업	13.30	23.00	31.00	62.00	65.50	69.30
촌(村)경영 기업	9.40	10.80	9.20	4.70	5.70	7.90
도시(城鎭)합작기업		0.90	2.80	5.00	13.80	6.10
농촌(農村)합작기업	3.50	5.50	10.70	19.70	15.60	20.90
도시(城鎭)개체기업	0.40	0.90	3.00	11.30	11.70	14.00
농촌(農村)개체기업		4.90	5.30	19.20	18.70	19.50

자료: 史晋川, 金祥榮, 趙偉, 羅衛東(等著)(2004), p.111.

사실, 개혁개방 이후 온주에서 다시 보편적으로 성장하기 시작한 가족기업은 그 전신이 지하에 숨어 있었던 '가족가공공장(地下家庭加工廠)'이었기 때문에 상급 행정주관 부문의 정책적 인가를 받을 수 없었다. 그러나 당시 온주 지방정부의 적극적인 지원 하에 이 개체기업들의 성장은 법인자격을 갖춘 공유제 기업(혹은 정부)의 명의를 빌리는 '차명 경영방식(挂戶經營)'에 의존하였다. 또한 온주지역의 지방정부는 개체기업이나 가정공업기업과 같은 온주의 민영기업들이 독립기업으로써 국유부문의 기업과 결합하여 기업명의와 은행계좌, 영수증 등을 빌려 쓰는 대신 사용료나 세금을 내는 '차명 경영방식(挂戶經營)'을 묵인하여 주었던 것이다(Paris, 1993). 이 차명 경영방식은 온주의 개체 혹은 가족공업기업들의 재무, 감독, 분쟁의 처리는 법인기업에게 위탁함으로써 시장개척과 조직적 생산에 전념하게 되었고, 이는 온주의 민영경제발전의 공간을 제공해 주었다(史晋川, 金祥榮, 趙偉, 羅衛東, 2004). 그러나 다른 한편으로, 이 차명 경영방식은 생산품질에 대한 책임소재의 국한성이나 차명기업의 외부간섭 혹은 소규모 개체기업이라는 제한성을 벗어나기 어려웠다. 따라서 온주의 개체기업들은 연합기업 혹은 파트너 기업, 주식합작 기업으로 자금, 인력, 기술 등을 연합하여 발전하였고, 특히 주식합작제 기업(股份合作制企業)[11]이 온주시 정부의 정식 인가를 받아 발전하게 된다. 1993년에 이르러, 온주에서 이들 주식합작제 기업수가 36,887개에 달하였고, 그 중 가족형 주식합작제 기업이 87.8%를 점하였다(劉楓, 2003).

〈표 5-4〉 온주 총재정수입 중 공상세(工商稅)수입에 대한 온주 민영경제의 공헌

(단위: 만 위안)

연 도	총재정수입 중 공상세 점유 비율			공상세수입 중 민영경제의 공헌	
	총재정수입	공상세수 합계	총재정수입 중 공상세 점유비율	민영경제 세액	민영경제 납세비율(%)
1991	89,381	98,451	99.06	92,946	94.40
1992	118,946	119,663	100.6	119,435	99.80
1993	186,767	175,372	93.90	167,855	95.70
1994	216,837	190,948	88.06	174,437	91.35
1995	264,921	242,752	91.63	244,454	100.7
1996	321,986	300,126	93.21	283,912	94.59
1997	387,066	361,069	93.28	341,681	94.62
1998	459,864	423,580	92.11	415,220	98.03
1999	551,533	530,771	96.24		

자료: 周永松, 張均平, 呂曉紅(2000), p.45.

세 번째는 온주의 국유, 집체경제의 비중이 대폭 감소한 가운데 민영경제가 주도적 위치에 서서, 특히 온주 민영기업이 현대기업제도의

11) 1985년 10월, 온주의 창남현(蒼南縣) 교돈진(橋墩鎭) 맥주공장에서는 농민 81가구가 매 가구당 5,000위안의 투자를 통해 주식을 취득하였으며, 총 40만 5천 위안의 자본금으로 주식합작제 기업을 정식 성립시키고, 당시 공장장이었던 오조충(吳祖忠)이 이사장 겸 총경리가 됨에 따라 이 지역 최초로 주식합작제 기업의 탄생을 알리게 되었다는 것이다. 참조 史晋川, 金祥榮, 趙偉, 羅衛東(等著)(2004), *Ibid.*, p.82를 참조.

형식을 갖추는 단계(1993년 이후 현재까지)이다. 당시 온주의 민영기업은 일정한 규모와 원시적 자본축적을 이룬 상태에서 1990년대에 중국 정부의 시장화 개혁[12]이 더욱 심화되는 가운데 온주의 민영기업은 새로운 기업제도로 진입하게 된다. 특히, 1993년 전국인민대표대회(全人大) 5차회의에서 '회사법(公司法)'이 통과된 이후 중국에서 기업제도가 법인 지배구조를 갖춘 현대기업제도로 개혁되는 중대한 변화가 있었다. 이 단계에서 온주의 주식합작제 기업, 사영기업(私營企業) 등의 민영기업이 비로서 유한책임회사 혹은 주식회사(股份制企業)로 전환되기 시작하여 현대기업제도가 온주 민영기업의 대표적 형식으로 자리 잡기 시작한 것이다(戴靜, 陳工孟, 2000:65-66). 더 나아가, 비교적 규모가 큰 민영기업은 자본과 브랜드를 기초로 하여 정태집단(正泰集團), 덕력서집단(德力西集團) 등과 같은 기업의 집단화(集團化)를 추진하기에 이르렀다.

그러나 이 단계에 온주 민영기업들이 유한책임회사나 주식회사제도의 도입과 전환에도 불구하고, 전체적으로는 현대기업제도의 특성을 갖춘 기업수가 사실상 현저히 부족하다(〈표 5-5〉 참조). 현재까지 온주 민영기업의 주된 경영방식은 가족경영방식이고, 이 때문에 내부적으로는 명확한 경영관리 분업이나 전문 경영인의 부재로 나타나는 문제가 뚜렷이 나타나고 있다(王賽芝·王賽娟, 2006). 다른 한편, 온주의 민영기업은 형식상의 필요에 따라 현대기업제도로 전환한 것이기 때문에 대부분의 기업이 성장 초기의 '사영기업(私營企業)이라는 낡은 가죽부대에 주식회사라는 새 포도주'를 담아 놓았을 뿐이다. 그 원인은 첫째, 온주의 민영기업의 대부분이 아직 소규모, 소상품 생산이라는 한계를 크게 벗어나지 않고 있어 산업구조나 시장구조상 현대기업

12) 1992년 덩샤오핑의 '남순강화(南巡講話)'를 계기로 개혁개방정책이 더욱 심화되면서 그 해 제14차 중국 공산당 전당대회에서 '사회주의 시장경제'체제 확립이 공포되고, 1993년 전국인민대표대회 5차회의에서는 '회사법'의 통과, 1994년에는 분세제(分稅制) 개혁이 진행되는 등 1990년대는 중국의 시장경쟁체계 확립을 위한 시장화 개혁이 더욱 강화되었다.

제도의 필요성을 크게 느끼지 못하고 있다. 둘째, 온주의 기업문화에 가족주의 경향이 강하게 나타나고 있을 뿐만 아니라 생산요소시장(특히 전문 경영인 시장) 발전의 지체는 민영기업의 발전에 부정적 영향을 미치고 있기 때문이다(許經勇 · 張一力 · 張玲玲, 2000).

〈표 5-5〉 온주시 공업경제의 소유제구조(2006년)

지표	기업수	총공업생산액	
		실적(억 위안)	비중(%)
총계	139,998	4,136.12	100
국유기업	56	165.14	4.0
집체기업	544	20.99	0.5
주식합작제기업	8017	296.13	7.2
연합경영기업	41	5.12	0.1
유한책임회사	5,266	1,225.70	29.6
유한주식회사	27	33.42	0.8
사영기업(私營企業)	15,498	1,381.10	33.4
삼자기업(三資企業)	612	274.21	6.6
개체기업	109,932	734.29	17.8
기타	5	0.02	0.0

자료: 온주시통계국, http://www.wzstats.gov.cn.

요컨대, 온주상인을 중심으로 한 온주 민영경제는 개혁개방 이후 시장화 개혁과정과 맞물려 그 발전이 촉진되기 시작하였다. 즉 온주의 가족기업을 보편적 형태로 하는 개체 및 사영기업에서 초기 성장과정을 거치다가, 다시 온주에서 이들의 자발적인 혁신으로 말미암아 발전하게 된 것은 '자본의 합자'형태를 골자로 한 주식합작제 기업이었다. 현재에도 주식합작제 기업이 현대기업제도로 전환되고 있기도 하지만, 이들 기업이 온주의 민영경제의 핵심적 위치를 차지하고 있다는 것에는 여전히 변함이 없다. 이러한 온주 민영기업의 다양한 형태로의 성장과 더불어 온주의 민영경제는 전체 비중에서 95%에 달할 만큼 온주의 경제성장에 중추적 역할을 해 왔다. 따라서 온주의 민영경제는 온주에서 유래되고 있는 온주상인 특유의 상공업정신과 민간경영의 전통에서 비롯되었다. 그리고 이 지역의 문화적 전통이 개혁개방 이후 중국정부의 시장화 개혁과 맞물려 민영기업가와 온주상인의 활동이 제도적으로 보장받게 되었다. 이를 기초로 하여 온주지역에서 자리 잡게 된 민간기업간의 연합기업형태가 온주 민영경제의 핵심 주체로 발전하고 있다.

3. 온주 민영기업의 발전

1) 온주시 정부의 역할

온주지역은 개방정책 이후 농촌기업을 중심으로 다시 발전하기 시작한 과정은 중국의 여타 동부 연해지역의 발전과 다를 바 없다. 중국의 개혁개방 이후 농촌지역의 성장은 한편으로 곡물생산의 증대를 위한 농촌의 제도적 개혁과, 또 한편으로 농촌의 공업화를 통한 농촌 잉여 노동력의 산업에의 투입과 관련되어 있다. 그리고 중국 농촌 공업화와 도시화의 이면에는 바로 '향진기업(鄕鎮企業)'의 발전이 크게 공헌하였다.[13] 이 과정에서 절강성 온주와 여타 지역과의 차별화는 중국 개방정책 이후 크게는 향진기업으로 분류되는 개체 및 사영기업 위주의 민영경제가 핵심 역할을 하였다는 것이다. 그런데 이들 온주상인과 그 민영기업들의 성장에는 특히 온주시 정부의 역할 역시 간과

13) 향진기업은 그 소유형식에 따라 향촌 지방정부가 경영하는 집체기업(향 경영 기업(鄕辦企業), 촌 경영 기업(村辦企業), 진 경영 기업(鎮辦企業)), 몇몇 농가가 연합하여 경영하는 연합기업(聯戶企業), 연합 경영기업(聯營企業), 개체기업(个体企業)과 사영기업(私營企業), 그리고 최근에는 주식합작제 기업(股份合作制企業)으로 구분되어 진다. 농촌지역의 향진(鄕鎮)을 주요 기반으로 하고 있는 이 집체향진기업은 대부분 과거 모택동(毛澤東)이 건설한 인민공사 시절 인민공사 내의 생산대가 농업도구 생산 및 수리를 위해 경영하는 사대기업(社隊企業)이었는데, 개혁개방 이후 인민공사가 해체되고 이 사대기업은 향진기업으로 전환된 것이다.

할 수 없는 중요한 요소이기도 하다. 온주 민영경제에 대한 온주시의 핵심적 역할은 이들에 대한 간접적 보호 및 지원역할에 초점이 주워져 있다는 점이다. 즉 온주의 민영경제는 온주시의 간접적인 지원과 보호를 받으면서 더욱 성장하였으며, 이 지역에서 온주상인의 상공업 정신과 민영경제의 자발적 발전을 대표하는 온주모델은 온주시 정부와 관계가 있다.

이에 비해, 강소성 소남지역(蘇南地域)의 향진기업은 대부분 인민공사 시기의 사대기업(社隊企業)으로 향진정부가 경영하는 집체소유제(集体所有制) 형식이었기 때문에, 실질적인 소유주인 관할 지방정부의 직접적 감독 하에 놓여 있었다(Du and Izumida, 2006). 강소성 '소남모델'의 지방정부는 비록 국가 관료체계에 강하게 통합되어 있기도 하였으나, 이들 향진기업에 대한 소남지역 정부의 직접적인 자원배분과 정책결정권을 통해 집체소유제 향진기업의 성장에 중요한 요인으로 작용하였다(Peng, 2001).

그러나 소남의 집체경제와 정부주도형 발전은 정부간부와 향진기업 경영자의 권력을 강화시켜 줄 뿐, 이들 소득의 원천이 집체향진기업에 있었기 때문에 경쟁대상이 될 수 있는 민영기업의 발전을 제한하는 경향이 강하였다. 이러한 사례는 온주시 정부의 역할과 사뭇 비교 되는데, 중국 소남지역 정부의 '기업가적 역할'과 다른 온주시 정부의 역할은 무엇보다 민영기업들에 대한 재산권의 보호와 이와 관련된 법률·제도적인 보완역할에 머물러 있었다는 점이다.

첫째, 온주시 정부는 개혁초기 민영기업이 영업허가증을 취득하거나 타 지역에서 영업활동을 할 때 소개서를 써주는 등 각종 편의 및 행정절차의 편의를 제공하고, 또 집체향진기업으로 등록할 수 있도록 도와줌으로써 정부의 역할을 구분하였다는 것이다. 더 나아가 온주시 정부는 정책적으로 이 지역에서 민영기업의 존재를 규범화할 수 있는 일련의 규정들을 제정하였다.[14] 예를 들어, '개체기업의 등록에 관한

14) 이런 규정들은 1980년에 반포된『關于對个体工商業戶進行全面整頓、登記、發

규정'이라든가, 초기의 '차명경영(挂戶經營), 그리고 주식합작제(股份合作制) 등에 관한 규정'들은 민영기업의 활동에 대한 제도적 지원을 나타내고 있다. 이러한 활동을 통해 온주시 정부는 이 지역 민영기업들이 사회주의 국가 중국에서 봉착할 수 있는 합법성 문제를 해결하는데 중요한 역할을 하였다(陳國權 · 麻燒莉, 2006).

둘째, 1990년대 온주시 정부는 각종 법규와 정책적 조치를 통해 민영기업의 시장경쟁력을 부단히 개선할 수 있도록 하는 촉진제 역할을 감당하였다. 특히, 온주시 정부는 이 지역에서 범람하는 가짜위조제품으로 인한 기업 이미지 타격 때문에 경제활동행위와 경제질서를 규범화하는 법규를 제정함으로써 온주 민영기업이 저질위조 제품의 생산과 판매를 억제하게 하는 결과를 가져왔다. 한편, 외지에 판매되는 제품에 대해 제품검문소와 같은 품질검사 및 감독제도 등의 조치를 통해 민영기업의 품질개선과 기술혁신을 장려하였던 것이다(高彥彥 · 楊德才, 2006).

셋째, 온주시 정부는 온주 민영기업에게 공공재와 공공서비스를 제공하였다. 온주시 정부가 최근 10년 동안 사회간접자본 건설에 투자해온 투자누적액이 약 200여억 위안이었으며, 이 투자 가운데 공공서비스기관의 설립도 이루어졌다(林琼慧, 2006). 이를 통해 온주시 정부는 도시발전을 촉진하였을 뿐만 아니라, 중소 민영기업이 당면하고 있는 규모의 경제를 달성하고자 하였다. 즉 민영기업을 포괄하는 지역 자체의 브랜드 수립과 기술 및 경쟁력을 갖춘 골간기업 육성, 그리고 온주 산업 클러스터(industrial cluster) 등을 추진하였다.

넷째, 온주시정부는 자율적으로 성장해 온 민간상회(民間商會)와 산업협회(行業協會)에게 소속 기업에 대한 품질관리 감독권, 협정가격

証工作的報告』를 비롯하여, 1985년 7월 제정된 『挂戶經營稅收管理暫行規定』, 1987년에 완비된 ≪溫州市挂戶經營管理暫行規定』, 그리고 1987년 11월에 반포된『關于農村股份合作企業若干問題的暫行規定』, 1992년에 온주시정부의 중요한 결정을 담고 있는 『關于加快第三產業發展的規定』과 『關于鼓勵个体和私營經濟進一步發展的決定』 등을 지적할 수 있다. 陳國權, 麻燒莉(2006). pp.50-56 참조.

제약권, 신제품 보호권, 그리고 비소속기업에 대한 자격 심사권과 같은 기능을 부여함으로써 정부가 담당하는 기업서비스 및 관리기능을 담당하게 하였다(郁建興, 2006). 이로써 정부의 기업에 대한 직접적인 간섭을 없애는 한편, 정부는 자신이 보유하고 있는 권위와 자원을 통해 민간상회나 협회에 중요한 영향력을 유지하였다. 그러나 정부가 온주 민간상회나 산업협회와의 역할과 기능을 구분함에 따라 온주의 민영기업과 민간협회조직은 자율적 발전에 의존하게 되고, 정부는 민영기업행위의 규범화나 시장질서의 보호를 위한 기능을 주로 담당하게 되었다.

요컨대, 온주시의 역할은 온주지역의 정치, 경제, 사회, 문화적 특색에 의해서 비롯된 것이며, 민영기업과 협회, 그리고 시정부와의 협력적 관계가 발전하게 되었다. 이 점은 역으로 온주시 정부가 국가 관료주의 체계보다 오히려 지역 공동체(local community)에 더욱 통합되어 있으며, 온주시의 정책적 지원은 지역의 문화적 특색과 무관하지 않음을 의미한다. 이러한 온주시의 정책은 민간상인의 자발적, 자율적 거래행위를 보호하고 사회적으로 규범화시키는 공적 제도(public-order institutions)로서 기능하게 되었다.

2) 온주상인의 거래 네트워크

전체적으로 볼 때, 온주사람에게는 역사적으로 불리한 자연적 조건과 지리적 제약을 극복하고자 했던 특유의 창조성과 이동성, 그리고 대외 경제활동성이 자리 잡고 있다. 그리고 온주의 민영기업은 개방정책 이후 시장제도로의 큰 진전이 이루어짐에 따라 민영경제가 지역경제의 중심으로 성장하게 되었다.[15] 그리고 이 과정에서 역사적 배경

15) 개혁개방 이후 온주의 민영기업은 총공업생산액의 70%이상을 생산하여 왔으며, 민영기업과 주민개인은 금융자산 약 275억 위안을 소유한 온주지역의 투자주체로 자리 잡고 있다. 1990년 이후 이들은 대부분의 도시·농촌시장(총 수의 약 80%), 기초설비(60%이상), 소규모 도시(80% 이상)의 건설에 투자하여

을 지니고 있는 온주상인과 민영기업들이 중대한 경제행위주체로 부각하였던 것이다.

역사적으로 온주사람들은 무엇보다 국내외를 막론하고 각 지역에 흩어져 있는 온주상인을 중심으로 온주거리(溫州街) 혹은 온주타운(溫州城)을 형성한다는 것이다. 이를 통해 온주인 거래 네트워크를 형성하고 있다. 예를 들어, 중국 국내에만도 북경 근교지역의 유명한 절강촌(浙江村)[16]을 비롯하여 무한(武漢), 중경(重慶), 심양(沈陽) 등의 지역에도 온주타운을 형성하고 있다. 국내외에 분포되어 있는 온주사람들은 또 온주지역내의 민영기업과 긴밀한 지점판매 네트워크가 구축되어 있어 이들 기업에게 제품판매 시장을 제공하고 있다. 즉 온주 민영기업은 지역 공동체적 거래방식을 이용하여 무역을 하여 왔던 것이다(史晋川, 2004). 이러한 관계 때문에 온주의 민영기업들은 1980년대 개혁 초기 여타 지역의 집체 향진기업과 같은 성장을 유지하다 한때 주춤하기도 하였으나, 집체소유제 향진기업이 쇠퇴하기 시작한 1990년대 중반 이후 민영기업의 성장은 여전하였다(〈표 5-6〉 참조).

또한 1990년대 온주 제품의 질과 위조제품의 범람으로 인한 이미지의 타격에도 불구하고 제품의 브랜드 창출과 질을 개선하는데 투자할 수 있었던 이유이기도 하였다. 온주는 이들 민영기업의 '단순 상품(小商品)'의 생산활동을 중심으로 하여 지역내 전문시장을 비롯한 중국 대내외 각지에 퍼져 있는 온주상인 판매 네트워크를 통해 대내외 소비품 시장, 즉 '대시장(大市場)'을 형성하고 있었다(Wang, 2006). 온주사람을 중심으로 한 이러한 인격화된 신뢰관계와 거래 네트워크는 지역내 고도의 일체감으로 표출되는 공통의 관습에 의존해 형성된 것이다. 이러한 온주상인 중심의 거래 네트워크는 이들 상업경험과 비즈니스모델

왔던 것이다. 史晋川, 金祥榮, 趙偉, 羅衛東(等著)(2004), *Ibid*, p.290을 참조.

16) 이 절강촌에 거주하고 있는 대부분의 사람이 온주 악청(樂清)과 영가(永嘉)현에 온 온주사람으로 구성되어 있다. 이들 온주사람은, 외지 및 해외 이민의 역사에서 보는 바와 같이, 단순히 고용노동자로 생업을 유지하는 것이 아니라 자신들의 상공업 기업을 운영하고 있고, 중국에만 흩어져 있는 이들 민영기업 수가 약 30,000개 이른 것으로 보고 있다.

(經商模式)을 결합시킨 온주모델로 구체화되었다(羅衛東, 2004).

〈표 5-6〉 온주시 주요 경제지표(1978-2005년)

(단위: 만 위안)

연도	전체 고정자산투자	재정일반 총예산수입	금융예금 여분액	개인저축 여분액	경작면적 (천 헥타르)	총인구 (만 명)
1978	3,762	13,477	17,923	4,511	198.68	561.26
1980	35,052	17,089	34,187	10,783	196.93	581.42
1985	76,768	40,579	105,196	36,044	189.11	629.19
1990	176,254	88,929	453,105	311,059	182.55	666.98
1995	1,288,227	264,921	2,720,700	1,420,469	171.37	697.89
2000	2,652,477	738,727	9,277,239	4,641,487	165.25	736.32
2005	5,421,089	2,049,213	22,681,340	11,613,127	158.82	750.28

자료: 온주시통계국 홈페이지(http://www.wzstats.gov.cn)

그리고 온주 거래 네트워크의 또 다른 특징은 한 개의 지역(地區), 향진(鄉鎭) 혹은 몇 개의 향진을 중심으로 동일 업종에 종사하는 생산기업, 공급상, 판매상, 기타 연관산업 기업, 산업협회로 구성된 군집 생산체계인 산업 클러스터가 형성되고 있다는 점이다. 온주경제는 생산, 공급, 판매를 함께 연결하는 지역생산 네트워크체계를 갖추고 있는데, 이러한 중소 민영기업을 중심으로 한 산업집적화는 1990년대 초부터 현저히 나타나기 시작하였다. 또한 이런 집적화 과정들이 지역적인 네트워크를 바탕으로 자연발생적으로 이루어졌다는 것이다. 이들 민영기업은 가족 및 혈연관계를 기초로 하여, 아래 신발산업 클러스터의 예에서 보는 바와 같이([그림 5-2] 참조), 노동의 분화와 전문화 정도가 비교적 높은 산업 클러스터(industrial cluster)화 되어 있다.

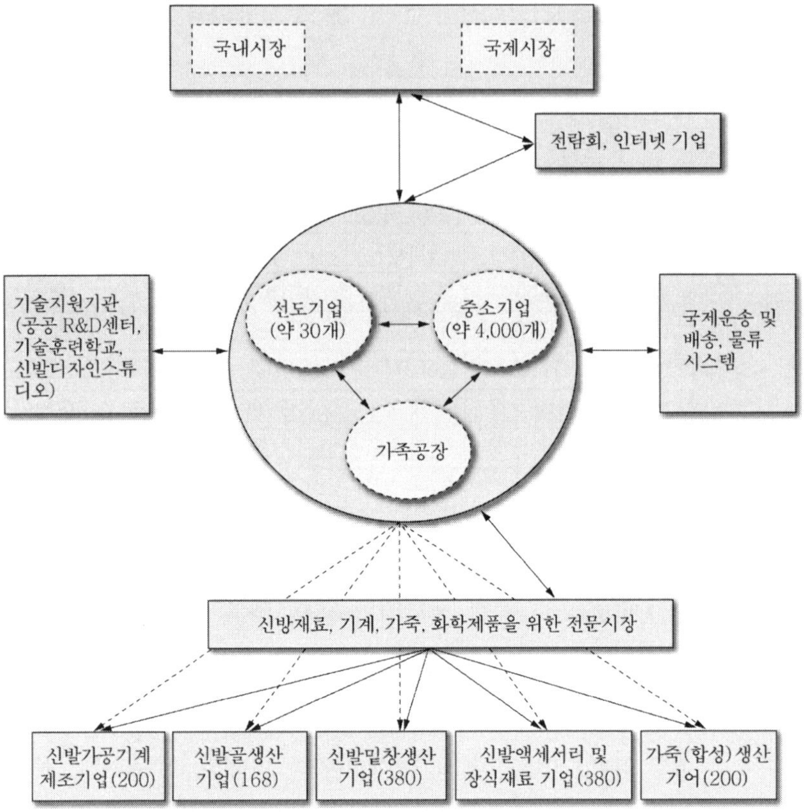

자료: Zhuhui Huang, Xiaobo Zhang and Yunwei Zhu(2007), p.3.

[그림 5-2] 온주 신발산업클러스터의 구조

다시 말해, 이들 온주의 군집생산체계 형성과정에서 기업들은 국제 선진기술을 도입하고 기업 관리방식을 현대화하면서 제품의 질적 발전은 물론, 제품을 표준화하게 되었는데, 이런 과정에서 온주 민영기업은 기업제도는 물론 기술 및 시장과 제품에 대한 학습과정을 거쳐 가족 공장에서 현대기업으로의 변화를 꾀하게 되었다. 일반적으로 온주는 경공업 위주의 신발, 의류, 전기기구, 포장인쇄, 라이터, 안경, 자동차·오토바이부품, 단추, 플라스틱제품, 조명기구, 필기구 등의 전통산업들로서 노동집약적인 제조업이 주를 이루고 있다. 이들 산업을 기반으로 한 산업 클러스터는 국제적 분업체계의 진전에 따라 지속적으로 발전하여 특정 지역 내에서 동종 기업 간의 상호 학습과 혁신(innovation), 그리고 협력적 경쟁을 통해 지역경제 발전을 촉진시키는 효율적인 조직[17]으로 진화하고 있다(He, Wei and Xie, 2008).

온주 민영기업의 경쟁력은 온주상인을 중심으로 형성되어 있는 인격화된 신뢰관계를 비롯하여 온주 제조업 산업의 공간적 배치를 결정하였던 지역적 요인에 근거하고 있음을 보여 주고 있다. 온주 지역사회에 구축되어 있는 공동체적 거래 네트워크는 온주상인과 민영기업의 성장이라는 역사적 과정 속에서 거래계약행위에 영향을 미치고 제약을 가했던 유기적인 사회적 제도(private-order institutions)로 기능하고 있다.

3) 지역 공동체 문화와 온주정신

온주지역사회는 역사적 경험을 통해 온주상인의 상공업정신과 민영기업가의 혁신적 활동의 속성을 배태하고 있다. 온주지역은 외부와는 상대적으로 단절되어 있는 지리적 위치로 인해 국가권력이 이 지역사회에 상대적으로 침투되기 어려웠었다. 이 때문에 특히 마오(毛)시대에 전개되었던 토지개혁이나 합작사 운동, 인민공사화와 같은 변혁을 겪이 왔지만 온주지역의 기층사회(基層社會)는 원래의 역사적인 특징을 간직한 채 온주 특유의 문화적 색채가 농후하였다(王曉毅, 1996: 7-8). 그리고 몇 차례 정치운동의 광풍(獷風)에서도 이 지역에 어떤 형식으로든 개체경제를 중심으로 한 온주상인과 민영기업은 줄기차게

17) 특히 Poter의 경우 클러스터(cluster)라는 용어로 지리적 산업집적 현상을 설명하고 있다. Poter는 클러스터를 상호 연계기업, 연관 산업, 공급상, 서비스기관 및 산업협회 등으로 구성된 지리적 집합체(geographically proximate group)로 정의내리고 있다. Michael Poter(2003), "Clusters and The New Economics of Competition", *Harvard Business Review*, 76(6), p.562. 하지만, 온주와 같이 특정 지역에 동종업종을 중심으로 형성된 산업집적지는 규모의 경제와 밀접한 관련이 있는 산업조직의 특징을 보이고 있다. 이에 대한 더 자세한 설명은 다음의 제5장에서 이루어질 것이다.

존속되어 왔다. 이러한 지리적 위치에서 연유된 온주 특유의 지역문화는 온주상인의 성장을 가져왔던 사회문화적 성격으로 바로 중국 전통 농촌사회에서 쉽게 볼 수 있는 혈연 및 지연중심의 '가족주의(家族主義)'에서 출발한다. 온주의 지역문화는 이 가족주의에서 더 나아가 혈연관계에 기초한 경제생활 공동체로서의 강한 유대의식에 바탕을 두고 있다. 그리고 이 경제생활 공동체에 기반을 두고 있는 가족경영형태의 민영기업은 조상 대대로 물려받은 온주상인의 실용주의적 공리주의정신과 결합된 형태로 발전해 왔다.

온주지역 영가학파에서 유래된 '유가적 공리주의정신' 즉 상업문화의 전통은 농촌수공업을 근간으로 제2, 3차 산업에 종사하는 가족경영형태의 특정 업종 경영농가(專業戶)를 발전시켰다. 다시 말해, 온주지역 경제성장과 함께 지역경제의 주축을 이루고 있는 민영기업은 온주지역 사회의 문화와 역사적 과정을 배경으로 하는 가족기업형태에서 비롯되어, 이들 가족기업조직은 특히 개방정책 이후 점차 확대되어진 시장제도와 상호 작용을 하면서 주식합작제 기업과 현대기업조직으로의 변천과정을 거치게 된다.

경제생활 공동체로 대변되는 온주의 지역 공동체 문화는 특히 민영기업조직을 기업간의 연합을 특징으로 하는 주식합작제기업으로 활성화시켰다. 주식합작제기업은 자본의 합자와 노동의 협력(즉 노동분업 형식)을 가능하게 한 조직형태로서 온주 민영기업조직의 제도적 혁신을 가져다주었다. 그러나 온주의 주식합작제 기업은 대부분 노동협력의 성격보다 출자금 투자의 성격이 강하기 때문에 실질적으로는 개인(私人)소유제 형식의 민영기업이다.

주식합작제에 참여하는 파트너가 많을수록 공유제의 외형적 성격이 더욱 두드러지기 때문에 정부의 인가도 쉽게 얻을 수 있었다. 이 주식합작제 기업은 1992년에 세금, 대출, 토지사용과 관련하여 시행된 온주시 정부의 다양한 우대정책에 힘입어 당시 중국 농촌개혁으로 크게 발전하기 시작한 '향진기업(鄕鎭企業)' 중에서 주도적 지위를 구축할 수 있었다. 그런데 온주의 주식합작제 기업 중에서 파트너간의 연합을 이룬 가족형 주식합작제 기업이 대부분을 차지한다는 점은 온주 민영기업의 조직행위가 공동체주의적 가족문화나 정감적(情感的) 의존관계에서 비롯되고 있음을 보여준다(許經勇·張一力·張玲玲, 2000).

온주지역에서 전통적으로 지속되어 온 이러한 공동체적 가족주의 신념이나 공통 규범, 상호 신뢰를 바탕으로 한 지역내 유대관계, 그리고 가부장적 권위질서체계나 조직형태의 지역문화는 현재 온주지역에서 가족중심의 민영기업과 온주상인이 활성화되는 초기적 조건을 구성하였다. 그리고 온주의 문화는 어떤 조건에서도 상업이윤을 추구하는 온주상인의 정신으로 구현되었을 뿐만 아니라, 개방정책 이후 제도적 환경과 결합하여 민영경제를 중심으로 한 경제성장을 촉진하였다(高彦彦·楊德才, 2006).

결국, 온주 민영경제와 온주상인의 형성과정에서 나타나고 있는 온주인을 중심으로 한 상업문화와 상호 신뢰를 기초로 한 거래행위, 그리고 이들 관계 속에서 구축된 온주상인의 거래 네트워크는 불확실한 중국의 경제상황과 법제도적 규칙이 가변적인 상황에서 거래비용(transaction cost)을 최소화시켜 주었다.[18] 또한 이러한 온주의 상공업 전통과 민영기업조직은 계약 및 거래행위가 규범화되고 사유재산권의 보호를 필요로 하는 상황 하에서 더욱더 효과를 나타내게 되었다. 그리고 이런 과정에서 무엇보다 중요한 점은 민영기업가와 온주상인의 시장학습과 혁신정신을 기반으로 한 '자기 강화적인(self-reinforcing process)' 자발적인 비즈니스 활동이 지속적인 성장을 가져온 내적 요인이라는 것이다(董輔礽, 2002). 비록 온주의 중심축을 이루는 민영기

18) 그러나 라위동(羅衛東)은 온주지역에서 나타나고 있는 인격화된 거래행위의 특징이 온주지역의 사회문화에 내생화된 요인이라고 보기보다는 온주사람의 비교적 선진적인 상업모델을 뒷받침해 주지 못하는 경제 제도적 낙후성 혹은 체제적 불안전성에 기인한 것으로 보고 있다. 따라서 경제제도가 온주상인의 욕구를 충족시켜 줄 만큼 완비된다면 이런 인격화된 거래행위는 희석화될 것이라고 강조한다. 다음 羅衛東(2004), "溫州模式: 馬格里布、熱那亞抑或其他?", 『浙江社會科學』, 2, p.38을 참조.

업의 대다수가 가족기업의 속성을 벗어나지 못하고 있기 때문에 기업의 관리나 경영혁신과정에 부정적인 측면도 있으나, 온주에서 여전히 주류이고 과거 경로 의존적 속성을 반영하고 있는 가족경영형태로서의 온주 민영기업은 이 지역의 역사적 과정과 영가학파에서 유래된 상업문화 전통, 그리고 대담성으로 함축되고 있는 온주정신을 대변할 뿐만 아니라 중국 민영경제발전의 독특한 경험으로 존재하고 있다.

4. 소결론: 전통 온주상인과 민영기업

온주지역 발전모델에 대한 가장 일반적인 묘사는 개혁개방 이후 시장 메커니즘을 중심으로 나타나기 시작한 민간주도의 지역경제성장으로 해석하고 있다. 그러나 사실, 온주 민영기업의 발전은 중국의 전통을 근간으로 하고 있는 역사적인 상공업 전통과 창업정신을 내포하고 있는 경제문화에 근거하고 있다(辜胜阻・鄭凌云・張昭華, 2006). 따라서 온주 민영경제의 발전도 온주기업과 온주상인의 역사적 형성과정에서 도출된 결과이다. 또한 온주모델이란 것도 다름 아니라 온주상인으로 대별되는 온주정신과 문화적 전통을 함축적으로 설명하고 있을 뿐이다.

다시 말해, 기존의 연구에서 되풀이되듯이 개혁개방정책과 시장경제로의 전환이라는 경제적 조건만이 온주의 경험을 결정짓는 요소가 아니라 오히려 지리적 특성에서 유래된 역사적 경험과 문화가 더 중요하다는 것이다. 그리고 온주모델은 이 지역의 문화적 규범, 온주상인의 상공업 전통과 창업정신, 그리고 정부의 정책 및 시장제도의 역할로 인해 나타나기 시작한 경제발전의 경로를 의미한다. 그리고 이러한 상공업 전통과 창업정신은 다른 지역에서 정책적으로 모방하기란 더더욱 쉽지 않다.

온주의 역사적 경험은 대량의 농촌 수공업을 기초로 한 가정공업과 상업의 발전, 그리고 대외 무역 중심의 민영경제를 발전시키는데 있다. 또한 온주의 척박한 지리적 환경 속에서 온주인으로 대표되는 '온주상인'들은 중국의 유태인으로 불릴 정도로 예로부터 탁월한 장사소질을 지닌 사람들이었다. 이들의 유교적 정신은 '도덕적 표준보다는 인성을 중시(以人性爲本)'하고, '의와 실용적 이익을 똑같이 중시(義利幷重)' 하는 실용성에 근거하고 있다. 이러한 문화적 유산 속에서 온주의 민영기업들은 남의 것을 모방하고 이를 다시 자신의 제품으로 만드는 과정에서 지속적인 발전과 혁신을 이루어 왔다.

온주상인의 장사소질과 민영기업의 혁신정신은 단추, 라이터, 신발 등으로부터 의류제품생산라인에 이르기까지 타 기업 제품을 모방하고 복제하는 것으로부터 시작해서 일정 수준에 도달하면 자신의 브랜드 제품을 만들기를 반복하여 왔다. 온주사람의 이러한 지속적인 경영혁신과 온주 브랜드의 창출이 없었다면 저질저가, 가짜위조의 온주제품은 그 이미지 타격으로 쇠퇴될 수밖에 없었을 것이다. 또한 온주정신은 오랜 해외 이민의 전통과 같이 외지나 해외에 나가 자신의 기업을 경영하며 새로운 시장과 새로운 제품을 끊임없이 관찰하면서, 비즈니스의 기회가 있는 곳은 어디든지 온주상인의 그림자를 드리운다는 것이다.

온주는 현재 약 13만 여개 사영기업, 20만 여개 개체기업으로 구성된 민영기업을 보유하면서 제조업 생산기지로 그 역량을 충분히 발휘하고 있다. 그러나 현대 중국의 발전에 있어서 온주의 공헌은 단순히 수치상에 있는 것이 아니라 민간주도 시장경제의 표본으로서 위치하고 있다는 점이다. 즉 온주는 단순히 지역적 개념으로서 존재하는 것이 아니라 창업정신을 강조하는 정신적 특성으로 나타나고 있다. 이 때문에 온주상인과 민영경제를 나타내고 있는 온주모델은 하나의 중국 상업문화를 대표하고 있을 뿐만 아니라, 중국 문화생태 중에서 가장 활기찬 경제발전의 역량으로 표출되고 있다.

참고문헌

陳國權, 麻曉莉(2004), “民營經濟發展過程中的公共政策創新: 溫州地方政府政策的演變与分析”, 『公共管理學報』, 1, 50-56.

戴靜, 陳工孟(2000), “溫州民營企業的制度分析”, 『經濟理論与經濟管理』, 3, 65-67.

道格拉斯 諾斯(1999),『西方世界的興起』, 北京: 華夏出版社.

顧慧君, 王文平(2007), “產業集群与社會网絡的協同演化: 以溫州產業集群爲例”, 『經濟問題探索』, 4, 103-106.

辜胜阻, 鄭凌云, 張昭華(2006), “區域經濟文化對創新模式影響的比較分析”, 『中國軟科學』, 4, 7-45.

黃曉陽(2007), 『溫州人: 策划中國』, 南京: 江蘇文藝出版社.

李丁富(編)(2004), 『創造奇迹的-溫州』, 北京: 光明日報出版社.

林琼慧 (2006), “溫州產業集群發展与地方治理”, http://www.cce365.com/zhang__detail.asp?ID=71097&s, 1-6.

劉楓(2003), “溫州民營經濟發展的歷程与啓示”, 『馬克思主義』, 5, 36-39.

羅衛東(2004), “溫州模式: 馬格里布、熱那亞抑或其他?”, 『浙江社會科學』, 2, 35-39.

廖泉文, 姚世華(2006), “中國民營企業模式之比較”, 『人才資源開發』, 37-39.

錢滔(2002), “評『制度變遷与經濟發展 : 溫州模式硏究』: 兼從歷史制度分析的視角展望'溫州模式'硏究”, 『浙江社會科學』, 6, 191-192.

盛世豪(2004), “從產業集群視角看溫州模式”, 『浙江社會科學』, 2, 31-35.

史晉川(2004), “溫州模式的歷史制度分析: 從人格化交易与非人格化交易視角的觀察,” 『浙江社會科學』, 2, 16-19.

王賽芝, 王賽娟(2006), “溫州民營企業的制度變遷探微”, 『鄕鎭企業』, 10, 27-29.

王尙銀(2006), “民營經濟發展与社會結构的演變”, 『社會科學戰線』, 3, 212-215.

王曉毅(1996), “家族制度与鄕村工業發展: 广東和溫州兩地農村的比較硏究”, 『中國社會科學季刊』, 16, 5-14.

吳敬琏(2004), 『當代中國經濟改革』, 上海: 上海遠東出版社.

許經勇, 張一力, 張玲玲(2000), “溫州民營企業体制演變軌迹剖析”, 『財經論叢』, 6, 10-14.

晏國彬, 談振興(2006), “叶适經濟思想的創新价値及其對溫州經濟模式的影響”, 『企業經濟』, 10, 127-129.

郁建興(2006), “行業協會: 尋求与企業、政府之間的良性互動”, 『經濟社會体制比較』, 2, 119-124.

張建君(2005), “政府權力, 精英關系和鄕鎭企業改制: 比較蘇南和溫州的不同實踐”, 『社會學硏究』, 5, 92-124.

周永松, 張均平, 呂曉紅(2000), “關于溫州民營經濟發展情況的調査”, 『湖北財政(理論版)』, 6, 45-48.

中國經濟時報 2000年 7月 14日
經濟觀察報 2006年 4月 3日

Du, Zhixing and Yoichi Izumida(2006), "Does Property Right Transformation Improve Township and Village Enterprises Performance?", *China & World Economy*, 14(1), 85-101.

Greif, A.(2005), "Institutions and the Path to the Modern Economy: Lessons from Medieval Trade", in Ménard and Shirley (eds.), *Handbook of New Institutional Economics*, Amsterdam: Springer.

Greif, A. and Laitin D. D.(1997), "A Theory of Endogenous Institutional Change, *Working Paper*, Stanford University.

He C., Wei Y. D. and Xie X.(2008), "Globalization, Institutional Change, and Industrial Location: Economic Transition and Industrial Concentration in China", *Regional Studies*, 42(7), 923-945.

Huang, Zhuhui, Xiaobo, Zhang and Yunwei, Zhu(2007), "The Role of Clustering in Rural Industrialization: a Case Study of the Footwear Industry in Wenzhou", *China Economic Review*, doi:10.1016/j.chieco.2007.11.001, 1-12.

Li, P. P.(2005), "The puzzle of China's Township-Village Enterprises: the Paradox of Local Corporatism in a Dual-Track Economic Transition", *Management and Organization Review*, 1(2), 197-224.

Liu, A. P. L.(1992), "The 'Wenzhou Model' of Development and China's Modernization", *Asian Survey*, Vol.32. 8, 696-711.

Ma, J. T.(2004), "The Wenzhounese Community in New York City", *Chinese America: History & Perspective*, 43-56.

Oi, J. C.(1999), *Rural China Takes Off Institutional Foundations of Economic Reform*, Berkely: University of California Press.

Paris, K.(1993), "Local Initiative and National Reform: The Wenzhou Model of Development", *The China Quarterly*, 134, 242-263.

Peng, Y.(2001), "Chinese Village and Townships as Industrial Corporations: Ownership, Governance, and Market Discipline", *American Journal of Sociology*, 106(5), 1338-1370.

Poter, Michael(1998), "Clusters and The New Economics of Competition", *Harvard Business Review*, 76(6), 77-90.

(2003), "The Economic Performance of Regions", *Regional Studies*, 37(6&7), 549-578.

Tetsushi, S., Dinghuan Hu and Keijiro O.(2004), "From Inferior to Superior Products: Inquiry into the Wenzhou Model of Industrial Development in

China", *Journal of Comparative Economics*, 32, 542-563.

Wang, Juan(2005), "Going Beyond Township and Village Enterprises in Rural China", *Journal of Contemporary China*, 14(42), 177-187.

Whiting, Susan H.(2001), *Power and Wealth in Rural China: The Political Economy of Institutional Change*, Cambridge: Cambridge University Press.

Yang, M. M.(2000), "Putting Global Capitalism in its Pace: Economic Hybridity, Bataille, and Ritual Expenditure", *Current Anthropology*, 41(4), 477-509.

Zhang, JianJun(2007), "Business Associations in China: two Regional Experiences", *Journal of Contemporary Asia*, 37(2), 209-231.

http://www.wzstats.gov.cn/

http://www.qsng.cn/

http://www.xzqh.org/

6
chapter

온주지역 산업클러스터의 형성과 발전요인

1. 온주지역의 산업클러스터

앞서 언급한 바와 같이, 중국 절강성(浙江省)의 동남부에 위치하고 있는 온주(溫州)지역은 개혁개방 이후 1980년대부터 민영기업을 중심으로 빠르게 성장한 지역이다. 온주지역의 경제성장은 사영기업을 중심으로 한 민영경제(private ownership)의 활성화에서 비롯되어 왔으며(Naughton, 2007), 소위 이를 대변하는 온주모델의 특징도 역사적인 전통을 지닌 온주민영기업의 기업가적 정신과 혁신적 역할에서 찾을 수 있다. 또한 온주지역에서 민영경제의 발전은 상대적으로 고립된 온주의 지리적 조건, 지역자원의 한계와 깊은 관련을 맺어 왔다. 즉 인구에 비해 부족한 토지, 산맥과 바다로 둘러싸인 지형, 그리고 부존자원 역시 결핍된 척박한 환경이었다. 그러나 온주는 농촌 가내수공업을 기초로 촉진된 상공업 활동과 원거리 무역을 통해 가족경영기업 중심의 민영기업을 발전시키게 되었다.

최근 온주지역에 대한 연구들은 온주의 경제발전을 중국 개혁개방정책에서 초점을 두기보다 이 지역 고유의 사회문화의식과 개혁개방정책 이후 진행된 자본축적과정과의 연관성 속에서 찾고 있다(Yang, 2000, 2004; 史晋川 等, 2004; 張苗熒, 2008; 이상빈·조대우, 2009). 즉 온주의 경제발전은 인문 지리적 요소와 함께 역사적 변천과정에 축적된 온주지역의 내재적 역량과 관련되어 있음을 주목하고 있다.

사실, 온주지역을 포함한 절강지역 일대의 역사를 살펴보면, 고대 월나라문화(古越文化)를 기점으로 형성된 역사와 문화적 전통이 깊이 자리 잡고 있다.[1] 이러한 전통을 배경으로 온주 민영기업은 개혁개방 이후 구축된 시장경제체제와 결합하여 온주지역의 경제성장을 촉진시켜 왔다는 점이다. 이러한 역사적 과정 가운데 온주는 대체로 소규모 제조업 중심의 가족경영기업, 시장지향적인 유연한 생산체계, 그리고 농촌소도시를 기초로 한 단순 상품경제(小商品經濟)의 발전을 특징으로 하고 있다.

그리고 온주를 대표하는 또 다른 특징은 노동의 분화와 사회적 전문화 그리고 네트워크 정도가 비교적 높은 산업클러스터(industrial cluster)의 형성에서 찾을 수 있다. 즉 개혁개방 이후 형성된 온주의 핵심 산업은 신발, 의류, 안경, 자동차·오토바이 부품, 라이터, 단추, 등 지역특색을 반영하고 있는 경공업위주의 산업이었다는 것은 앞서 살펴보았다. 이러한 핵심 제조업산업은 가족 및 혈연관계를 바탕으로 특정 지역에서의 산업집적화를 의미하는 '군집생산체계'를 갖추게 되었던 것이다.

1) 절강지역 일대(특히 절강성 동남쪽의 절동지역)는 약 7000년 전의 '하모도 문화(河姆渡文化)'-절강성 여요현(余姚縣) 하모도(河姆渡) 마을에서 발견된 신석기 시대의 문화-의 유적지였으며, 특히 온주는 춘주전국시대 말기 월나라(越)의 당시 상업과 선진기술의 영향을 받았던 핵심 지역 중 하나였다. 그리고 남송(南宋)시대에 이르러서 '상품경제'와 교육 및 기술문화의 절정시기를 통해 온주 역시 수리공사, 농작물 개량, 감귤나무 개종, 조선, 제지, 칠기, 도자기, 술제조, 천일염, 채광 등에 큰 발전을 하였다. 명대(明) 중엽 이후에 자본주의의 맹아적 성격인 상공업이 출현하였던 시대적 배경을 바탕으로 다시 명청(明淸) 시기를 거쳐서 온주는 강소성과 절강성의 여타 지역과 함께 초기 자본주의 맹아가 최초로 출현한 지역이었다. 方同義·陳新來·李包庚(2005), 『浙東學術精神研究』, 寧波: 寧波出版社를 참조.

온주의 이러한 산업클러스터 성격은 1990년대 초기 가족경영기업 단위를 중심으로 한 협업관계의 특성을 보이고 있다. 그러다가, 최근에는 점점 이질적 구성원간의 협업관계를 통한 전문화와 분업화를 강조하는 현대 산업클러스터로 변화하고 있다. 다시 말해, 온주의 산업클러스터는 공동체적 혈연관계에 의한 협업관계에서 출발하여 근래에는 사회적 네트워크 협업관계라는 발전의 경로(path)를 보여주는 셈이다. 이 사실은 온주지역의 사회문화적 가치체계가 기업의 경영이념뿐만 아니라 기업 내의 조직문화와 기업 간 생산사슬체계의 형성에도 영향을 미쳤다는 것을 의미한다.

그러나 그동안 산업클러스터에 대한 연구에서는 조직적 학습과 혁신을 위한 기업의 지리적 집중(geographic concentration), 그리고 경쟁우위를 유발하는 협동적 네트워크(collaborative networks)의 중요성은 밝혔으나, 이를 촉진시키는 지역사회와 문화의 역할에 대한 설명은 부족한 실정이었다(Porter, 1990, 1998, 2003; Lundvall, 1992; Asheim, 1996; Cooke, 2002). 이점은 문화와 가치라는 추상성으로 인해 지역 사회문화와 산업클러스터의 구체적인 관계성에 대해 실증적으로 설명하기 어려웠기 때문이다. Boschma(2005)도 지적한 바와 같이, 지리적 근접성을 기반으로 기업들 사이에의 지식확산효과는 공통적인 지역, 문화와의 관계성에 의해 결정되는 경향이 강하지만, 이에 대한 직접적인 연구는 많이 다루고 있지 않은 셈이다. 그러므로 본 장에서는 역사적 맥락(historical context)과 우발성(contingency)이라는 개념적 틀을 중심으로 과거와 현재의 상황을 중시하면서 지역사회문화와 산업클러스터체계의 문제를 다루고자 한다.

한편, Bathelt(2003)는 Cooke(1998)류의 주장, 즉 기업의 혁신체계는 동질적인 사회문화적 환경(sociocultural milieu)을 기반으로 지역차원에서 형성된다고 보는 시각에 대해 현실과 동떨어진 설명으로 간주한다. 즉 Bathelt는 기업의 혁신체계가 국가의 정책적 차원(national innovation system)에서 주로 결정된다고 보고 있다. 그러나 단적으로 온주사례는 실제 기업의 혁신능력에 영향을 미치는 혁신 환경은 여전히 지역의 사회문화적 환경에서 결정되는 경우라 볼 수 있다.

따라서 본 장에서는 온주지역이라는 사례를 중심으로 지역문화와 산업클러스터간의 관계를 다루면서 기업의 혁신체계와 지역과의 관계를 고찰해 보고자 한다. 이를 위해 본 장의 구성은 먼저 중국의 개혁개방 이후에 형성된 온주지역의 전통적 클러스터가 현대적 의미의 산업클러스터로 형성되는 과정을 추적해 보고자 한다. 둘째, 온주의 산업클러스터가 '절동정신'이라 불리는 지역사회의 유교 문화적 가치와 공리주의적 정신을 어떻게 반영하고 있는지 살펴본다. 셋째, 또한 지역공동체문화에 기초하고 있는 기업생태계적 환경이 기업 간의 네트워크 협력관계를 강화하고 있는지 살펴본다. 넷째, 지역공동체 문화와 비즈니스정신이 지역산업클러스터의 특성을 결정짓는 사회문화적 요인인지, 나아가 이러한 요소들이 지역혁신체계를 구성하는 핵심 요인으로 이해할 수 있는지 살펴본다.

2. 지역발전의 경로와 산업클러스터

1) 지역사회 문화와 산업클러스터

중국의 개혁개방 이후 온주사람들은 이 지역의 경제적 조건에서 출발하여 민간주도형 경제발전모델을 발전시켜 왔다. 온주는 중국에서 민영기업이 가장 역동적으로 활동하는 지역일 뿐만 아니라, 절강성(浙江省)을 대표하는 온주상인은 현재 중국의 상권에서 가장 큰 영향력을 행사하는 상인집단의 하나가 되었다. 이렇게 온주가 경제적으로 성공할 수 있었던 이유는 시대적 환경과 제약 속에서도 적응력(變通)을 통해 온주 경제의 왕성한 생명력을 유지하고 있기 때문인데, 이는 '시장을 찾아 실리를 추구'하는 온주 지역사회문화에서 찾을 수 있다(晏國彬·談振興 2006). 즉 개혁개방 이후에도 줄곧 유지해 왔던 지속적인 경제성장의 배경에는 이 지역의 문화적 가치와 정신이 지역산업의 발전에 긍정적으로 작용하고 있음을 알 수 있다.

클러스터이론에 따르면, 어느 한 지역에서 지역적 유산은 산업의 형성 및 전문화와 이를 통한 산업클러스터(industrial cluster)의 형태를 특성화하기 때문에 산업클러스터의 특성은 지역사회의 문화적 특징을 반영한다고 한다. 다시 말해, 지역산업의 형성과 전문화를 통해 발전된 산업지구는 기업의 혁신뿐만 아니라 기업 간의 수평적 네트워크와 집단학습을 특성으로 하기 때문에 사회문화적 습관과 환경 역시 지역산업의 발전에 중요한 영향을 미치게 된다(Capello, 1999; Nooteboom, 1999). 따라서 산업지구의 형성과 발전과정을 추적해 볼 경우, 그 발전의 과정은 역시 경로 의존적(path-dependent) 특성을 보이고 있다. 경제발전과 관련된 경로의존성은 개념상 사회내의 개인 및 개체 조직이 역사를 통해 획득한 지식이 결정적으로 작용한다는 의미인데, 경로의존은 바로 특정 공간에서 축적된 집단학습과 기억의 과정으로서 다음 세대가 대면하게 되는 관습과 문화, 그리고 지역유산과 환경의 배경이 되는 것이다. 또한 산업입지(industry location)와 관련된 경로의존 개념은 우연한 역사적 사건에서 결정된 초기 기업의 입지가 자체 촉매과정을 통해 지역적인 집적 경제(agglomeration economies)가 형성되는 과정을 의미하면서, 이러한 초기 경로의 탄생은 장기적이고 안정적인 지역산업의 패턴을 유지하게 된다는 것을 가리킨다(Martin, 2009).

그러므로 산업클러스터는 일종의 산업조직 형태로서 공간적인 집중을 통해 형성된 집적효과와 이를 통해 발휘되는 경쟁력을 핵심요소로 하여 구성되는데, 이는 특히 지리적인 공간을 바탕으로 한 집적경제와 사회적 연계를 통해 나타난다. 예를 들어, Saxenian(1994)의 실리콘

밸리에 대한 연구에서도 산업의 집적은 기업 구성원의 비공식적인 면대면(face-to-face)의 교류관계를 통해 암묵지(tacit knowledge)의 교류가 빈번히 발생하게 되었다는 것이다.2) 이러한 교류와 신뢰를 바탕으로 한 지역적 일체감이 실리콘 밸리의 혁신활동 및 경쟁력 향상에 도움이 되는 경쟁우위적 요소라 지적한 바 있다. 또 한편, James(2005)는 유타의 솔트 레이크시에서 나타나는 종교적 문화가 기업의 조직문화와 혁신능력에 미치는 영향에 대한 분석을 통해 지역의 공통된 신념이 지역산업체계에 입주하고 있는 기업의 혁신 및 경쟁능력을 촉진시키는 방향성을 제시해 주었다고 하였다.

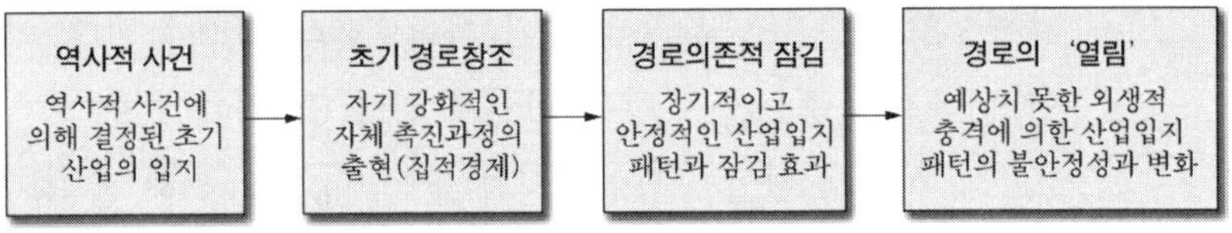

자료: Ron Martin(2009)을 참고로 재작성.

[그림 6-1] 산업의 공간적 입지에 관련된 경로의존 모델

이들의 연구는 지역사회의 문화와 지역적 신뢰에 기초한 사회적 네트워크가 산업클러스터의 형성과 발전에 도움을 주는 동시에, 지역의 발전은 산업클러스터의 발전에 의해 역시 영향을 받으면서 발전하게 된다는 사례를 보여주고 있다. Porter(1998) 역시 경제문화는 개인, 경제단위와 기타 연관 조직기구의 경제활동에 영향을 미치는 신념, 태도와 가치관을 의미하며, 특히 산업클러스터내의 혁신촉진과정에서 중요한 역할을 한다고 보았다. 즉 산업클러스터는 기업의 공간적 집적을 바탕으로 동종 산업 혹은 이종 산업간의 유기적 결합과 협력을 통해 형성된 다양한 혁신네트워크체계를 특징으로 하는데, 이러한 결합과

2) 특히 실리콘밸리(Silicon Valley)와 루트 128(Route 128)을 비교 설명한 Saxenian의 연구가 주목할 만한데, 이에 대해서는 다음을 참조. Annalee Saxenian(1994), *Regional Advantage: Culture and Competition in Silicon Valley and Route 128*, Cambridge: Harvard University Press.

협력은 구성원간의 공통된 신념과 가치관 등의 비경제적 요소에 영향을 받게 된다. 원래 혁신은 바로 사회화되는 학습과정에서 비롯되는 것인데, 온주의 사례에서 보여주는 산업클러스터는 생산기업, 공급상, 판매상, 기타 연관조직과 산업협회와 긴밀한 연계성을 통해 사회화된 분업과 전문화된 협력을 특징으로 하고 있다. 즉 온주지역의 산업클러스터 역시 지역사회의 문화전통을 배경으로 가족공장의 생산과정에서 전문화되고 분사된(spin-off) 대다수 중소기업이 특정지역에 집중됨으로써 마샬의 산업지구(Marshallian Industrial Districts)와 유사한 특성을 나타내고 있다(Wei 2007, 422).

따라서 이들 연구들이 공통적으로 언급하고 있는 바는 산업클러스터가 공간적 집중(spacial agglomerations)뿐만 아니라 더 나아가 인지적, 문화적 근접성(cognitive and cultural proximity)에 기초하고 있음을 강조하고 있으며, 이를 통해 지식의 교류와 혁신활동이 이루어진다는 것이다. 여기에서 지리적 집중과 사회적 관계를 나타내고 있는 근접성이라는 개념은 경제적 행위관계가 물리적으로 집중된 공간에서뿐만 아니라 사회적으로 상호 침투되고 착근된 네트워크에 의해 얻을 수 있는 외부효과를 의미한다. 또한 근접성 효과는 기업의 지식교류와 혁신과정을 만들어 내는 효과라고 할 수 있다. 공간적 근접성이라는 관점(perspectives of geographical proximity)에서 보면, 산업클러스터를 설명하는 핵심 요소는 지역산업의 역사적인 진전과정과 시간의 경과를 통해 나타나는 집적경제와 지역화된 혁신체계로 요약된다(Boschma, 2005; Torre and Rallet, 2005; Oerlemans and Meeus, 2005; Torre, 2008). 그러므로 온주사례에 대한 검토는 특히 지역공동체를 기반으로 한 공간적 근접성이 왜 상호 신뢰나 공동의 위험감수, 그리고 협력적 비즈니스 환경을 창출하는 원인이 되었는지를 살펴보는데 있다.

2) 온주지역 사례

온주는 중국의 시장화와 민영기업의 발전을 주도했던 핵심 지역으로 인문적으로는 다분히 공리주의적인 지역유교문화, 그리고 지리적으로는 해양문화의 전통에 영향을 받았던 지역이다. 사실, 온주는 전통적으로 송대 절동학파(浙東學派)의 유교실학사상이 발전했던 핵심지역 중의 하나였다. 따라서 절동지역에서 온주문화가 계승한 것은 지역의 특색과 시대적 배경을 반영하여 형성되었던 절동 실학사상 전통(浙東實學思想傳統)의 유교문화였다.[3)]

특히 온주는 남송(南宋)시대의 '절동학술정신(浙東學術精神)'을 배경으로 하여 이 지역을 기반으로 활동했던 상인정신으로 체현됨으로써 지역사회의 문화적 체계와 제도로서 자리 잡게 되었다. 또한 이 문화에 기초한 종족관계가 온주 지역사회에서 개인적 관계성으로 엮어진 네트워크를 형성하는 기반이 되었다(張苗熒, 2008:18). 다시 말해, 온주지역을 대표하는 정신문화는 남송시대 섭적(葉適)[4)]에 의해 체계적으로 집대성된 '영가학파(永嘉學派)'의 학술정신 즉 상공업의 발전을 주창한 공리주의적 유교정신(utilitarian confucianism)[5)]으로 줄곧 계승되기 시작한 것이다.

---

3) 절동사상은 절동지역에서 역사적으로 형성된 학술, 혹은 사상을 가리키며, 이 절동사상은 남송시대 섭적(葉適, 1150-1223)을 대표로 하는 영가학파(永嘉學派), 진량(陳亮, 1143-1194)의 영강학파(永康學派), 여조겸(呂祖謙, 1137-1181)의 금화학파(金華學派), 양간(楊簡, 1141-1226), 원섭(遠燮, 1144-1224), 서린(舒璘, 1136-1119), 심환(沈煥, 1139-1191)의 사명학파(四明學派)로 형성되어 있었다. 이 중에서도 특히 섭적의 영가학파는 온주지역을 근간으로 활동하였으며, 또한 절동사상은 특히 실학적 경향을 강하게 드러내고 있었다.

4) 중국 절강성 서안(瑞安) 사람인 섭적(1150-1223)은 남송시대의 정치, 경제사상가로 당시 중농경상(重農輕商)의 유교사상적 전통과 정책에 반대하여 상공업의 발전과 중민사상(重民思想), 실효성의 추구, 공리중시의 원칙을 주창하였다. 다음을 참조 方同義·陳新來·李包庚(2005), *Ibid.*, pp.214-227.

5) 여기서 '공리주의적'이라 함은 경제적 성과뿐만 아니라 올바른 이재관(善理財), 즉 도덕적, 물질적 가치를 모두 중시한다는 것을 의미한다.

이러한 정신적 가치관이 온주의 지역사회적 특징과 결합하여 오늘날 온주의 지역문화를 대표하고 있다. 그리고 온주는 동부연해의 절동지역(浙東地域)에 위치하고 있었기 때문에 역사적으로 북송(北宋) 이후부터 대외무역항구도시와 수공업도시로서 상공업의 전통을 이어 왔으며, 직물과 의류, 가죽과 신발, 종이와 인쇄산업과 같은 전문화된 수공업 생산지역으로 알려져 왔다. 따라서 온주는 전통적 제조업산업[6]에 종사하는 가족기업이 가장 발달한 지역 중의 하나로 이들의 활동으로 아래로부터의 지역 산업화와 내생적인 경제발전을 이루기 시작한 것이다.

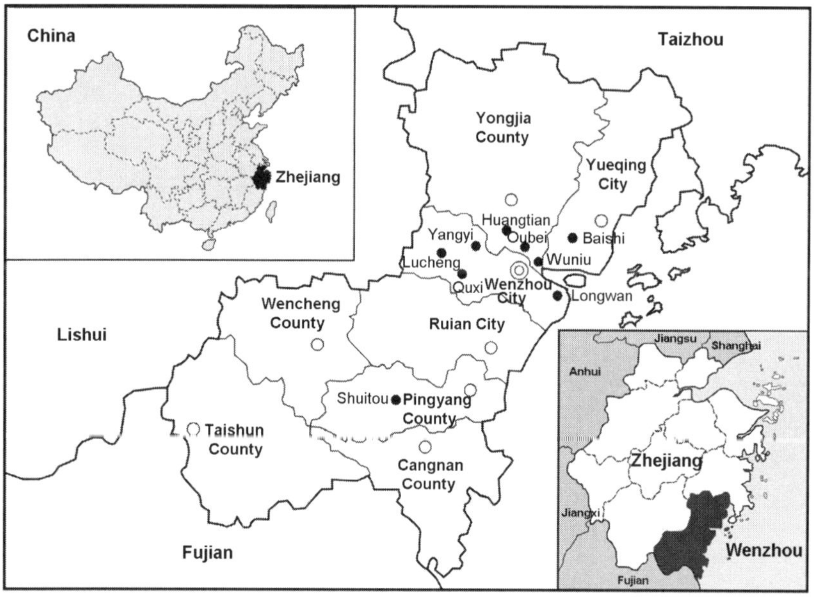

주: ●는 온주의 신발산업 생산지
자료: Y. H. Dennis Wei(2009), p. 727.

[그림 6-2] 온주시의 위치와 산업클러스터

6) 현재 온주시의 10대 지주 산업은 전기기계, 피혁, 범용설비, 플라스틱, 의류, 교통운수설비, 금속제품, 전력, 화학원료와 측정기구 등으로 생산비중이 1998년 64.4%에서 2008년 74.9%로 증가한 것으로 나타났다. 이에 대해서는 〈표 6-2〉를 참조할 것. 浙江統計信息网 (2010), "溫州工業結构變化的分析和思考," http://www.zj.stats.gov.cn/art/2010/2/22/art_282_39075.html.

역사적으로 볼 때, 가족공장형태의 수공업전통에서 발전하기 시작한 온주의 가족기업은 전략적으로 통합된 생산단위를 기초로 한 유연한 생산체계를 형성해 왔다. 나아가, 온주기업은 온주상회 중심의 사회적 네트워크와 지역 전문시장(market town), 그리고 전국 각지의 판매 대리인을 활용한 마케팅 활동을 전개하여 왔다. 이를 통해 온주경제는 중소규모의 가족기업을 중심으로 한 집적경제의 촉진과 지역특색의 산업클러스터를 발전을 특징으로 하게 되었다.

온주사례에서 나타나는 특징 중의 하나는 현재 온주경제가 산업클러스터의 발전과 그 경쟁력에 크게 의존하고 있다는 점이다. 예를 들어, 온주의 핵심 지주 산업인 신발, 의류, 라이터, 안경, 저전압전기기구 등의 산업은 대체로 원재료의 공급, 반제품가공, 완제품 생산, 기계제조 가공이 전문화 생산방식으로 통합되어 있으며, 생산·공급·판매의 지역생산네트워크체계의 구축을 통해 중국 내 비교적 높은 시장점유율을 유지하고 있다는 점이다.[7] 현재 온주의 대표적인 산업클러스터는 녹성구(鹿城, Lucheng)의 신발, 라이터 산업클러스터, 용만구(龍湾, Longan)의 인조피혁 산업클러스터, 구해구(甌海, Ouhai)의 자물쇠 산업클러스터, 서안시(瑞安, Ruian)의 자동차·오토바이부품 산업클러스터, 캐주얼신발 산업클러스터, 악청시(樂淸, Yueqing)의 저전압전기기구 산업클러스터, 영가현(永嘉, Yongjia)의 지퍼 산업클러스터, 평양현(平陽, Pingyang)의 포장 산업클러스터, 그리고 창남현(蒼南, Cangnan)의 인쇄 산업클러스터 등이다([그림 6-2] 참조).

온주사례에서 볼 수 있는 산업클러스터는 지역사회의 사회적 네트워크(생산기업, 공급상, 판매상, 관련 산업, 산업협회 등), 공동체주의적 동질성, 그리고 기업의 창업 및 혁신활동을 중심으로 활성화되고 있는데, 여기에는 몇 가지 두드러진 특징을 지니고 있다. 첫째는 시장

7) 盛世豪에 따르면 온주의 지포라이터는 90%, 안경은 80%, 상표휘장은 40%, 저전압전기기구는 35%, 피혁은 20%, 양복은 10%의 국내시장점유율을 가지고 있다. 이에 대해서는 다음을 참조 盛世豪.(2004), "從產業集群看溫州模式.," 『浙江社會科學』, 2, pp.31-35.

의 기회를 지속적으로 창출하고자 하는 모험성 및 창업성과 성과지향성을 두드러진 특징으로 갖고 있는 기업가정신, 둘째는 중소기업을 기초로 한 지리적인 산업집중과 시장경쟁력이다. 그리고 셋째는 인격화된 네트워크관계를 통해 나타나고 있는 지역적 혁신환경을 지적할 수 있다. 이러한 온주의 산업클러스터는 특히 지역 공동체 문화와 신뢰에 의한 상호교류를 통해 유지되고 있다고 볼 수 있는데, 이에 대한 구체적인 설명은 다음의 지역공동체 문화와 연관된 산업클러스터의 분석을 통해 이루어질 것이다.[8]

〈표 6-1〉 중국 산업클러스터의 형성 및 특징

클러스터 모델	자금의 주요 원천	기술수준	근로자의 숙련도	작동 메커니즘
온주(溫州)	개인	낮음	낮음	지역 문화
강소성 소남지역(蘇南)	정부	낮음	낮음	정부 개입
심천(深圳)	해외 자본	높음	높음	시장 경쟁
북경 중관촌(中關村)	은행 대출	높음	높음	기술 혁신

자료: Rong Xianping(2005), p. 9.

8) Poter는 클러스터(cluster)를 지리적 산업집적 현상을 설명하고 있다. 즉 클러스터를 상호 연계기업, 연관 산업, 공급상, 서비스 기관 및 산업협회 등으로 구성된 지리적 집합체(geographically proximate group)로 정의내리고 있다. 하지만, 온주와 같이 특정 지역에 동종업종을 중심으로 형성된 산업집적지는 마샬의 산업지구적 성격 및 규모의 경제와 밀접한 관련이 있어 본문에서는 동종기업 간에 구축된 산업조직형식으로 접근하였다. Michael Poter(2003), "The Economic Performance of Regions", *Regional Studies*, Vol.37. 6-7, p.562.

3. 온주의 지역문화와 산업클러스터

1) 지역산업의 형성의 역사적 과정

사실, 온주는 원래 '구(甌)'라 일컬었으며, 동진(東晉, 317년~420년)시기 태녕(太寧) 원년에 영가군(永嘉郡) 설립을 시작으로 영가라 하였고, 다시 당 고종(唐高宗, 649년~683년) 2년에 온주로 개칭하였다. 역사상 영가현 또는 영가군은 절강(浙江) 남부지역과 복건(福建) 북부지역의 경제중심지로 상품경제가 상당히 발달한 지역이었다. 특히 송대(宋, 960년~1279년)에 당시 영가현(永嘉縣)은 칠기와 자수 등을 중심으로 도시와 농촌의 방직업에 종사하는 전문 '수공업장(機戶)'이 나타나게 되었다. 소위 '지후(機戶)'는 기계를 이용하여 방직업에 전문적으로 종사하는 인가(人家) 혹은 수공업장을 일컫는 말로, 당(唐, 618년~907년) 중엽 이후 방직수공업이 점차 농업에서 분리되기 시작하면서, 송태조(宋太祖, 960년~976년) 개보(開寶) 3년에 최초로 이 '지후(機戶)'가 출현하기 시작한 것이다.[9] 이들은 주로 누에와 고치 그리고 방직을 업으로 하는 생산자 중에서 분리되어 나온 것으로 도시 주민 가운데에서도 일단의 '지후(機戶)'가 출현하게 된 것이다.

즉 온주는 가정을 중심으로 방직제품을 생산하고 직접 판매하기 시작하였는데, 이 점 역시 온주 수공업과 농업이 상호 분리되었음을 보여준다. 그리고 칠기와 자수 등 공예가 비교적 복잡한 수공업제품의 생산을 계기로 온주지역에서는 가족구성원을 중심 단위로 하는 '가족수공업장'과 가족구성원을 뛰어 넘어 외부인을 고용하는 '비(非)가족수공업장'이 발전하게 된다. 이를 토대로 하여 수공업제품의 생산을

9) 이에 대한 설명은 바이두 백과사전(百度百科辭典) http://baike.baidu.com/view/82191.htm을 참조.

중심으로 한 지역산업의 사회적 분업이 나타나기 시작한 것이다. 또한 가족수공업의 분업 및 연합 제작을 계기로 생산규모가 지속적으로 확대됨으로써 온주에서는 타 지역에 원료를 운반하고 제품의 판로를 개척하기 위한 전문 '포매상(merchant employer)'[10]도 등장하였다. 이들은 단지 상품유통영역에서 전문적으로 유통과 시장판매 역할을 감당하는 상인이었던 것이다(李丁富, 2004).

또한 온주는 남송(南宋, 1127년-1279년)시기부터 민간에서 신발제작에 관한 기술이 전승되어오기 시작하였는데, 명 헌종(明憲宗, 1464년~1487년) 성화(成化) 연간에는 온주 신발은 조공 물품에 속하게 된다. 이후 신발제작기술이 온주사람에 의해 대대적으로 계승되고 발전되면서 온주는 신발산업의 발상지 중의 하나가 되었다.[11] 그리고 1920년대에 이르러서는 온주에 신발 및 가죽구두를 제작하는 전문 상거리와 그리고 각종 신발상호를 붙이고 즐비하게 들어선 작업장들이 출현하게 된 것이다([그림 6-2] 참조).

한편, 온주 악청시 류시진(柳市鎮)의 저전압 전기기구산업의 경우는 1960년대 말에서 1970년대 초에 시작되었다. 이 당시 중국에서 발생한 문화대혁명(1966년~1976년)을 이유로 국내 수많은 저전압 전기기구 공장이 생산을 중단하고, 혁명 활동에 참여하게 되었다. 이 뿐만 아니라 당시 정부가 완성된 전기기구(整機)의 가격만 정할뿐 부속품 가격을 정하지 않았기 때문에, 국내 몇몇 공장과 광산기업은 부속품부족으로 인한 생산중단이라는 상황에 직면하였다. 즉 저전압 전기기구 국영기업이 조립된 전기기구만을 판매하고 부속품을 판매하지 않자, 이에 저전압 전기기구 부속품의 공급부족현상이 초래하게 된 것이다.

10) 포매상(包買商) 혹은 포매주(包買主)라 일컫는데, 이들은 당시 소수 수공업 생산자에게 원료에서 생산도구에 이르기까지 수공업제품 생산에 필요한 것을 공급하여 그 대가로 일정 정도 보수를 지불하고, 그 완제품을 시장에 판매하는 상인을 가리킨다. 이에 대한 설명은 바이두 백과사전(百度百科辭典) http://baike.baidu.com/view/324673.htm을 참조.

11) 鄭燕偉(2007), "產業集群與溫州地域經濟發展", http://www.sdc.org.cn/quuy/Print.asp?ArticleID=253을 참조

악청시 류시진의 도시기업 혹은 국영상점들은 이러한 기회를 이용하여 저전압전기기구제품의 판매와 생산을 시작하게 된 것이 지역산업의 초기를 형성하는 계기가 되었다.[12)]

그러나 온주 지역산업의 클러스터를 중심으로 한 대부분의 발전은 특히 중국의 개혁개방 이후에 전개된 농촌(鄕村) 공업화과정에서 촉진되었다. 온주시 농촌공업화는 주로 개인소유재산권에 기초하고 있는 전통적 가족공업기업의 발전에서 시작되었는데, 이들 형태가 온주의 초기 산업클러스터를 형성시키는 조건이 되었다(謝立新, 2004:12). 역시 악청시 류시진의 저전압 전기기구 산업클러스터의 경우도 장기적인 전기기구의 판매경험을 바탕으로 개혁개방 이후에 저전압 전기기구 생산을 위한 투자가 이루어진 것이다.

〈표 6-2〉 온주시의 10대 지주 산업구조 변화 현황

산 업	1998년		2008년	
	생산액비중 (%)	순차	생산액비중 (%)	순차
전기기계	24.9%	1	18.1%	1
가죽구두	23.8%	2	12.8%	2
통용설비	5.5%	5	10.4%	3
플라스틱	10.1%	3	7.1%	4
의류	3.8%	7	6.8%	5
교통운송설비	2.6%	9	4.9%	6
금속제품	4.0%	6	4.2%	7
전력	3.2%	8	3.8%	8
화학원료	5.6%	4	3.7%	9
측정계기	1.4%	10	3.1%	10

자료: 浙江統計信息罔(2011), "溫州工業結構變化的分析和思考", http://www.zj.stats.gov.cn/art/2010/2/22/art__282__39075.html.

12) 당시 류시진의 도시공업기업 혹은 국영금속상점은 저전압전기기구의 오래된 제품과 제고품의 은밀한 구매 및 판매를 통해 여기서 발생하는 이득을 취하였다. 任曉(2008), "原生式內生型產業集群的形成及其變遷", 社會科學研究, 5, http://www.eywedu.com/Shehuikexueyanjiu/shyj2008/shyj20080510.html을 참조.

그리고 1990년대에 농촌 공업화 전개이후 온주 지역산업의 전문화와 특정산업의 지역적 분포가 활성화되어 온주에서는 동종 산업을 중심으로 지리적 집적현상이 출현하게 되었다. 지리적으로 집적된 지역산업의 생산조직 형태를 보면, 그 규모가 비교적 큰 기업은 완제품을 생산하고, 규모가 상대적으로 작은 기업은 부품생산 및 공급을 담당하는 등 명확한 내부 분업을 통한 단일화된 협력적 생산체계를 갖추게 되었다. 이러한 과정 가운데 온주에서는 종족(宗族) 및 지연관계(地緣關係)를 기초로 촌(村) 하나에서 한 개의 제품을 생산하고, 향(鄕)에서는 하나의 산업이 형성되는 '일촌일품(一村一品), 일향일업(一鄕一業)'의 초기 산업입지 현상과 집적화가 보편적으로 출현하게 되었다.

절강지역 산업클러스터에 대한 최근 연구에서 절강지역의 기업들은 일반적으로 집적된 공간에서 똑같은 기술을 선택하고 공유하기 때문에 기술지식구조가 높게 일치하고 있는 것으로 조사되었다(Rong, 2005; Guo and Guo, 2011). 온주 산업클러스터의 사례 역시 이와 유사한 형태를 나타내고 있는데, 이 점은 기술과 자본의 한계를 지니고 있는 중소기업이 상호 공통의 사회적 배경을 중심으로 기술과 자본의 진입장벽을 극복하기 위한 노력의 결과로 볼 수 있다. 즉 모방과 상호 학습을 통한 지식의 획득은 장기적 협력이라는 기업행위에 기초하는 것이며, 기업의 공간적 집중을 가져오는 협력 네트워크의 형성도 사실 상호교류를 가능하게 하는 지역사회의 규범과 가치관의 속성에서 비롯되고 있다. 결국, 이러한 온주모델에서 상징하고 있는 지역 가족기업과 전통산업의 성격은 특정지역의 공간적인 집중과 산업조직 측면에서 동종 기업 간의 비교적 명확한 분업적 협력이라는 집적경제의 구축에서 구체화되어 왔다.

2) 온주 지역산업클러스터의 발전과 유형별 특징

온주 중소기업의 산업집적화 현상은 지역사회의 상호 인적 신뢰관계(關係)를 중심으로 자연발생적으로 조성되어 왔다. 그리고 이들 온주산업의 집적생산체계 구축과정에서 기업들은 적극적으로 국제선진기술을 도입하기 시작하였다. 또한 기업의 경영관리방식을 현대화하면서 제품의 질적 발전은 물론, 집적지 내에서 제품을 표준화시키기에 이르렀다(盛世豪, 2004). 즉 산업클러스터 내 중소기업들은 일반적으로 사회적 협력네트워크를 통해 지식의 확산 및 산업집적의 경제적 효과를 공유하게 되었는데, 이들 기업 간에 나타나고 있는 산업클러스터의 조직적 특징은 다음과 같은 몇 가지 유형으로 구분된다.

첫째, 주로 지역 내 전문 판매시장을 중심으로 하여 기업 간의 조직적 연계형태를 갖는 클러스터이다. 즉 서로 다른 생산 공정을 보유하고 있는 동종 산업 기업들이 하나의 생산체계를 형성하여 모종의 제품을 생산하는 클러스터 유형이다(劉春香, 2007). 이런 산업클러스터의 전형적인 특징은 클러스터내의 기업에게 광범위한 판매네트워크를 제공함으로써 기업들은 시장정보비용을 줄이고, 이와 동시에 연관기업들은 상호 생산협력을 통해 외부경제 효과를 누리게 되는 것이다. 예를 들어, 온주 영가현 교두진(橋頭鎭)에 400개 이상의 단추 생산기업으로 구성되어 있는 산업클러스터가 이 전형적인 범주에 속한다.

둘째, 선도기업의 아웃소싱을 중심으로 다수 중소기업 간의 다층적, 수직적 위탁 생산체계를 갖는 클러스터이다. 즉 핵심 선도기업은 주로 제품의 개발 및 최종 핵심 제품의 조립과 시장개척에 주력하고, 다른 한편 다수의 중소기업은 생산기술수준이 높지 않으나 전문적인 분업을 통해 부속품이나 반제품을 생산하는 클러스터 유형이다(謝立新, 2004). 이러한 산업클러스터 유형의 전형적인 특징은 선도기업과 중소기업 그리고 중소기업 간의 아웃소싱을 통한 다층적 위탁생산체계에 있으며, 모종의 생산과정을 중심으로 '중심-주변부'라는 생산 및 분업체계의 수직적 통합효과를 갖게 된다([그림 6-3] 참조).

예를 들어, 온주 악청시 류시진의 산업클러스터가 전형적으로 이 범주에 해당된다. 즉 정태그룹(正泰企業集團과 800여개 협력기업), 덕력

서그룹(德力西企業集團과 700여개 협력기업), 신화그룹(新華企業集團과 600여개 협력기업), 그리고 천정그룹(天正企業集團과 260여개 협력기업) 등의 그룹기업들은 2,300여개가 넘는 중소협력기업과의 전문화된 분업을 통해 저전압 전기기구제품을 생산하고 있다.

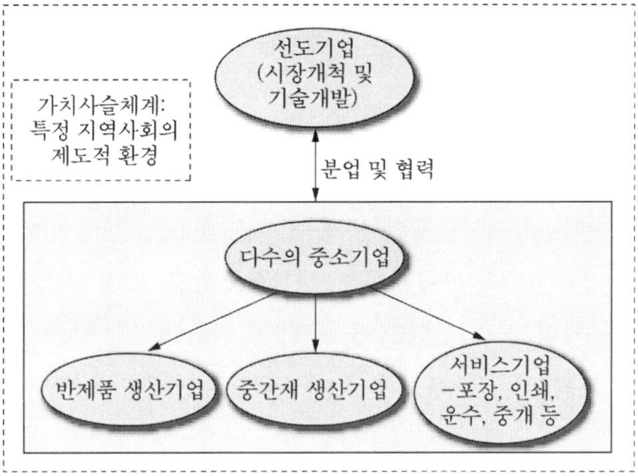

[그림 6-3] 온주 산업클러스터의 분업 및 협력 체계

셋째, 종합무역상사와 같은 핵심 판매기업을 중심으로 전문 경영판매기업과 가공생산기업 간의 조직적 협력관계를 맺는 클러스터이다. 여기서 핵심 기업은 가공생산기업과의 전문 구매계약을 맺는 동시에 가공생산기업의 제품을 판매함으로써 일종의 분업적 협력체계를 갖는 클러스터 유형이다(劉春香, 2007). 온주 산업클러스터체계의 많은 경우가 이러한 형태를 취하고 있다. 이러한 클러스터의 특징으로 말하자면, 전문 경영판매기업은 마케팅 능력을 발휘하고, 가공생산기업은 주문생산에 따른 다양한 제품을 가공·생산함으로써 전문적이면서도 유연한 생산체계효과를 발휘하는데 있다. 이 산업클러스터의 전형적인 예는 온주시 녹성구에 위치하고 있는 라이터 산업클러스터이다. 녹성구의 라이터 산업클러스터는 세계 최대의 라이터생산 및 판매기지로서 500여개의 생산기업과 가족공장이 세밀한 분업적 협력체계를 구축하

고 있고, 핵심 기업은 주로 시장개척, 생산조직관리, 포장 및 운송을 담당한다.

넷째, 핵심기술을 중심으로 중소기업 간의 조직적 협력체계를 갖고, 다음으로 이러한 기본적인 산업클러스터 3개 이상이 클러스터 간의 연계형태를 갖는 클러스터이다. 즉 산업클러스터 내 중소기업 간의 조직적 협력관계는 주로 핵심기술(브랜드, 상표 혹은 특허와 같은 지적재산을 포함)을 통한 사회적 분업과 기업 간의 모방형태로 나타나는 일종의 광역 클러스터 유형이다. 이러한 산업클러스터의 특징은 지역사회의 지리적인 특정 공간을 배경으로 생산기술과 암묵적 지식(tacit knowledge)의 확산을 통해 새로운 중소기업이 파생되고, 이 기업들이 중간재나 관련제품을 생산함으로써 모태 기업과 생산가치사슬체계를 형성하는 파급효과를 누리게 된다(劉霞, 2009).

온주 산업클러스터 중에서 이러한 범주에 속하는 전형적인 클러스터가 온주의 여러 지역에 분포되어 있는 신발 산업클러스터이다([그림 6-4] 참조). 즉 온주의 대표적인 지역산업 중 하나인 신발산업은 기업의 집적화 효과를 토대로 중국 국내외의 시장네트워크의 확산, 지역적 공공재 공유와 지역 브랜드의 창립을 통해 산업기술의 진전 등 산업경쟁력을 확보해 가고 있다.

온주 지역산업클러스터의 사례들이 보여주는 바는 외부 교역조건과 시장경쟁 환경에 대응하고 있는 일종의 경제체계로서 움직이고 있다는 점이다. 즉 능동적인 산업조직 형태로 규모의 경제효과를 활용하면서, 시장 환경의 변화에 대처할 뿐만 아니라 지역에 특성에 맞는 클러스터 조직형태를 구축하고 있다는 것이 특징적이다.

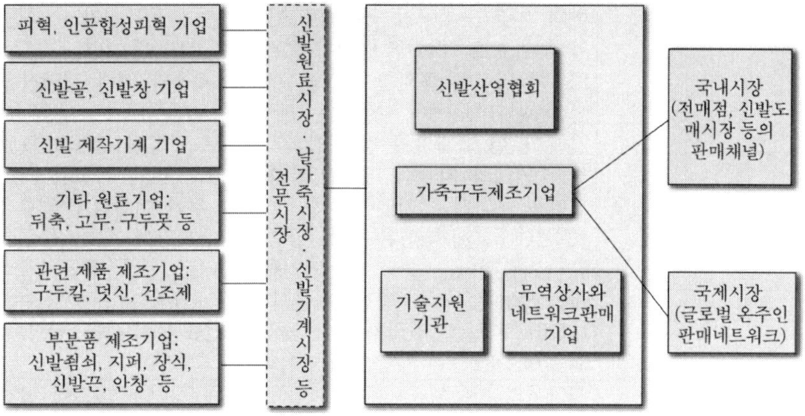

자료: 譚文柱 · 王緝慈 · 陳倩倩(2006), p. 62.

[그림 6-4] 온주 신발 산업클러스터의 유형

〈표 6-3〉 중국 산업클러스터 100선 중 온주 산업클러스터(6개)

산업 클러스터	소재지	간략한 특징
신발 산업 클러스터	온주 녹성구	온주 녹성구 신발산업은 국제시장에 진출한 중국 최대의 산업지역. 2005년, 연간 생산액은 140억 위안으로 수출액은 85억 위안, 온주의 신발수출액 중 66.9%를 차지. 현재 녹성구의 신발제조기업은 1,000개 정도이며, 이 중 연 매출액 1억 위안을 초과하는 기업은 20개 정도이고, 1,000만 위안 이상 기업은 100개 정도임. 강내그룹(康奈集團)의 매출액은 10억 위안을 초과, 납세액은 3,000만 위안으로 전 시 공업 납세액의 3위에 위치. 강내(康奈), 동지(東芝), 길이달(吉爾達)은 중국 500대 민영기업에 선성, 동지(東芝), 태마(泰馬) 등은 중국 최대 신발수출기업 반열에 진입. 녹성구 신발산업은 현재 2개 유명 브랜드, 3개 유명 상표와 21개 신발제품이 국가 검사 면제자격을 얻었음.
라이터 산업 클러스터	온주 녹성구	현재 온주시 전체 라이터 생산기업은 300여개, 수 만종의 라이터를 생산, 금속라이터의 연간 생산량은 5억 개. 이 중 수출총액의 80% 정도를 차지, 전 세계 금속라이터시장의 약 70%, 국내 금속라이터시장의 95%를 점유하고 있음. 2001년 11월 24일 온주는 전국금속협회에서 '중국 금속라이터 생산기지' 칭호를 수여 받았음. 현재 온주 라이터산업은 2개의 성급 브랜드 획득, 1개 기업이 절강성의 중점 골간 기업에 선정, 30여개 기업이 ISO9000 국제품질표준체계의 인증 획득, 이 중 20여개 기업의 대외 수출액은 1,000만 위안 이상.

자물쇠 산업 클러스터	온주 구해구	현재 온주 구해구의 금속제품 기업수는 259개 연간 총생산액은 23.28억 위안으로 구해구 공업총생산액의 9.04%를 차지, 수익 및 세금은 1.97억 위안을 초과함. 이 중 자물쇠 제품의 국내 시장점유율은 50% 이상, 현관 도어록 수출량은 전국 1위로 구해구는 '중국 자물쇠 생산기지'가 됨. 8개의 유명 자물쇠기업으로 구성된 강강그룹(强强集團)은 전국 최대의 자물쇠 제조기업 중 하나임. 전체 자물쇠산업 생산액 억 위안을 초과하는 기업이 1개, 5,000만 위안 이상의 기업은 5개, 이 중 오주그룹(五洲集團)은 세계 금속산업 500강에 속함. 중립그룹(中立集團) 기술센터는 중국 자전거자물쇠센터로 성장, 통용자물쇠기업(通用鎖具公司)은 중국 자전거자물쇠 연구개발센터임. 중립(中立)와 통용(通用) 기업은 전국자물쇠산업의 산업표준 수정을 담당, 천우(天宇)와 동화(東華)는 성급의 첨단과학기술기업임.
자동차・오토바이 부품 산업 클러스터	온주 서안시	서안시의 자동차・오토바이 부품산업은 70년대 초기에 발전하여 지방정부의 지원정책 하에 지역특색을 갖춘 자동차・오토바이 부품생산 및 판매 기지로 조성. 2001년까지 전체 자동차・오토바이 부품생산기업은 1,298개로 성장, 총자산은 18.4억 위안, 종업원은 27,549명, 공업총생산액은 50억 위안. 일정 규모를 갖춘 핵심 골간기업과 기업집단은 당하(塘下), 신승(莘塍), 안양(安陽) 등의 3개 진에 집적되어 있으며, 서안시의 자동차・오토바이 생산부품의 종류가 약 3,000여종에 이름. 이 중 차량 전체 조립부품이 20%, 정비부품 시장의 69%, 수출품의 11%를 차지, 점차 첨단기술제품으로 확대되고 있음.
인쇄 산업 클러스터	온주 창남현	창남현은 '중국 인쇄도시'로서 전체 현에 7개의 인쇄공업단지가 존재. 총계획용지면적은 7,543,710.5㎡, 현재 건설면적은 1,684.7㎡, 계획건설면적은 569,361.8㎡임. 현재 인쇄기업은 965개, 이 중 출판물 인쇄기업은 76개, 포장장식인쇄품 인쇄기업은 540개, 기타 인쇄품 인쇄기업은 312개, 제판기업은 37개. 전 세계 20여개 국가와 지역의 종이, 잉크 등 인쇄원재료기업이 창남현에 출장소 혹은 직접 판매점을 설치하여 인쇄, 보조재료공급, 판매 등의 네트워크가 구축된 인쇄생산체계를 갖춤. 2005년 인쇄총생산액은 80억 위안, 전체 현의 공업총생산액의 32%를 차지, 이 중 인쇄공업단지 총생산액은 60억 위안.
중・저전압 전기기구 산업 클러스터	온주 악청시 류시진	악청시는 공업전기기구, 전자부속품, 의류, 드릴비트, 정밀주형, 성탄절선물, 선박제조, 자동차・오토바이 부품 및 차량 전체 등 사회화된 분업체계를 갖춘 산업클러스터를 조성. 이 중 저전압전기기구, 전자부속품, 드릴비트와 헬멧의 국내 시장점유율이 각각 55%, 33%, 70%와 70% 정도를 차지. 2008년 말 규모이상의 기업이 1,566개, 공업총생산액의 77.9%, 이 중 연간 매출액이 억 위한을 초과하는 기업이 134개, 10억 위안 이상 기업이 14개, 100억 위안 이상 기업이 4개. 현재 기업집단은 71개(정태(正泰), 덕력서(德力西), 인민(人民) 등), 이 중 11개 기업이 전국 민영기업 500강에 포함, 4개 기업은 중국기업 500강에 포함. 또한 중국 유명상표가 47개, 중국 유명브랜드제품 12개, 절강성 유명브랜드제품 38개로 최다 브랜드보유.

주: 2008년 중국 사회과학원 공업연구소 선정 중국 산업클러스터 100선 중 온주는 6개 선정.
자료: 中國社會科學院工業硏究所(2008), "2008年中國百佳産業集群名錄(彙總)",
http://wenku.baidu.com/view/4df9061910a6f524ccbf8511.html.

3) 기업가정신과 산업클러스터

온주지역에서 볼 수 있는 산업클러스터의 유형들은 지역 수공업자들의 '사회경제적 생산 활동 경험 가운데 지녀왔던 산업적 분위기(knowledge in the air)'와 관련되어 있다. 즉 온주지역의 산업적 분위기는 혈연, 지연, 인적관계를 바탕으로 공동체적 가치관과 사회적 신뢰체계에서 나타나는 상호 학습과 창업정신, 그리고 동종업종 간의 경쟁적 관계에 의해 조성되어 있는 혁신환경체계를 의미한다. 특히 혁신환경과 관련하여 온주 중소기업을 중심으로 최근 주목받고 있는 기업가적 정신은 단순히 기업의 창업정신에 머물러 있지 않고 새로운 가치를 창조하고자 하는 혁신적 활동에서 그 의미를 부여받고 있다. 세계의 여타 혁신지역에서도 비교적 공통적으로 나타나는 점은 지역의 혁신구조뿐만 아니라 성공적인 창업을 위한 기업가정신의 활성화가 더 중요하다는 점이다. 그런데 온주 산업클러스터 내 중소기업들의 기업가적 정신은 조직을 통제하는 개인적인 기업가의 능력뿐만 아니라 집적지의 상호 관계성에 유래되고 있으며, '혁신과 지식의 확산'이 강조되는 지역적 공통문화에 의해 크게 영향을 받고 있다.[13]

Rocha(2004)가 기존 문헌연구를 토대로 기업가정신과 클러스터의 영향관계에 대한 연구에서 기업가정신을 창업가적 활동 즉 '새로운 조직의 창조(the creation of new organization)'로 정의하였을 경우, 기업가정신의 활성화가 클러스터의 발전단계에 따라 다양하게 나타날 수 있다고 하였다. 왜냐하면 클러스터의 초기단계에서는 기업의 초기 창업(start-ups)과 파생과정(spin-offs)에서 인큐베이터 역할이 분명히 존재하지만, 성숙단계에 있는 클러스터에서는 정체효과(congestion

13) 金祥榮과 朱希偉는 이러한 공통문화 역시 온주지역에서 전문화된 특정 산업지구가 출현하게 되는 역사적 배경이라 설명하였다. 이에 대해서는 金祥榮, 朱希偉(2002), "專業化産業區的起源與演化: 一個歷史與理論視覺的 考察", 『經濟硏究』, 8, p.77을 참조.

effects)가 나타나기 때문이다. 따라서 클러스터에 의한 기업가정신의 활성화가 단순히 경영성과의 양적 증가 혹은 경제적 성장이라기보다 기업능력의 확대를 의미하는 발전이라고 전제하였을 때는 반드시 새로운 조직의 개별 창업가적 과정에 대한 분석을 통해 이를 증명할 필요가 있다고 강조하였다.[14)]

그러나 기업가정신을 산업클러스터의 관계에서 뿐만 아니라 지역사회의 특징과 연관된 사회경제적인 측면에서 접근해 보면, 개인의 창업가적 정신과 지역사회의 문화적 특성에 배태되어 있는 기업가정신, 즉 위험을 감내하고자 하는 기업가적 활동과 혁신을 발견하게 된다.[15)] 이러한 기업가정신은 먼저 특정지역에서 유래되고 있는 지리적인 상호관계성, 달리 말하면 공간의 경로의존성(the path-dependency of place)에서 출발하고 있다. 그리고 더 나아가 기업가정신은 개별적인 기업보다는 개별 기업을 포함한 산업협회와 중개조직, 기술교육기관 등을 연결하는 사회적 네트워크, 그리고 이질적이면서 다양한 구성주체를 묶어주는 지역사회의 제도 환경적 요소와 관련을 맺고 있다.

최근 온주지역사회의 공리주의적 유교문화에서 유래되고 있는 현대적 의미의 기업가정신은 경업정신(敬業情神), 성과지향성, 학습성, 그리고 혁신성 및 민첩성 등으로 재해석되고 있다.[16)] 여기서 경업정신(혹은 창업의식)과 성과지향성은 지역사회의 문화적 가치관을 통해 장려되어 온 것이며, 이는 '창업활동'을 통해 반드시 부를 창출하고자 하는 온주 기업가의 창업정신을 의미한다. 그리고 학습성, 혁신성과

---

14) Hector O. Rocha(2004), "Entrepreneurship and development: the role of clusters", *Small Business Economics*, 23, pp.363-400을 참조.

15) Knight는 기업가를 불확실한 세계에서 미래에 대한 예측능력을 가지고 위험을 감수하며 이윤을 창조하는 사람으로 묘사하고 있는데, 이에 따르면 '불확실성의 감내' 혹은 '위험감수성'을 기업가정신으로 설명할 수 있다. 이에 대해서는 다음 Frank H. Knight(1921), *Risk, Uncertainty and Profit*, New York: Cosimo Classics를 참조.

16) 온주 기업들의 기업가정신에 초보적인 연구로는 조대우, 이상빈, Xu Shi Guo(2010), "절강상인(浙江商人)의 기업가정신 패러다임 도출", 『전문경영인연구』, 13(3), pp.275-293; 汪岩橋(2005), 『"文化人"假說與企業家精神』, 北京: 中國經濟出版社를 참조.

민첩성 등은 온주지역의 기업들이 위험을 감내하면서 시장의 잠재적 수요에 따라 경쟁할 뿐만 아니라 상호 학습과 협력을 중시하는 일종의 혁신정신이라 정의할 수 있다.

이러한 기업가정신의 역사적 연원은 앞서 언급하였듯이, 남송시대 영가학파에서 유래된 유교문화에서 기원을 두고 있다. 즉 온주지역에서 찾아볼 수 있는 기업가정신의 핵심은 바로 '공리성(功利)'과 '인의(仁義)'를 병존시킴으로써 물질생활과 도덕생활의 통일을 강조하는 실업적(實業的) 정신과, 나아가 부를 창출하기 위한 사적(私的) 경제활동의 창의적 정신, 그리고 지역공동체적 연대관계를 강조하고 있는 것이다. 이러한 점에서 온주사례를 통해 제조업 중심의 산업클러스터에서 파악되는 기업가정신의 핵심적 요소는 창업가적 동기, 조직적인 상호 학습(organizational interactive learning), 그리고 각 개별기업에 따라 다양하게 나타나지만 결국 동기와 결과 모두를 중시하는 성과지향성이라 할 수 있다.

4. 지역산업클러스터와 산업구조혁신

1) 지역발전의 경로: 과거의 연속성

개혁개방이후 지금까지 온주 기업과 지역산업의 경쟁력에 대해 중국내 학자들은 시대적 적응력(變通)을 통해 환경적 제약 속에서도 왕성한 생명력을 유지하고 있기 때문이라고 지적한다. 이러한 경쟁력은, 달리 표현하면, '시장을 찾아 실리를 추구하며 환경에 적응'하고자 하는 온주의 지역사회문화에서 기초하고 있음을 강조한다(晏國彬 · 談振興, 2006). 즉 개혁개방 이후 줄곧 유지해 왔던 산업경쟁력과 지속적인 경제성장의 배경에는 이 지역의 문화적 가치와 창업정신의 활성화가 기업과 지역산업의 발전에 긍정적으로 작용하였다. 그리고 다른 하나는 기업을 핵심으로 한 온주의 지역산업클러스터가 주도적 역할을 수행하면서 기업의 생산성과 혁신 및 경쟁력을 강화시켰다는 데에 있다. 무엇보다 온주의 전통적 가족경영 중심의 중소기업은 전문화된 산업지구에 집적되어 지식교류의 확산과 경영성과를 위한 사회 경제적 협력을 증가시키고 있다.

다시 말해, 온주 지역사회를 중심으로 한 공동체적 연대는 지역 군집생산체계를 특징으로 하는 산업클러스터를 촉진시켰을 뿐만 아니라 기업 간의 집단학습을 가져오는 역동적인 네트워크를 창출하고 있다(Walcott, 2007). 최근 Porter와 Kramer(2011)가 다시 강조하듯이 글로벌 시장에서 기업이 성공하기 위해서는 협력업체의 지원뿐만 아니라 물류 인프라 등의 기반시설의 집적을 통한 클러스터의 개발이 필요한 시점에 와 있다.[17] 온주기업은 산업협회를 중심으로 생산성 개선을 위해 지속적으로 클러스터의 발전에 투자하는 한편 기업과 지역공동체의 발전을 연계시키는 협업, 즉 정부기관, 중개 및 지원기관(산업협회, 기술센터 등)과 그리고 기업 간의 사회적 협업을 중시하고 있다는 점이다.

중국 제조업 중심의 대부분 기업들은 사실 몇몇 선도 기업을 제외하고는 중소기업 위주이기 때문에 이들의 주된 관심은 제품의 혁신뿐만 아니라, 생산과정의 개선 혹은 생산과정혁신을 통한 비용절감에 있다. 그런데 외부시장에서의 제품 모방이나 '역공학(reverse engineering)' 등에 의해 촉진될 수 있는 제품혁신과는 달리 생산과정의 혁신은 기업 내부에서 이루어지는 기술적 노하우(know-how)가 핵심 요소이기 때

17) Porter와 Kramer는 최근 경제위기로 나타난 자본주의의 곤경, 그리고 기업에 대한 신뢰상실에 대한 문제는 그동안 기업이 단순한 수익추구에 행위에 따른 것이고, 따라서 기업의 존재목적이 '공유가치의 창출(Creating shared value)'로 바뀌어야 하며, 그리고 사회적 협업을 중시하는 현지 클러스터의 개발이 신흥 경제국뿐 아니라 선진국에 많은 혜택을 가져다준다고 강조하였다. Michael E. Porter and Mark R. Kramer(2011), "Creating Shared Value", *Harvard Business Review*, 89(1/2), pp.62-77을 참조.

문에 이러한 종류의 지식을 획득하기 위해 중소기업들은 자연스럽게 클러스터 역내에 형성되어 있는 개인적 네트워크를 활용하거나 또는 노동의 유동성 즉 '고용에 의한 학습(learning-by-hiring)'에 더욱 의존하게 된다(Guo and Guo, 2011). 온주의 경우는 대부분 원재료 공급, 반제품 가공 및 제품 생산, 설비, 판매 등의 제반과정과 그 중간 연결노드가 각개 서로 다른 기업과의 세밀한 협업으로 이루어져 있었기 때문에, 지연관계(地緣關係)에 의존한 이런 기업 간의 조직적 네트워크 체계가 기업의 지식 흡수능력 뿐만 아니라 지역산업의 경쟁우위에 긍정적 영향을 미쳐 왔다.

예를 들어, 온주 창남현의 인쇄 산업클러스터나 녹성구에 위치한 라이터 산업클러스터만 보더라도 제품의 설계, 생산, 판매 등의 각 생산과정에서의 상호 연계를 통해 기술적 지식을 획득하고 있었다(謝立新, 2004). 그리고 악청시 류시진의 저전압 전기기구 산업클러스터의 경우에서는 선도 기업그룹 중심의 '제품설계-생산-판매관리구조'에 의한 조직적 네트워크체계에서 각종 부품 및 반제품 생산과정에서의 지식확산이 이루어지고 있었다. 즉 정태그룹의 경우 이 기업은 핵심부품 10%만을 생산하고, 그 나머지 전문적 분업이 가능한 90%의 부품 및 반제품은 공개입찰을 통해 협력기업에서 생산하는 방식을 취하고 있었다(李利群·袁涌波, 2007).

단적으로 온주의 산업클러스터는 동종 기업 간의 상호 교류와 모방을 통한 내부적 관계성 속에서 이에 따라 조성된 상호 조직적 학습 패턴을 보여주고 있다. 이러한 상황은 온주지역의 산업클러스터가 지역 경제적 발전의 특성에 의해 형성되어 왔으며, 지역의 선험적 조건들에 조성된 기업가적 환경이라 할 수 있다. 이는 지역에서 계승된 산업적 지식과 기술적 토대가 이와 관련 있는 새로운 산업적 활동의 출현과 기술적 진전에 전적으로 연관되어 있음을 나타낸다. 따라서 지역산업발전의 패턴의 연속선상에서 개혁개방 이후 온주 산업클러스터는 기업의 분사나 혹은 신기업의 탄생과정을 통해서 대략 다음과 같은 세단계의 발전패턴을 보이고 있다.

먼저, 1980년대에는 온주의 산업클러스터는 농촌의 가족 공장을 기초로 출발하여 기업창업의 복제와 확산을 통해 지리적 집중을 의미하는 클러스터의 초기적 형태를 갖추게 되었다. 그리고 1990년대에는 시장규모의 확대와 새로운 기업의 창업과정을 통해 반제품 및 부품공급 전문기업을 위주로 모태기업과 파생기업 간의 혹은 동종 중소기업 간의 클러스터 역내 생산가치사슬체계를 형성함으로써 산업클러스터의 성장기를 이루게 되었다. 마지막으로, 현재 온주 산업클러스터는 고도로 전문화된 협업생산체계를 갖추고 있다. 그러나 글로벌화된 시장수요의 다변화에 따라 가치사슬체계의 중·하단에 위치하고 있는 기업의 경쟁열위로 클러스터의 규모가 축소되는 수렴현상 외에 일부 기업의 외국기업 인수[18] 등의 국제화전략을 통해 기업입지의 재조정단계에 진입해 있다(劉霞, 2009).

이러한 변화과정을 통해, 온주 산업클러스터의 사례 역시 지역사회의 공간적 특성에 유래된 경로 의존적인 산업진화의 양식을 보여주고 있다. 특히 현 단계에서 나타나고 있는 온주 산업클러스터의 수렴현상 역시 혁신활동을 촉진하거나 제한할 수 있는 변화의 단계로, Martin(2009)이 설명하는 바와 같이, 클러스터 내 기업들의 혁신은 공간적 특성이나 조건에서 유래되는 지역적 현상이라는 점을 온주 사례에서도 보여준다.

2) 지역산업클러스터의 발전

현재 온주 지역산업의 성장에 장애요인으로 지적되고 있는 문제들은 특히 토지 및 에너지자원의 취약성, 그리고 생산기술의 업그레이드 및 지역브랜드 창출과 글로벌 경쟁의 가중, 민간자본의 타 지역으로의

18) 예를 들어, 강내그룹(康奈集團)은 2001년 미국, 이탈리아, 프랑스 등에 전매점을 개점하였고, 합삼기업(哈杉)은 2004년에는 이탈리아의 윌슨(Wilson) 제화기업과 대만의 입장(立將) 무역기업을 인수하였다.

이전 등을 꼽고 있다. 이 때문에 최근 전통 지역산업클러스터(의류, 신발 등 산업)의 경우 온주시 공업총생산액의 평균 성장수준에 못 미치는 반면, 기술수준이 비교적 높은 산업클러스터(전기기구, 자동차·오토바이부품 등 산업)는 온주시의 성장수준을 넘어서고 있다(金海峰, 2009). 이러한 온주 지역산업클러스터의 현 변화단계에 대해 중국내 일부 학자들은 클러스터 내의 경공업 중심의 산업적 특성과 기업 간의 조직적인 닫힌 네트워크체계로 이미 경로의 잠김 문제(lock-in)에 직면해 있다고 한다. 이는 곧 산업클러스터의 정체현상으로 이어질 잠재성이 있다고 지적되고 있다(趙燚, 2008; 劉霞, 2009). 이에 대한 대표적인 문제로 주도기업의 제품군이 여전히 가치사슬의 중·하단에 위치에 있고, 또한 저가에 의존한 가격경쟁력과 기업제품의 동질화 현상을 들고 있다.

그러나 산업클러스터의 발전과정을 살펴 볼 때, 이러한 기술혁신능력의 취약성은 산업클러스터 별로 특히 연관 산업과의 관련도가 낮고 전체적으로 산업 간의 가치사슬체계가 잘 구축되어 있지 않다는 데에 그 원인이 되고 있다는 것이 분명하다(高順岳, 2009). 예를 들어, 전기산업의 경우 가치사슬체계에서 상단에 위치하면서 산업 간의 상호 연관성이 높은 금속원료산업과 전자정보산업이 발전되어 있지 못하고 있다. 따라서 최근의 온주 산업클러스터에서 나타나는 변화추세는 새로운 산업의 형성 및 기업의 창업, 성장, 쇠퇴의 반복과정(layering process)이라는 다양한 순환과정을 통해 산업입지 패턴의 재결합과정(recombination)이라 할 수 있다. 이러한 점에서 온주 산업클러스터의 핵심과제는 기존의 경쟁우위에 어떻게 연관 산업을 발전시키고, 산업구조의 혁신 및 업그레이드를 촉진시킬 것인가 하는 문제이다. 게다가, 이러한 과정을 통해 온주지역의 산업적 혹은 기술적 정체성을 막고 경제발전에 지속적으로 도움이 되도록 지역산업클러스터를 활성화시킬 것인가에 관련된 문제들이다.

사실, 온주 기업들은 1997년부터 생산형 투자를 목적으로 의류, 신발, 저전압 전기기구, 안경, 조명 용구, 단추 산업 등을 중심으로 한 외부 지역으로의 투자이전이 일부 나타나기 시작하였다. 그리고 다른 한편으로 온주 지역에는 기계공업, 중화학공업, 선박공업 등의 성장으로 산업구조의 전환이 점진적으로 진행되고 있다. 따라서 온주 산업구조의 혁신과 업그레이드와 관련된 변화과정에 대해서는 다음과 같은 몇 가지 추세를 찾아볼 수 있다(金海峰, 2009; 高順岳, 2009).

먼저, 적극적인 외자유치정책을 통해서 다국적 기업을 유치하고 지역경제구조의 전환과 산업구조의 업그레이드를 촉진시키려 하고 있다. 즉 외자(外資)와 지역산업의 보완관계를 통해 전통산업과 첨단기술을 융합시킴으로써 궁극적으로는 현지 기업의 설계, 제조, 관리, 마케팅능력을 개선하는데 중점을 둔다는 것이다. 둘째, 일부 선두기업은 이미 적극적인 연구개발투자, 해외 전문 인력 유치, 그리고 국제화전략을 통해 기존 전통적인 산업제품에서 첨단기술제품영역으로의 전환을 모색하거나 혹은 지적재산권을 보유한 신제품 개발을 추진하고 있다. 셋째, 온주 지역의 수출지향성이나 산업적 관련성이 비교적 낮은 제조업 중심의 산업클러스터는 점차 중국 중·서부의 내륙지역으로 이전을 추진하고 본 지역에는 기업의 본사를 중심으로 브랜드경영을 추진한다는 것이다. 넷째, 온주지역에는 산업의 고도화를 촉진할 뿐만 아니라 생산형 서비스산업, 즉 현대 물류, 국제 무역, 정보서비스, 중개서비스, 금융보험 등의 산업을 발전시켜 글로벌 생산가치사슬에서의 제조업과 서비스업의 연계성(주문수주-내지가공-국내외 시장 판촉)을 촉진시킨다는 것이다.

결국, 온주의 대부분 기업과 지역산업의 경쟁력은 국내 시장네트워크를 중심으로 한 산업클러스터의 형성과 특정 지역을 기반으로 한 산업적 집중을 핵심으로 하고 있다. 따라서 이들 기업의 다음 과제는 글로벌 가치사슬체계로의 착근(embedded)과 가치사슬체계에서의 단계적 이동을 통해 기술혁신능력과 산업구조의 업그레이드를 촉진하는 것이다. 온주의 경우, 전통적으로 산업클러스터의 발전을 위한 사회경제적인 공간적 입지는 이미 구축되어 왔기 때문에 클러스터 내 조직적 네트워크체계를 갖춘 기업들은 점차 글로벌 가치사슬체계로의 진입을 확대하고 있다. 특히 기업사례를 보았을 때, 정태그룹의 경우는 기업본사(투자 중심)-전문기업-생산기업의 조직적 체계의 구축을 통해 기술혁신능력과 시장마케팅능력을 점차 개선시킴으로써 외부 변화에 대한 적응력을 높여 가고 있었다(李亞雄 · 王兆華 · 趙瑋妮, 2008).

5. 소결론

온주의 산업클러스터는 역사적으로는 방직업과 신발산업 등을 중심으로 하는 가내수공업의 전통과, 그리고 개혁개방 이후로는 가족공업기업의 발전을 기반으로 특정 지역에서 다수의 중소 민영기업을 매개로 하는 공간적인 집적과정을 통해 형성되어 왔다. 그렇기 때문에 온주 지역의 특색을 갖춘 의류, 라이터, 신발, 단추, 저전압전기기구 등의 전통적 경공업 중심의 지역산업 역시 현재 온주시의 주요 생산양식으로 자리 잡고 있는 셈이다. 즉 온주 산업클러스터는 일반적으로 단일 상품을 중심으로 부품공급자, 생산자, 판매자, 고객 등을 중심으로 가공, 생산, 판매 등의 전문화된 생산가치사슬을 형성하고 있기 때문에 물리적인 지역 공간 중심의 지역혁신네트워크체계를 특징으로 하고 있다.

무엇보다 온주지역에서 목격할 수 있는 독특한 지역사회의 문화는 기업의 창업과 기업가의 위험감수행위를 촉진시키는 기업가정신의 형성과, 이와 동시에 산업클러스터 내에서 기존 사회적 유대감과 동질감이라는 사회규범의 형성을 근저로 기업 간 협업 활동을 촉진시켜 왔다. 그러므로 온주 산업클러스터의 조직적 체계의 특성은 가족, 기업, 그리고 지역차원에서 맺어져 있는 사회경제적 공동체 전통과 기업 간의 협업, 그리고 선도기업의 역할과 전국적 범위로 전개되는 시장경제활동의 상호 긴밀한 결합으로 나타나고 있다는 점이다(Walcott, 2007). 더욱이 온주 지역산업은 초기 전문 판매시장을 중심으로 주변에 상호 긴밀하게 형성된 중소기업 간 그리고 현재에는 중소기업과 선도기업과의 역내 네트워크체계는 온주지역산업의 경쟁우위를 구성하는 핵심요소 중의 하나로 온주지역의 경제발전에 지속적으로 공헌해 왔다.

다시 말해, 온주의 산업클러스터 내에 구축되어 있는 동종 기업 간의 협업적 분업체계는 모든 구성기업으로 하여금 효율적 생산 활동과 활력을 유지시킬 뿐만 아니라, 시장제도와 기업조직의 기능이 상호 침투되고 결합된 산업조직체로서 기능하게 한다는 점이다. 나아가, 이 협업적 분업체계는 기업규모의 확대과정에서 나타날 수 있는 생산비용 외에 기타 소모비용까지 절감시키는 효과를 가지고 있다(張苗熒, 2008).

온주의 산업클러스터 사례에서 볼 수 있는 바와 같이, 기업의 창업과 집단학습, 그리고 혁신활동을 촉진시키는 기업가정신의 형성은 개인의 속성이라기보다 '지역 사회적 현상'으로써 온주 지역에서 유례하고 있는 경제적, 사회문화적 환경조건에 의해 영향을 받아 왔다. 결국, 온주의 산업클러스터 내에서 이루어지고 있는 기업의 창업과 혁신활동은 사회적 맥락 안에 녹아 들어간 경로 의존적 활동으로 파악될 수 있기 때문에, 향후 온주 지역산업기업의 성공은 지역적 생산의 맥락에서 발생된 기술적 지식의 상호 적용뿐만 아니라 외부시장의 신호에 반응할 수 있는 적응능력에 달려 있다.

참고문헌

이상빈 · 조대우 (2009), "중국 절강성 온주상(溫州商)의 역사적 형성에 관한 연구: 역사제도적 분석을 중심으로", 『경영사학』, 24(3), pp. 119-152.

조대우 · 이상빈 · Xu Shi Guo (2010), "절강상인(浙江商人)의 기업가정신의 패러다임 도출", 『전문경영인연구』, 13(3), pp. 275-293.

方同義 · 陳新來 · 李包庚 (2005), 『浙東學術精神研究』, 寧波: 寧波出版社.

金祥榮 · 朱希偉 (2002), "專業化產業區的起源與演化", 『經濟研究』, 8, pp. 74-95.

顧慧君, 王文平 (2007), "產業集群与社會网絡的協同演化: 以溫州產業集群爲例," 『經濟問題探索』, 4, pp. 103-106.

辜勝阻, 鄭凌雲, 張昭華 (2006), "區域經濟文化對創新模式影響的比較分析: 以硅谷和溫州爲例,『中國軟科學』, 4, pp. 8-14.

胡振華, 嚴曉鵬 (2001), "創新精神: 溫州民營企業家的動力之源", 『嘉興學院學報』, 13(4), pp. 12-15.

賴紅波, 吳泗宗, 王建玲 (2011), "產業集群的自我否定與跨罔絡學習: 以浙江溫州低壓電器產業集群爲例", 『華東經濟管理』, 25(2), pp. 13-17.

任曉 (2008), "原生式內生型產業集群的形成及其變遷", 『社會科學研究』, 5, http://www.eywedu.com/Shehuikexueyanjiu/shyj2008/shyj20080510.html

劉春香 (2007), "產業集群條件下中小企業的配套協作行爲研究: 以溫州產業集群爲例", 『科技進步與對策』, 24(8), pp. 71-73.

劉霞 (2009), "產業集群協同演進研究: 以溫州鞋業集群爲例", 『科學學與科學技術管理』, 10, pp. 53-58.

李丁富(編) (2004) 『創造奇迹的-溫州』, 北京: 光明日報出版社.

盟曉斌, 王重鳴, 謝小雲 (2008), "國際創業背景下企業家精神的適應性調整: 以溫州企業爲例, 『管理案例研究與評論』, 1(4), pp. 15-21.

盛世豪 (2004) "從產業集群視角看溫州模式," 浙江社會科學, 第2期, pp. 31-35.

史晋川, 金祥榮, 趙偉, 羅衛東 (2004), 『制度變遷與經濟發展』, 杭州: 浙江大學出版社.

譚文柱, 王緝慈, 陳倩倩 (2006), "全球鞋業轉移背景下我國制鞋業的地方集群升級: 以溫州鞋業集群爲例", 經濟地理, 第1期, 60-65.

汪岩橋(2005), 『"文化人"假說與企業家精神』, 北京: 中國經濟出版社.

謝立新 (2004), "溫州產業集群成長機制与競爭優勢," 發展研究, 3, pp. 12-14.

晏國彬, 談振興 (2006) "葉适經濟思想的創新价値及其對溫州經濟模式的影響," 企業經濟, 第10期, pp. 127-129.

趙焱 (2008), "溫州集群與區域經濟發展研究", 『城市發展研究』, 15(3), pp. 12-13.

張苗熒 (2008), 『文化, 企業制度與交易成本』, 杭州: 浙江大學出版社.

浙江統計信息罔(2011), "溫州工業結構變化的分析和思考",
http://www.zj.stats.gov.cn/art/2010/2/22/art_282_39075.html.
鄭燕偉(2007), "產業集群與溫州地域經濟發展",
http://www.sdc.org.cn/quuy/Print.asp?ArticleID=253.
中國社會科學院工業研究所(2008), "2008年中國百佳產業集群名錄(彙總)",
http://wenku.baidu.com/view/4df9061910a6f524ccbf8511.html.
百度百科, http://baike.baidu.com.

Asheim, B. T. (1996), "Industrial Districts as 'Learning Regions': A Condition for Prosperity?", *European Planning Studies*, 4(4), pp. 379-400.
Bathelt, Harald (2003), "Geographies of production: growth regimes in spatial perspective 1: innovation, institutions and social systems", *Progress in Human Geography*, 27(6), pp. 763-778.
(2005), "Geographies of production: growth regimes in spatial perspective (Ⅱ): knowledge creation and growth in clusters, *Progress in Human Geography*, 29(2), pp. 204-216.
(2006), "Geographies of production: growth regimes in spatial perspective 3: toward a relational view of economic action and policy, *Progress in Human Geography*, 30(2), pp. 223-236.
Boschma, Ron A. 2005, "Proximity and innovation: a critical Assessment", *Regional Studies*, (1), pp. 61-74.
Capello, Roberta (1999), "Spatial Transfer of Knowledge in High Technology Milieux: Learning Versus Collective Learning Processes", *Regional Studies*, 33(4), pp. 353-365.
Cook, Phillip (1998), "Introduction: Origins of the Concept", in Braczyk, H. -J., Cooke, P. and Heidenreich, M.,(eds.), *Regional Innovation Systems: The Role of Governances in a Globalized World*, London: UCL Press, pp. 2-25.
__________(2002), *Knowledge Economies: Cluster, Learning and Cooperative Advantage*, New York: Routledge.
Guo, Bin, Jing-Jing Guo (2011), "Patterns of Technological Learning Within the Knowledge Systems of Industrial Cluters in Emerging Economies: Evidence from China", *Technovation*, 31(2-3), pp.87-104.
Huang, Zuhui, Xiaobo Zhang and Yunwei Zhu (2007), "The Role of Clustering in Rural Industriaization: A Case Study of the Footwear Industry in Wenzhou", *China Economic Review*, doi:10.1016/j.chieco.2007.11.001, pp.1-12.
James, Al (2005), "Demystifying the role of culture in innovative regional

economics". *Regional Studies*, 39(9), pp.1197-1216.

Knight, Frank H. (1921), *Risk, Uncertainty and Profit*, New York: Cosimo Classics.

Lundvall, B. A. (1992), *National Systems of Innovation: Towards a Theory of Innovation and Interactive Learning*, London: Pinter.

Martin, Ron (2009), "Rethinking regional path dependence: beyond lock-in to evolution", *Papers in Evolutionary Economic Geography*, Utrecht University, http://econ.geo.uu.nl/peeg/peeg0910.pdf, pp.1-41.

Naugton, Barry(2007), *The Chinese Economy: Transition and Growth*, Cambridge: The MIT Press.

Nooteboom, Bart (1999), "Innovation, learning and industrial organization", *Cambridge Journal of Economics*, 23(2), pp. 127-150.

Oerlemans, Leon A. G., Marius T. H. Meeus (2005), "Do Organizational and Spatial Proximity Impact on Firm Performance?", *Regional Studies*, 39(1), pp.89-104.

Porter Michael (1990), *The Competitive Advantage of Nations*, New York: The Free Press.

__________(1998), "Clusters and The New Economics of Competition", *Harvard Business Review*, 76(6), pp.77-90.

__________(2003), "The Economic Performance of Regions", *Regional Studies*, 37(6-7), pp.549-578.

Rocha, Hector O. (2004), "Entrepreneurship and Development: The Role of Clusters", *Small Business Economics*, 23, pp.363-400.

Rong, Xianping (2005), "Research on China's Small and Medium-Sized Enterprises's Cluster Development Model", *The Chinese Economy*, 37(5), pp.7-18.

Saxenian, A. (1994), *Regional Advantage: Culture and Competition in Silicon Valley and Route 128*, Harvard University Press.

Torre, Andrė (2008), "On the Role Played Temporary Geographical Proximity in Knowledge Transmission", *Regional Studies*, 42(6), pp.869-889.

Torre, Andrė, Alain Rallet (2005), "Proximity and Localization, *Regional Studies*, 39(1), pp.47-59.

Walcott, Susan M. (2007), Wenzhou and the third Italy: entrepreneurial model regions, *Journal Asia-Paciffic Business*, 8(3), pp.23-35.

Wei, Yehua Dennis, Wangming Li, Chubin Wang (2007), "Restructuring Industrial Districts, Scaling Up Regional Development: A Study of the Wenzhou Model, China", *Economic Geography*, 83(4), pp.421-444.

Wei, Yehua Dennis (2007), "Regional Development in China: Transitional Institutions, Embedded Globalization, and Hybrid Economies", *Eurasian Geography and Economics*, 48(1), pp.16-36.

____________ (2009), "China's Shoe manufacturing and the Wenzhou model: perspectives on the world's leading producer and exporter of footwear," *Eurasian Geography and Economics*, 50(6), DOI: 10.2747/1539-7216.50.6.720, pp.720-739.

Yang, Mayfair M. (2000), "Putting global capitalism in its pace: economic hybridity, bataille, and ritual expenditure, *Current Anthropology*, Vol.41, No.4, pp.477-509.

(2004), "Spatial struggles: postcolonial complex, state disenchantment, and popular reappropriation of space in rural southeast China, *The Journal of Asia Studies,* 63(3), pp.719-755.

7
chapter

권역별 지역격차와 기술혁신 과제

1. 중국의 지역격차

개발도상국의 경제성장 과정을 살펴보면, 일반적으로 인구증가와 환경악화에 따라 개도국의 자연자원 가용비율은 점차 감소하게 된다. 따라서 개도국의 자원투입 위주의 경제성장방식은 점차 기술과 효율성을 제고시키는 방식이 주도하는 내생적 경제성장으로 전환하게 된다. 즉 기술혁신이야말로 경제성장을 촉진시키는 중요한 역할로 인식하게 된다는 것이다. 중국은 동부 연해지역 중심으로 개혁개방정책을 추진해 온 결과 중국의 지역불균형발전과 지역격차가 나타났다. 특히 동부 연해지역을 중심으로 경제가 발전되면서 지역 간의 불균형 발전문제가 크게 부각되었으며, 이로 인하여 계층간, 도·농간 소득격차의 문제가 크게 확대되었다.

중국은 지역 간 격차가 큰 국가이기 때문에 각 지역의 기술혁신에 미치는 영향요인이 매우 다르게 나타난다. 또한 동일한 요인이라 할지라도 서로 지역이 다를 경우 기술혁신에 영향을 미치는 결과 역시 다르게 나타나고 있다. 따라서 중국에서의 지역격차를 이해하기 위해서는 중국 각 지역의 기술혁신에 대한 차이를 분석하는 것이 중요한 의의를 지닌다 하겠다.

본 장은 중국내 각 지역 간 지역격차가 기술혁신에 미치는 영향을 분석하고, 영향요인을 규명하자는데 있다. 이와 동시에 중국 지역의 기술혁신에 영향을 미치는 제약 요인을 정확히 분석함으로써, 지역정부의 기술혁신 정책을 제정하는데 고려해야 할 정책적 요인이 무엇인지 살펴보고자 한다. 이를 통해 중국 각 지역의 기술혁신 능력의 향상과 지역경제 발전을 촉진시키는 데에 필요한 상관관계 요인들을 분석하고자 한다.

그러나 여기에서는 중국 각 지역 혁신에 대한 미시적 환경차이가 기술혁신에 미치는 영향을 고려하지 않고 있다. 그러므로 기술혁신의 영향요인을 분석할 경우 중국 각 지역의 기술혁신에 대한 투입요인의 효율성에 차이가 없다고 가정하고 있다. 또한 중국 각 지역이 보유하고 있는 기술혁신역량의 차이가 기술혁신 효과에 미치는 영향을 다루지 않았다. 본 장의 내용은 먼저 기존 연구 검토와 자료의 구성 및 연구방법을 제시하고자 한다. 다음은 기술혁신 영향에 대한 지표분석으로 그 결과 및 토론, 그리고 마지막 결론부분으로 구성되어 있다.

2. 지역격차와 연구방법

1) 중국의 지역격차

중국의 개혁개방은 그 추진과정 속에서 역동적이고 근본적인 제도변화를 경험하였다. 그러나 다른 한편으로는, 중국 사회 전반에 걸쳐 사회 갈등을 야기하는 계층 간의 소득격차, 지역격차 및 지방 보호주의의 대두, 소수민족 갈등과 농민 소요 등의 심각한 문제를 초래하였다. 이에 대하여 Keng(2006)은 1990년대 중국의 주민소득 격차는 미국과 매우 유사한 수준을 보이고 있었지만, 현재 중국의 지역격차는 미국이나 일본에 비해 두 배 이상에 달하는 심각한 불균형 경제성장임을 지적하였다. 중국은 '동부 연해지역 우선 발전전략'이라는 정책적 편향에 따라 지역 간 불균형이 심화되어 왔다. 예를 들면, 중국의 현대식 공업이 중국 동부 연해지역의 핵심지역에 집중되어 있어 지역격차의 심화는 불가피하였다.

또한 동부 연해지역을 중심으로 한 '불균형적 시장화의 요인'은 향진기업(鄕鎭企業)이나 외자기업(外資企業)으로 하여금 중국 동부지역에 편중되어 발전되게 하는 결과를 가져왔다. 따라서 대부분 중소기업 규모인 향진기업은 동부 연해지역의 농촌 공업화와 소득증대에 기여함으로써 동부지역의 경제성장의 토대를 마련함과 동시에 동부와 중·서부 내륙지역간의 성장격차를 형성하는 주요 요인으로 작용하고 있다.

일반적으로 중국의 지역격차에 관한 연구는 시계열에 따라 중국의 경제성장이 성간, 지역간, 도시와 농촌간의 불균형 발전으로 나타나는 격차문제들에 대하여 분석하여 왔고, 주로 주민 소득격차, 지역 소득격차, 가계 소득격차 등의 소득격차에 대한 실증적 분석을 다루고 있다. 중국의 지역격차에 대한 분석은 대체로, 첫째, Kuztnets(1973) 이론과 흡사한 역U자 곡선의 경향을 지역격차에 적용하려는 불균형 성장론, 둘째, 상품, 노동, 자본의 시장통합 분석을 통한 지역성장의 역동성을 규명하려는 시장통합론, 셋째, 국유기업의 쇠퇴 및 국유기업이 지역성장에 미치는 부정적 효과문제를 다루는 시장전환론, 넷째, 중국의 개혁개방에 따른 국제무역과 해외직접투자의 지역적 편중이 가져오는 효과를 설명하는 국제화론의 내용을 담고 있다.

먼저 Lyons(1991)는 1인당 국내 총생산의 변이계수(Coefficient of Variation)를 활용하여 동부·중부·서부 3대지역간의 격차와 30개 성(省)간의 격차를 분석하였는데, 그에 따르면 1990년대 이전까지

3대지역간의 변이계수(지역격차)는 모두 하락 추세에 있다는 것이다. 리온스의 연구는 1990년대 이전의 실제 현상을 분석하였는바, 1990년 이후에 성간 또는 3대지역간 변이계수(지역격차)가 모두 상승하는 추세를 보이고 있으며, 또한 3대지역간의 변이계수의 폭도 지속적으로 확대되어 온 것으로 파악하고 있다(趙曉斌·周兆天·湯兆培, 1996). 지역개발이란 단순한 경제성장을 넘어서 주민들의 삶의 질이나 생활수준을 향상시키는 것으로 정의 한다면, 1인당 GDP만으로 지역격차문제를 모두 설명할 수 있다고 볼 수는 없다.

이다만 중국의 지역격차에 대한 설명은 분석지표를 무엇으로 삼느냐에 따라 서로 상이한 연구결과들을 제시하고 있다는데 주목할 필요가 있다. 이들 연구는 국민소득, 사회 총생산, GDP와 GNP의 생산지표를 중심으로 하는 실증연구와 삶의 질이나 생활수준의 생활지표를 중심으로 하는 실증연구로 대별되고 있다. 예를 들어, 첸과 플라이셔(Chen & Fleisher, 1996)의 연구는 1978년 이래 성(省)간의 경제격차가 축소되고 있는 것으로 분석되고 있다. 이와는 달리 린이푸 등(林毅夫·蔡昉·李周, 1998)의 연구에서는 동일 기간 동일 성간의 경제격차가 확대되고 있는 것으로 분석되었다. 이와 같은 상이한 분석결과는 첸과 플라이셔는 1인당 국민소득과 1인당 GDP의 생산지표를 활용한 결과이며, 린이푸 등은 농촌 주민의 1인당 순소득과 도시 주민의 1인당 총소득의 생활지표를 활용한 결과이다.

이러한 상이한 분석결과는 사실상 실제적인 중국의 실태를 반영한 것이며, 중국의 지역격차 현상이 세 가지 특징을 보여주고 있다. 즉 Tian(1999)의 분석에 따르면, 최근 중국의 지역격차 양상은 첫째, 성간의 산출량(output) 격차는 축소되고 있으며, 둘째, 성간 생활수준(livelihood) 격차는 확대되고 있고, 셋째, 연해와 내륙 성간의, 특히 광동, 강소, 절강, 복건, 산동 등의 연해지역 성과 내륙지역 성간의 산출량과 생활수준 격차는 확대되고 있다는 것이다.[1] 이렇게 나타나는

1) Tian Xiaowen(1999)은 1인당 GDP의 생산지표와 농촌 주민의 1인당 순소

지역격차의 원인은 지역입지 우위(location advantage), 후발 우위(backward advantage), 시장화 정도의 효과(the influence of market orientation), 지역우대정책(the special policy treatment)에서 비롯된 것으로 지적하고 있다. 결국 티엔은 시장개혁의 강화와 세제개혁을 통한 내륙성분 지역의 정책적 우대 강화를 통해 지역격차 축소를 위한 대안으로 제시하면서 개혁개방 이후의 정책적 요인을 강조하고 있다. 그러나 앞에서 지적하였듯이, 중국의 지역격차 분석에 있어서 지리적 요인과 동부 연해지역 편향적인 우대 정책적 요인의 종합적 분석이 중요하다는 점이 간과되어서는 안 된다.

이러한 이유로 Demurger(2002) 등은 지리적 요인, 농업의 고용비중 및 GDP비중, 그리고 국제무역 및 해외직접투자실적을 평가지표로 활용하고, 우대 정책 요인으로는 1978년 개혁개방 이후 재정분권화개혁과 세제개혁(1994), 이중 가격제(dual track price system)의 실시, 경제특구정책 등을 통한 지역간의 1인당 GDP의 생산지표를 통해 변이계수를 활용하여 '지리적 효과'와 '우대 정책 효과'를 엄밀히 분석한 바 있다. 중국 지역격차에 대한 이러한 최근 연구들은 그 배경에 내생적 성장(endogenous growth)에 관계된 새로운 이론적 사고와 적용, 그리고 경제 지리(economic geography)에 관한 크루그만(Krugman, 1999) 등의 연구와 밀접한 관련이 있다.

이러한 분석결과를 종합하여 볼 때, 중국내 주류를 형성하고 있는 지역격차에 대한 관점에서 보면 개혁개방 이후 지역격차 빠르게 증폭되었을 뿐만 아니라 사회 안정에 심각한 영향을 미치고 있다고 진단하며, 심지어 국가분열이라는 심각한 문제를 발생시키고 있다고 보고 있다. 이러한 지역격차 주요 원인은 인문 지리적 요인 외에 개혁개방 이후 중국 중앙정부의 정책에 의해 조성된 것임을 지적하고 있다. 특히 개혁개방 이후에는 국가의 투자, 재정, 금융, 가격, 임금측면에서

득과 도시 주민의 1인당 총소득, 농촌 주민과 도시 주민의 1인당 소비를 중심으로 한 생활지표를 모두 적용하여 변이계수와 지니계수(Gini coefficient)를 활용하여 산출하였다.

볼 때, 연해지역에 대한 특혜정책, 그리고 이러한 특혜정책과 시장역량의 상호 작용 속에서 국내외 자본과 인력자원이 동부 연해지역에 빠르게 집중되는 과정에서 심화된 것이라고 설명하고 있다.

따라서 중앙정부의 투자편향 정책으로부터 재정적인 세수전이지불제도 방식으로 지역격차를 줄여야 한다고 지적하고 있다. 그러므로 중국정부의 사회경제정책이 낙후지역의 시장기회의 이용과 발전능력을 제고시키고자 하는 목표로 근본적으로 전환되어야 한다는 것이다. 또한 정부의 지역개발정책은 교통운수 등의 사회간접자본 조건과 주민 및 노동자의 교육과 건강수준을 개선시키는 정책에 초점을 두면서 낙후지역의 시장기회 이용 능력을 제고시켜야 한다고 지적하고 있다(林毅夫 · 蔡昉 · 李周, 1998). 그러나 본 장에서의 주된 초점은 이러한 중국 지역격차에 대한 이해를 전제로 하여 중국의 각 지역별 기술혁신에 영향을 미치는 투입요소를 분석함으로써 지역격차의 문제를 다루고, 또한 기술혁신에 영향을 미치는 각 지역별 제약요인을 규명하자는데 있다.

2) 지역격차와 기술혁신

중국 내에서 지역의 기술혁신에 영향을 미치는 요소는 일반적으로 두 가지로 구분하고 있다. 즉 기술혁신의 투입과 기술혁신의 환경이다. 기술혁신의 투입요소는 주로 기술혁신의 인력, 자금, 기술을 포함한다. 기술혁신의 환경은 일반적으로 국가의 기술혁신 지원정책, 국가의 기술혁신에 대한 기초 투자(기술혁신의 설비, 인력과 기초연구 등으로 구성)를 포함하고 있다. 예를 들어, 지역간의 기술혁신 활동에 대해 연구를 진행할 경우, 국가의 기술혁신 정책은 각 지역과 일치하기 때문에, 지역의 기술혁신에 미치는 기술혁신환경의 영향은 간과하게 된다. 따라서 기술혁신의 투입수준은 기술혁신에 영향을 미치는 주요 요소로 인식되고 있다.

기술혁신의 투입요소 중에서, 마궈두 등(馬國慶·柳宏志·汪蕾, 2003)은 기술혁신인력이 기술혁신에 영향을 미치는 주요 요소로서 기술 인력의 역량, 인원수, 연구방향이 기술혁신에 중요한 촉진 역할을 하고 있는 것으로 인식하고 있다. 그러나 다른 관점에서 본 첸쉐야(錢雪亞, 2004)는 중국 인력자본의 투자효율이 비교적 낮다고 지적하고 있다. 중국의 기술 인력과 기술선진국 사이에는 큰 격차가 존재하는데, 기술혁신활동은 점진적 누적과정이며, 인력자본의 투자 역시 장기적 과정이라는 것이다. 예를 들어, 국가가 우수한 기술 인력(예: 박사)을 육성하기 위해서는 십 수 년 간의 고등교육이 요구되는 바, 기술 인력에 대한 단기 투자로는 뚜렷한 기술혁신 효과를 얻기 힘들다는 것이다. 또한 단기간 동안 연구 인력수의 증가를 통해서는 기술혁신에 대한 효과가 분명치 않기 때문에, 국가는 반드시 인력자본의 장기 투자에 힘을 쏟아야 한다는 것이다.

기술혁신에 대한 투자 수준의 역할에 관해서도 역시 서로 다른 이견(異見)이 존재한다. 세계 각국은 이미 기술혁신에 대한 투자촉진작용을 매우 중요시하고 있으며, 또 기술 능력을 제고시키기 위해서는 반드시 기술혁신에 대한 투자를 필요로 한다. 그러나 기술혁신의 투자효율과 투자 방향에 대해서, 완쿤양(万坤揚, 2006)에 따르면 개도국은 당연히 응용연구의 투자를 확대하고, 기초연구 투자를 감소시켜야 한다고 인식하고 있다. 이러한 견해에 대해 또 다른 학자는 개도국은 원래부터 기술격차가 존재하고 있기 때문에 제한적인 기술혁신 투자는 기술선진국과 기술격차의 간격을 좁힐 수 없다고 지적하고 있다(李平, 2002).

한편 기술혁신에 대한 기술유동의 역할 역시 중국 내에 서로 다른 견해가 나타나고 있는데, 한 견해는 기술혁신의 주요 원천은 기술에 대한 모방 혁신이므로 첨단 기술의 유치는 기술혁신의 촉진에 일정한 역할을 하게 된다는 것이다(張明星·孫躍·朱敏, 2006). 또 다른 한편에서는 기술무역이 기술혁신에 대해 대체 작용을 하게 되는바, 기업이 일정한 자금을 기술유치에 투입할 경우, 이렇게 유치된 기술은 기술혁신을 대체하게 된다는 것이다(汪琦, 2006). 일반적으로 기술 유치 시 단기 비용은 매우 높지만, 기업이 시장에 제품의 출하시간을 절약함으로써 시장점유 비율을 효과적으로 확대시킬 수 있다. 또한 신제품 개발실패에 따른 위험을 회피할 수 있다고 지적하고 있다.

중국에서 외자기업(外資企業)의 기술혁신에 대한 투자 역할에 관해서도 역시 두 가지 견해가 나타나고 있다. 먼저 쉬궈밍과 바오원광(洗國明·薄文广, 2006)은 외자의 기술 파급은 기술혁신을 촉진시키지 않는다는 것이다. 일부 외자기업은 중국의 자원조건, 예를 들어 염가의 노동력과 자연자원을 활용하여 주로 제품의 가공 조립에 주력하고, 또 핵심기술은 외자기업에 의해 통제되기 때문에 외국기업의 대(對)중국투자는 기술혁신을 가져올 수 없다는 것이다. 이와 반대로, 호룬쉬와 관젠청(侯潤秀·官建成, 2006)은 외자는 기술혁신을 촉진시킬 수 있는데, 왜냐하면 외국의 다수 투자기업은 중국의 첨단기술 산업에 투자하고 있고, 노동생산성 향상과 산업구조의 고도화를 촉진시키고 있기 때문이다. 또한 외자기업은 기술과 관리 면에서 높은 수준을 갖추고 있기 때문에, 이런 변화에 적응하기 위한 중국의 관련 산업은 기술 혹은 관리면의 혁신을 유발시킬 수 있다고 지적하고 있다.

이상에서 보는 바와 같이, 기존 연구의 기술혁신에 대한 분석과정을 살펴보면, 독립변수가 기술혁신에 미치는 역할을 중점적으로 분석하고 있다. 그러나 자금, 기술과 인력은 기술혁신 시스템 중에서 서로 연관된 변수일 뿐 아니라, 또 어떠한 단일 변수의 변화도 기타 요소에 모두 영향을 미칠 수 있다. 이렇게 자금, 인력, 기술과 외자기업의 투자 사이에는 상호 보완적, 상호 대체적 역할이 존재하고 있다. 그러므로 이러한 변수들을 동시에 고려해야 하며, 각자 별개로 분석할 수는 없다. 따라서 이 연구의 계량 경제모형에서는 각각의 변수들을 통합하여 함께 분석함으로써, 기존 연구의 한계를 보완하고자 한다. 이와 동시에 지역격차에 대한 실증분석을 진행함으로써 분석모형의 추론을 통해

서로 다른 지역의 기술혁신에 영향을 미치는 주요 변수가 무엇인지 확인하고, 또 지역의 기술혁신 발전을 촉진시키기 위한 정책결정의 근거를 제시하고자 하였다.

3) 자료의 원천과 분석 방법

여기에서 사용된 통계수치자료는 「중국통계연감(1996-2005)」에 근거하여, 시계열 분석과 횡단면의 합동 자료에 의존하였으며, 계량분석 프로그램은 SPSS(11.5)이다. 또한 연구지표에 대한 설명은 다음과 같다. 즉 기술 인력은 중국 통계연감상의 환산지표를 사용하였으며, 연구 인력의 학력 상황이 서로 다르기 때문에 연구 인력의 인원수와 연구 시간의 환산에 근거하였다. 기술혁신 투자는 지역 내의 R&D 연구에 이용된 모든 투자, 즉 정부, 기업과 연구 기관의 투자를 가리킨다. 본 내용에서의 기술수준은 각각의 지역마다 구매한 기술협약 교부금으로 표시하였으며, 기술수준이 높은 지역에서는 역시 기술협약 교부금이 높았다. 이 점은 중국의 실제 상황과 일치하고 있다. 또한 외자기업의 투자지표는 각 지역에서 실제 이용된 외자기업의 투자액을 사용하여 표시하였다.

분석방법은 지식생산 함수의 확산모형과 기초모형에 근거하여 외자기업의 변수를 부가하였다. 그릴리치스(Griliches, 1998)는 Cobb-Douglas 함수식을 활용하여 기술혁신에 대한 요소투입의 영향관계를 분석하였으며, 기술혁신의 산출에 대한 평가는 특허수를 이용하였다. 기술혁신에 대한 투입요소는, 예를 들어, 기술수준, 연개개발비용, 기술역량을 포함하고 있다. 이에 대한 함수식은 아래와 같다.

즉 $Y = DC^{\alpha} L^{\beta} K^{\gamma}$ ------------------------(1)

이 식에서 D는 상수, C는 연구개발투자액, L은 기술인력, K는 기술수준, α, β, γ는 모수의 추정치이다. 본 연구 중에서는 외자기업의 투자 변수 F를 부가하였는데, 이는 해외직접투자(FDI)를 나타내며, 이 기본 모형에 대한 확장 모형은 아래와 같다.

$$Y = DC^{\alpha} L^{\beta} K^{\gamma} F^{\delta} \text{ ------------------------(2)}$$

(2)식의 모형에 대하여 로그변환을 전개하면,

$$\ln Y = \ln D + \alpha \ln C + \beta \ln L + \gamma \ln K + \delta \ln F \text{ -----------(3)}$$

그리고 이 전환 모형(3)식에 대해 다중회귀분석을 전개하였다.

3. 지역격차와 기술혁신

1) 중국지역의 구분

전통적 지역구분으로서 중국정부는 지리적 위치에 따라 중국을 크게 3대 경제구역, 즉 동부 연해지역, 중부 내륙지역과 서부 내륙지역으로 분류한다. 전술한 바와 같이, 중국의 동부지역은 경제발전수준이 비교적 높고, 중부지역은 상대적으로 중등 수준이며, 서부 내륙지역은 경제발전수준이 상대적으로 낙후된 지역이다.

이는 단지 지리적 위치에 따라 구분된 것뿐이며, 경제적 요소의 분류기준을 포함하고 있지 않다. 따라서 여기에서는 서로 다른 경제구역 간의 기술혁신의 차이를 분석하기 위하여 경제구역에 따라 지역구분을 재편하고자 한다. 기술혁신의 성과는 특허권수에 준거하여 그 평균건수와 증가율에 따라 구분한 결과 4개의 경제권역으로 중국 각 지역을 분류할 수 있었다. 지역분류 과정에서 발생하는 분석오차를 줄이기 위해 수치의 차이가 비교적 큰 성시(省市)는 제거하였다. 따라서 수치 중에서 최고치와 최소치는 제거되었는바, 최고치는 광동성(广東省)이, 그리고 최소치는 청해성(青海省)과 서장성(西藏省)이 이에 해당되었다. 최종 분류된 지역의 권역구분은 아래 〈표 7-1〉과 같다.

〈표 7-1〉 특허권수에 따른 평균수 분류결과

지역구분	성분(省份) 시(市)
1권역	북경(北京), 상해(上海), 절강(浙江), 강소(江蘇), 산동(山東), 요녕(遼宁) (6개 성시)
2권역	복건(福建), 사천(四川), 하북(河北), 호남(湖南), 하남(河南), 호북(湖北), 흑룡강(黑龍江), 천진(天津) (8개 성시)
3권역	섬서(陕西), 길림(吉林), 중경(重慶), 안휘(安徽), 광서(广西), 운남(云南), 강서(江西), 산서(山西) (8개 성시)
4권역	내몽고(內蒙古), 신강(新疆), 귀주(貴州), 감숙(甘肅), 해남(海南), 영하(宁夏) (6개 성시)

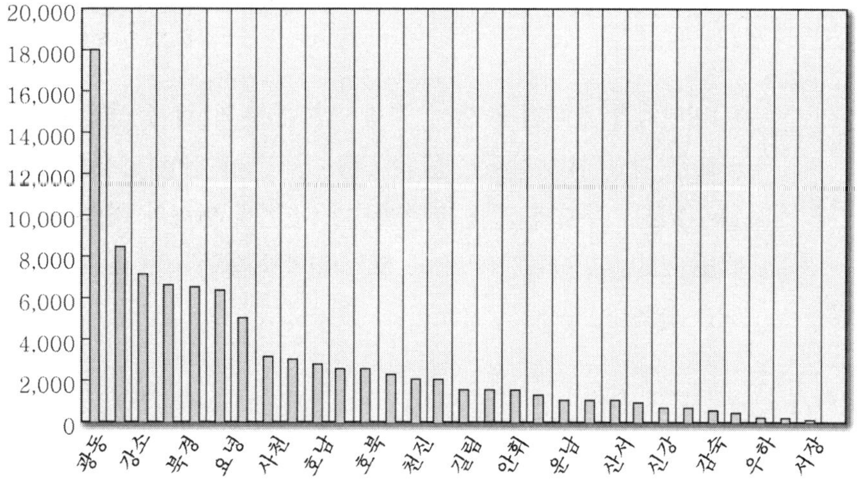

[그림 7-1] 1995년-2004년 사이 각 지역의 특허권수 분포(평균치)

2) 지역격차가 기술혁신 수준에 미치는 영향

먼저 북경 등 제1권역에서 지역격차 기술혁신수준에 미치는 영향 결과를 분석하면 <표 7-2>와 같다. 모형 검증결과 기술혁신에 영향을 미치는 변수는 R&D투자와 외자투자액으로 나타났으며, 기타 요소 즉 기술혁신 인력과 기술유동량과 같은 변수는 기술혁신에 현격한 영향을 미치지 않는 것으로 분석되었다. 분석결과는 아래 <표 7-2>와 같다.

<표 7-2> 제1권역의 기술혁신과 투입변수 모형 분석결과

Model	Unstandardized Coefficients		F	t	Durbin-Watson	R^2
	B	Std. Error				
(Constant)	1.437	.265	19.682	5.420	1.391	0.568
EXPEND	.250	.081		3.087		
FDI	.175	.057		3.069		

a 종속변수: PATENT(특허건수) 독립변수: EXPEND(R&D투자액)
FDI(외자투자액)

제2권역의 분석결과 역시 북경지역(제1권역)의 분석결과와 일치하는데, 모형의 검증결과를 통하여 볼 때, 기술혁신에 영향을 미치는 변수는 R&D 투자와 외자 투자액이다. 반면에 인력과 기술수준과 같은 기타 요소는 기술혁신에 큰 영향을 미치지 않는 것으로 나타났다(<표 7-3> 참조).

〈표 7-3〉 제2권역의 기술혁신과 투입변수 모형 분석결과

Model	Unstandardized Coefficients		F	t	Durbin-Watson	R^2
	B	Std. Error				
(Constant)	1.553	.208	37.816	7.473	1.182	0.496
EXPEND	.217	.056		3.843		
FDI	.151	.038		3.947		

a 종속변수: PATENT(특허건수)　　독립변수: EXPEND(R&D투자액)
FDI(외자투자액)

다음으로 제3권역인 중부지역에 대한 기술혁신모형의 분석결과 R&D 투자와 외자투자 변수는 기술혁신에 뚜렷한 긍정적(正) 상관관계가 나타나고 있다. R&D 인력투입과 기술혁신의 산출은 부정적(負) 상관관계를 보여주고 있는데, 이는 기술 인력의 효율성이 낮고, 인력의 임금지출이 기술혁신 투입의 대부분을 차지하고 있다는 것을 나타낸다. 그 결과 기술혁신의 발전을 억제하는 작용을 하고 있는 것으로 보인다(〈표 7-4〉 참조).

〈표 7-4〉 제3권역의 기술혁신과 투입변수 모형 분석결과

Model	Unstandardized Coefficients		F	t	Durbin-Watson	R^2
	B	Std. Error				
(Constant)	1.770	.161	48.061	11.011	1.522	0.658
RESEARCH	-.200	.063		-3.149		
EXPEND	.237	.062		3.813		
FDI	.177	.033		5.430		

a 종속변수: PATENT(특허건수)　　독립변수: RESEARCH(연구인력)
EXPEND(R&D투자)
FDI(외자투자액)

제4권역인 서부지역에 대한 모형 분석결과 기술혁신에 영향을 미치는 변수는 주로 R&D 지출, 외자기업의 투자액과 기술수준의 세 가지 변수였으며, 이 변수들은 기술혁신에 대해 모두 유의적인 촉진작용

을 하고 있는 것으로 나타났다. 반면에 R&D 연구인력은 기술혁신에 대해 큰 역할이 없는 것으로 나타났다(〈표 7-5〉 참조).

〈표 7-5〉 제4권역의 기술혁신과 투입변수 모형 분석결과

Model	Unstandardized Coefficients		F	t	Durbin-Watson	R^2
	B	Std. Error				
(Constant)	1.158	.340	5.918	3.408	2.255	
EXPEND	.095	.045		2.097		0.262
TECH	.148	.067		2.188		
FDI	.101	.050		2.019		

a 종속변수: PATENT(특허건수) 독립변수: EXPEND(R&D투자)
TECH(기술수준)
FDI(외자투자액)

4. 기술혁신 영향에 대한 지표분석

1) R&D 자금투입

분석결과 기술혁신에 영향을 미치는 변수 중에서 R&D 투자액은 각 지역에서 모두 중요한 지표로 나타났으며, R&D 투자액을 늘릴수록 기술혁신 성과를 촉진시킬 수 있다. 이는 각 지역이 기술혁신의 발전을 촉진시키고자 한다면, 반드시 연구개발에 대한 투자를 증가시켜야 한다는 것을 의미한다. 기술선진국의 기술개발 경험 역시 이러한 점을 증명해주고 있다. 즉 기술혁신 수준을 향상시키려 한다면, R&D 투자자금의 투입을 강화해야 한다는 것이다(Henny and Albaladejo 2002; Daniele and Coco, 2005; Hyvärinen, 1990; Smallbone, 1993 and North; Hassink, 1997 and Caniel and Romjin, 2003).

중국의 경제발전 지역은 상대적으로 자금이 풍부한 지역이라 할 수

있다. 일반적으로 첨단기술이 경제발전에 큰 촉진작용을 하고 있기 때문에 첨단기술에 대한 투자를 중시하게 된다. 따라서 R&D에 대한 투자가 비교적 높게 나타난다. 반면에 인력투자에는 장기적 효과가 있음에도 불구하고, 대개 R&D 인력에 대한 투자는 크게 중시하지 않고 있다. 또한 기술격차의 존재와 R&D 인력의 투자에는 장시간의 경과 후에 효과가 나타나므로 일반적으로 투자기간을 더욱 축소하고자 한다. 시장의 경험에서 보여주는 결과는 개도국일수록 기술단계의 격차가 있기 때문에 인력에 대한 투자효율이 상대적으로 낮다는 것이다. 그리고 처한 상황이 다양할수록 경제의 발전을 촉진시키고 기업이윤을 증가시키기 위해서는 일반적으로 기업이 기술구매를 선택하거나, 기술에 투자하는 반면, 인력 자본에 대한 투자는 하지 않는다는 것이다.

2) 외국기업의 투자 영향변수 분석

첨단 기술산업에서 외자기업이 하고 있는 역할 중 관련 지표의 분석을 통해 살펴보면, 외자기업이 첨단 기술산업의 발전에 중요한 역할을 담당하고 있음을 알 수 있다(〈표 7-6〉 참조).

〈표 7-6〉 2003년도 천진지역 첨단 기술산업의 주요 경제지표

		생산치		판매수입		이윤총액
연도	2002	2003	2002	2003	2002	2003
합계(%)	100	100	100	100	100	100
국유경제(%)	4.10	3.72	4.52	4.66	7.61	9.62
집체경제(%)	3.87	4.54	3.80	3.93	5.47	5.57
사유경제(%)	0.79	0.90	0.80	0.99	1.52	1.92
외자투자(%)	83.11	82.10	81.00	80.63	70.12	72.36
홍콩, 대만투자(%)	2.39	2.55	2.26	2.39	2.74	3.55
기타(%)	5.74	6.19	7.62	8.14	12.54	6.98

자료: 天津統計年鑒(2004).

〈표 7-6〉에서 보는 바와 같이, 외국 투자기업의 생산치와 판매수입이 첨단 기술산업에서 점유하는 비중은 모두 80% 이상을 차지하고 있다. 이 점에서 외자기업의 중국 첨단기술의 성장에 큰 역할을 감당하고 있음을 확인할 수 있다. 이렇게 첨단 기술산업에 대한 외자기업의 투자는 중국의 기술수준을 향상시키는데 중요한 역할을 담당하고 있다. 또한 외자기업의 투자는 시장에서 자금의 공급을 증가시키고, 일정 범위에서 중국 국내기업의 자금부족을 보충해 줌으로써 중국 국내기업이 기술혁신에 많은 자금을 투입할 수 있도록 하고 있다.

3) R&D 기술인력 분석

앞서 실증분석결과가 보여주듯이, 중국 동부의 경제발전 지역과 서부의 경제낙후 지역모두 R&D 인력이 기술혁신에 미치는 영향은 모두 유의적이지 않은 것으로 나타났다. 중부지역에서는 오히려 R&D 인력과 기술혁신관계가 부정적 상관관계가 나타났는데, 이는 기술혁신 인력의 증가는 기술혁신수준을 향상시키는 데에 제한적이라는 것을 반증한다. 기술혁신 인력은 서로 상이한 업무효율성을 지니고 있다. 또한 어떤 경우에는 인력의 증가가 관리상의 어려움과 비용을 증가시킬 수 있으며, 기술혁신의 효과 역시 불명료하다는 것이다. 이는 개도국에서는 R&D 기술인력 역시 상호 일정한 격차를 지니고 있다는데 기인한다고 할 수 있다(〈표 7-7〉 참조).

중국의 R&D 인력구성을 살펴보면, 2000년 전국 평균 비율은 박사 5%, 석사 16%, 학부 78%을 차지하고 있다. 박사, 석사와 학부의 비중은 제1권역은 북경이 각각 8%, 21%와 71%를 차지하고 있다. 제2권역에서 천진은 2%, 11%와 84%, 제3권역은 강서성은 각각 2%, 10%와 88%, 제4권역에서 해남성 등은 각각 3%, 12%, 85%의 비중을 차지하고 있다.

〈표 7-7〉 2000년 중국의 연구기술개발기관의 연구 및 실험 인력 발전 현황

지역	#박사	#석사	#학사	R&D인력
전국합계(명)	7921	24563	116432	148916
R&D인력구성(%)	0.05	0.16	0.78	
제1권역				
합계(명)	5994	14541	50069	70604
R&D인력구성(%)	0.08	0.21	0.71	
제2권역				
합계(명)	767	4789	29496	35052
R&D인력구성(%)	0.02	0.14	0.84	
제3권역				
합계(명)	619	3033	27112	30764
R&D인력구성(%)	0.02	0.10	0.88	
제4권역				
합계(명)	258	897	6316	7471
R&D인력구성(%)	0.03	0.12	0.85	

자료 : 全國R&D資源淸査綜合匯編(2000).

연구인력의 학력구성을 살펴보면, 박사와 석사 비율의 합이 20%에 못 미치고 있으며, 약 80%의 연구인력이 학사 학력으로 연구인력의 학력수준이 역시 제한적이다. 따라서 이러한 연구인력의 증가로는 역시 기술혁신에 기여하기에 충분치 못하다. 중국의 중부지역 분석에서 발견되는 점은 연구인력의 증가와 기술혁신 사이에는 부정적 상관관계가 있고, 이에 대한 주요 원인은 연구인력의 학력이 낮다는 것이다. 1997년 한국 중소기업의 기술연구인력의 학력구성은 박사 33.1%, 석사 36.1%, 학부 27.4%로 나타났으며,[2] 인력자본의 수준에서 분석하면, 한국의 연구인력은 주로 박사와 석사가 대부분이고, 학사는 매우 적은 비중을 차지하고 있는 것과 매우 대조적이라 할 수 있다.

2) http://www.smba.go.kr

4) 기술유동과 구성요소 분석

실증분석결과 기술변화가 혁신에 미치는 영향은 주로 기술의 유동과 기술 구성의 두 가지 측면에서 나타난다고 본다. 중국내 상이한 각 권역마다 기술유동 현상이 서로 다르게 나타나고 있으며, 동시에 기술의 구성 역시 서로 다르다는 것이다. 기술의 구성은 기술개발, 기술이전, 기술자문과 기술서비스를 포함하는데, 기술의 발전단계가 분명하면 할수록 기술파급이 가능해진다.

기술혁신에 대한 기술 파급효과는 유의적인 영향을 미치는데, 일정 부분의 기술격차가 존재할 경우 기술낙후지역은 기술의 후발 우위를 이용하여 기술연구에 대한 기초투입과 전 단계 연구비용을 줄일 수 있다. 또한 이를 통해 시간과 투입을 절약할 수 있으며, 기술혁신에 대한 촉진작용을 가져오게 된다. 본 연구는 기술격차가 큰 지역이 기술혁신에 촉진작용을 초래할 수 있음을 설명하고 있다(〈표 7-8〉 참조).

〈표 7-8〉 2003년 중국 기술시장에서 기술유동 지역 통계

	합계	기술개발	기술이전	기술자문	기술서비스
제1권역	20.02	13.11	17.32	32.43	20.62
제2권역	6.95	5.68	6.37	8.07	7.49
제3권역	2.77	3.17	2.68	2.77	2.53

자료: 中國科技統計年鑒(2004).

위의 표에서 제4권역의 값은 1이며, 〈표 7-8〉의 수치는 기타 지역과 제4권역의 값을 비교한 것이다. 〈표 7-8〉에서 보는 바와 같이, 기술개발에 대한 투자는 제1권역과 제4권역의 비율이 13.11, 기술이전의 비율이 17.31, 기술자문 비율이 32.43, 기술서비스 비율이 20.62로 나타났고, 이는 서로 상이한 지역간에 기술격차가 비교적 크다는 것을 의미한다.

경제낙후 지역에는 기술경사도가 비교적 크기에 기술유치가 기술혁신에 커다란 역할을 할 수 있다. 중국의 서부지역은 기술수준이 낙후된 지역으로 기술유동이 기술혁신에 확실한 촉진작용을 가져 올 수 있다. 그러나 기술격차가 비교적 작은 기타 지역에서는 기업이 시장에서 신기술의 경쟁적 우위를 확보하고 제품이 우위를 점하기 위해서는 자신의 제품을 시장에 내놓고 주도적으로 시장혁신을 전개해야 한다. 시장에서는 성숙된 기술이 거래되기 때문에 기술혁신에는 크게 기여하지 못하는 것이 일반적이다.

5. 소결론

지금까지 중국내 권역간 지역격차가 기술혁신에 미치는 영향을 분석하였다. 그 결과 서로 상이한 권역의 경우 기술혁신에 영향을 미치는 변수 역시 서로 상이하다는 것이다. 권역에 관계없이 전 지역에서 R&D 투자와 외자기업의 투자액은 모두 기술혁신에 유의적으로 영향을 미치는 주요 지표라는 것이 밝혀졌다. 상대적으로 경제가 낙후된 지역인 제3권역과 제4권역에서는 기술혁신에 영향을 미치는 요소가 R&D 투자와 외자기업의 투자액 외에 제3권역에서는 R&D 인력이 기술혁신 수준과의 관계에서 부정적 상관관계를 나타냈으나, 제4권역에서는 기술유동과 기술혁신 수준과의 관계가 긍정적 상관관계를 나타냈다.

각 지역권역의 기술혁신 인력의 학력구성은 기술선진국과는 큰 격차를 보이고 있는 바, 이 점은 기술인력과 기술혁신 수준간에 뚜렷한 상관관계를 갖지 못하는 주요 원인이 되고 있다. 외국기업의 투자는 첨단 기술산업의 생산액과 판매수입에서 80% 이상의 비중을 차지하고 있는데, 이는 외국기업의 투자가 기술혁신에 뚜렷한 영향을 미치고 있다는 것을 반증한다. 경제가 낙후된 지역에서는 비교적 큰 기술격차가 존재하고 있기 때문에 기술상의 후발 우위가 기술혁신에 역할을 발휘할 수 있을 것으로 본다.

결국, 중국 각 지역의 특허권수에 따라 지역별 4대 권역으로 분류하고 지역별 기술혁신에 영향을 미치는 요인을 분석한 결과, R&D 투자와 외자기업의 투자가 공통적으로 유의미한 주요 지표라는 점이다. 또한 중국 지역정부의 기술혁신 정책 역시 각각 지역별 영향요인에 따라 달라야 한다는 점이었다. 이러한 연구결과는 지역격차와 기술혁신에 관한 기존 연구가 갖고 있는 한계를 보완하여 자금, 인력, 기술과 외자기업에 대한 변수들을 동시에 고려한 분석을 전개하였다는데 의의가 있다. 그러나 본 내용에서는 중국 각 지역의 기술혁신에 대한 투입요인의 효율성에 차이가 없다고 가정하였으며, 또한 중국 각 지역이 보유하고 있는 기술혁신역량의 차이가 기술혁신 효과에 미치는 영향을 다루고 있지 않다는 한계 역시 지니고 있다. 따라서 차후의 과제는 중국 각 지역의 미시적 환경차이 및 기술혁신역량의 차이가 기술혁신효과에 미치는 영향을 다루어야 할 필요가 있다.

참고문헌

馬國慶, 柳宏志, 汪蕾(2003), "非國有企業科技人員在技術創新中的作用調査報告", 科技和產業, 第8期, 5-47.

Kuznets, Simon, (1973). "現代經濟的增長 : 發現和反映," 載「現代國外經濟學文選」, 第3緝, 1981年, 北京: 商務印書館.

侯潤秀 官建成(2006), "FDI對我國大中型工業企業技術創新能力的影響", 硏究与發展管理, 第3期, 59-63.

胡鞍鋼, 王紹光, 康曉光(1995), 「中國地域差距報告」, 瀋陽: 了寧人民出版社.

林毅夫, 蔡昉, 李周(1998), "中國經濟轉型時期的地區差距分析", 經濟硏究, 第6期(總第362期), 46-53.

李平(2002), "論國際貿易与技術創新的關系", 世界經濟硏究, 第5期, 79-83.

錢雪亞, 劉杰(2004), "中國人力資本水平實証硏究", 統計硏究, 第3期, 39-45.

肖奎喜, 沈建國, 楊義群(2004), "技術創新和國際貿易互動關系的理論述評", 技術經濟, 第7期, 34-35.

万坤揚, 袁利金(2006), "創業投資与技術創新關系的實証分析", 工業工程与管理, 第1期, 72-76.

汪琦(2006), "日美鋼鐵業技術創新与貿易競爭优勢的實証分析", 亞太經濟, 第1期, 83-86.

冼國明, 薄文广(2006), "外國直接投資對中國企業技術創新作用的影響: 基于地區層面的分析", 經濟科學, 第3期, 106-117.

張明星, 孫躍, 朱敏(2006), "技術模仿、技術創新的戰略選擇模型和經濟增長", 当代經濟科學, 第5期, 86-90.

趙曉斌, 周兆天, 湯兆培(1996), "改革後中國經濟發展的地區差異和發展趨勢分析", 中國社會科學季刊, 總第15期, 44-59.

天津市統計局, 「天津統計年鑒(2004)」.

全國R&D資源淸査綜合匯編(2000).

中國科技統計年鑒(2004).

http://www.smba.go.kr

Caniel, M.C.J. & H. A., Romjin(2003), "SME clusters, acquisition of technological capabilities and development: concepts, practice and policy lessons, *Journal of Industry, Competition and Trade*, 3, 187-210.

Chen, J. & Fleisher, Belton M.(1996), "Regional income inequality and economic growth in China", *Journal of Comparative Economics*, 22, 141-164.

Daniele A., A. Coco(2005). "Measuring technological capabilities at the country level: a survey and a menu for choice", *Research Policy*, 34, 175-194.

Demurger, S., J. D. Sachs, Woo Wing-Thye, Bao Shuming, G. Chang and A. Mellinger(2002), "Geography, economic policy and regional development in China," Harvard Institute of Economic Research, *Discussion Paper*, Number 1950.

Grilliches, Zvi.(1998), *Practicing Econometrics: Essays in Method and Application*, Northampton, Mass.: Edward Elgar.

Hassink, R.(1997), "Technology transfer infrastructures: some lessons from experiences in Europe, the U.S. and Japan", *European Planning Studies*, 5(3), 351 - 370.

Henny R. M. Albaladejo(2002), "Determinants of innovation capability in small electronics and software firms in southeast England", *Research Policy*, 31, 1053-1067

Hyvärinen, L.(1990), "Innovativeness and its indicators in small and medium-sized industrial enterprises, *International Small Business Journal*, 9 (1), 64-79.

Keng, C. W. Kenneth(2006), "China's unbalanced economic growth," *Journal of Contemporary China*, 15(46), 183-214.

Krugman, Paul R.(1999), *The Return of Depression Economics*, New York: W. W. Norton.

Lyons, T. P.(1991), "Inter-provincial disparities in China: output and consumption, 1952-1987", *Economic Development and Cultural Change*, 4, 471-505.

Park, A.(2002), "Four stories of regional inequality in China," Presentation Paper, An Internatioanl Syposium in Equity and Social Justice in Transitional China(Beijing University).

Smallbone, D., R. Leigh and D. North(1993), "The use of external assistance by mature SMEs in the U. K.: some policy implications", *Entrepreneurship and Regional Development*, 5(3), 279 - 295.

Tian, Xiao-Wen(1999), "Market Orientation and Regional Economic Disparities", *Post-Communist Economics*, 11(2), 161-172.

Zhao, X. B. and S. P. Tong(2000), "Unequal economic development China: spatial Disparities and regional policy reconsideration, 1985-1995," *Regional Studies*, 34, 549-561.

8
chapter

재정체제개혁과 지방정부

1. 재정체제개혁과 지방정부의 역할변화

개혁개방이후 재정체제에 대한 개혁은 중앙과 지방의 재정관계, 그리고 정부와 기업간의 재무관계를 변화시킨 핵심요인이다. 개혁개방이후 특히 지방정부는 더 이상 중앙정부의 행정적 대리인에 머물러 있지 않고, 지역경제를 관리하는 주체로 부상하였다. 먼저 1980년대 진행했던 재정분권개혁은 중앙정부가 더 이상 지방의 지출을 위한 예산의 할당을 보장하지 않으려는 시도에서 출발하였다. 그러나 결과적으로는 중앙으로의 재정상납 후에 일정 재정수입에 대한 보유를 허락했다는 점에서 지방정부의 경제적 활동에 상당한 인센티브를 부여하였다. 그런 점에서 중국 학자들 사이에 중앙과 지방정부의 사이의 재정적 인센티브 구조는 개혁개방이후 지방정부의 역할변화와 행위패턴을 설명하는 중요한 요소로 받아들이고 있다.

전반적으로 중국의 재정개혁은 1980-1993년 사이의 재정도급계약제(財政承包制)와 1994년 이후 현재까지 분세제(分稅制)의 실시를 그 특징으로 하고 있다. 재정분권화개혁을 추진했던 중앙정부의 목적은 단순히 재정수입과 지출의 분권화 형식을 통하여 전체적으로 중앙 지출의 부담을 줄이면서, 동시에 지방정부의 적극적 경제활동을 통해 전체 중국 경제의 빠른 성장을 가져오고자 한 것이다.

그런데 이러한 환경적 변화로 인해 중국에서는 시장경제의 활성화 뿐만 아니라 지방정부의 경제적 활동이 촉진되기에 이르렀다. 새롭게 변화된 재정분권체제에서 지방정부의 역할변화와 경제성장을 두고 혹자는 시장과 지방정부의 상호역할을 근거로 시장체제로의 전환이 경제성장에 결정적이었다고 주장하기도 하였다. 반면 동아시아적 국가역할에 주목하는 학자들은 개발국가적인 지방정부의 기업가적 역할이 결정적이었다고 논박하였다. 이들 논쟁에서 전자를 주장하는 논점은 시장전환론(Market transition theory)[1]로, 후자는 지방정부 조합주의(Local state corporatism)로 대표되었으며, 이들 주장은 두 가지 점에서 서로 상이한 이론적 설명을 시도하였다.[2] 이들 논쟁은 먼저 중국에서 시장제도의 도입은 당 간부와 농민사이의 경제적 불평등을 완화시키는 평등화효과를 가져온다는 입장과 이와 반대입장에서 출발한다. 그리고 시장전환론은 중국 농촌지역 경제성장과정에 대해서는 특히 향진지방정부와 기업(집체 향진기업과 개인기업)의 상호보완적 관계를 강조하였던 반면, 지방정부조합주의는 지방 당·정 간부 행정권

1) 주지하다시피, 중국은 1978년 농촌을 시작으로 개혁을 추진하였다. 78년에서 84년 사이에 추진된 농촌에서의 家庭聯產承包制을 체제외 개혁이라 부른다면, 1984년 제12기 3중전회의 결정을 중심으로 추진된 도시개혁은 체제내 개혁으로 지적할 수 있다. 즉 도시개혁의 추진을 계기로 中共中央은 지령성 계획경제체제에서 시장경제체제로의 전환을 결정하였으며, 이러한 결정으로 나타나기 시작한 체제의 근본적 변화의 과정을 일반적으로 전환경제 혹은 시장전환이라는 용어로 설명하고 있는 것이다.

2) 간단히 지적하자면, 시장전환이론은 특히 중국의 계획경제체제에서 시장경제로의 전환은 당·정 간부의 행정권력을 제한하며, 개혁개방의 새로운 수혜자 계층을 형성하였다는 지적을 하고 있다. 반면, 지방정부 조합주의(혹은 권력 전환론)는 중국의 지방 간부는 여전히 관료적 지위와 행정권력을 기반으로 개혁개방의 수혜적 경제이익을 여전히 누리고 있다는 견해로 서로 대립되는 주장을 전개하고 있다.

력의 중요성과 지방간부의 기업가적 역할에 대한 주장에서 개혁개방 초기 중국의 경제성장에 대한 서로 다른 설명을 전개하였다.

그러나 이들 두 이론은 전체적으로는 신제도주의적(New Institutionalism) 관점에서 정부와 시장제도와의 관계를 설명하고 있다는 공통적 측면을 지니고 있었다. 시장전환론은 기업과 지방정부의 연합을 설명하고 있는데, 즉 거래비용을 줄이고 이윤을 창출하고자하는 기업과 시장 조절적 기능을 가지고 있는 중국 지방정부 사이의 연합을 상호 행위 규칙의 변화와 새로운 제도적 변화(institutional arrangement)로 설명하였다. 이 제도적 변화는 정부와 기업의 상호 연합관계를 형성하는 조합주의적 배열(corporatist arrangement)을 의미한다는 것이다. 그러나 지방정부 조합주의는 지방정부의 기업가적 역할에 더 초점을 맞추면서, 조합주의(corporatism)를 시장전환과정에서 지역 경제성장을 위한 지방정부의 코포라티즘적 발전전략(developmental corporatist strategy)으로 이해하였다.

이들의 상반된 논쟁이 시사하고 있는 핵심적인 의미는 중국에서 재정체제의 분권개혁과 시장제도의 형성은 정치, 사회, 경제부문을 막론하고 각각의 교환·거래관계에 있어 지방정부를 포함한 경제행위주체자의 인센티브구조를 확립하였다는 것이다. 즉 기업은 이윤을 최대화하기 위해 투자하고 기술을 선택하는 반면, 지방정부는 자신의 이익을 최대화하기 위해 정책을 선택하는 제도-유인적 행위경향을 갖게 되었다는 것이다(Shuhe Li and Peng Lian, 1996). 이러한 재정분권체제에서 비롯된 지방정부와 시장제도의 관계는 지방정부의 자주적 행위영역과 시장의 경쟁적 메커니즘을 동시에 보장하는 특성을 가지게 되었다. 그러나 중국에서 이러한 제도의 형성과 변천은 북경대 린이푸(林毅夫)교수가 지적한 바와 같이, 중앙정부의 정책과 법령에 의해 나타나는 '강제적 제도변화'에서 유래하고 있다. 즉 중국의 지방정부는 과거 계획경제체제에서 가능하지 않았던 이익의 추구의 동기가 시장체제로의 전환과정에서 발생하였으며, 더욱이 새로운 재정제도에 의한 세수체계는 지방정부의 역할을 규정하는 또 하나의 중요한 규칙으로 작용하였다는 점이다. 이러한 논거를 중심으로 본장에서는 특히 개혁개방이후 중국의 재정분권체제의 특징을 파악하며, 그리고 무엇보다 재정체제개혁과 지방정부의 역할의 변화에 중점을 두고 이를 설명하고자 한다.

2. 중국 재정체제개혁과 재정분권

1) 재정분권화와 지방정부의 권한

중국의 재정체제개혁의 내용을 이해하기 위해서는 무엇보다 중국의 개혁개방이 점진적으로 이루어졌다는 점을 상기할 필요가 있다. 즉 중국의 개혁은 구소련과 동유럽국가에서 추진된 급진적인 개혁(Big Bang)과는 달리, 계획과 시장을 점진적으로 결합시키는 개혁방식을 통해 출발하였다는 점이다. 그리고 1990년대에는 주로 시장경제체제로의 전환(market transition)에 주력하였다. 또한 2000년대에는 글로벌 생산사슬체계(global production chain)에 편입되어 중국의 수출경제가 급격하게 발전하게 된 것이다(스타인펠드, 2010). 무엇보다, 이러한 점진적 개혁방식의 일환으로 중앙정부가 지방정부에게 재정권한을 위임하는 재정분권체제로의 개혁을 추진하게 되었다. 이러한 과정에서 점진적 개혁방식으로 말미암아 불가피하게 계획과 시장이 서로 결합되어 있는 일종의 혼합경제(hybrid economy)형식인 '과도기체제(雙軌制體制)'[3]가 나타나기도 하였다. 그리고 부정적 영향으로는 도시와 농촌 사이의 수입격차와 동부와 중·서부 간 지역격차의 확대, 그리고 공공서비스 공급부족 문제, 산업구조의 불합리와 비효율성 문제

3) 중국의 경제학자 류궈광(劉國光)은 '과도기체게(雙軌制體制)'의 특징을 계획과 시장이 유기적으로 결합되어 있는 상태를 의미한다고 지적한 바 있다.

가 대두되기도 하였다.

이로 인해 중국의 개혁은 불완전한 계획과 불완전한 시장을 서로 연결시키는 정부의 역할이 때론 강조되었다. 특히 중앙정부의 재정권을 포함한 기업관할권 등의 경제권한이 분권화되기 시작한 상황에서 지방정부의 경제정책은 지역경제성장에 결정적인 영향을 미치게 되었다. 다시 말해, 중국의 지방정부는 특히 재정분권개혁을 통해 지역경제에 대한 자주적 관할영역과 이익창출을 위한 경제행위 동기(incentive)를 갖게 되었다. 이로 인해 중국의 지방정부는 한편으로 일반적으로 회자되었던 동아시아 정부의 역할과 유사한 성격을 가지고 있으면서, 다른 한편으로는 다음과 같은 점에서는 독특한 행위양식을 보이게 되었다.

첫째, 지방정부는 자신의 역내에서 정부 자신의 이익을 경쟁적으로 추구하는 기업가와 같은 경제행위자로서 활동하고 있다는 점이다. 지방정부는 지역기업과의 관계를 조정할 수 있는 권력자원, 즉 지방정부에 위임된 '기업관할 재산권(localization of property rights,)'을 가지고 경제활동에 적극 참여하게 되었다. 또한 지방정부는 기초인프라에 대한 투자와 외자의 유치활동 등을 통해 지역 경제발전에 대한 그 역할을 확대하였다. 특히 지방정부가 획득한 기업관할 재산권(企業產權: property rights)은 지방정부의 경제개입역할의 주요 원인이 되었으며, 이것은 기업에 대하여 '수익권과 자원배치의 통제권'을 향유하게 된다는 것을 의미하였다. 즉 경제권력 위임과정에서 지방정부는 지방기업에 대한 실질적 소유권과 기업의 경영과 관리에 대한 재산권을 확보하게 된 것이다.[4] 게다가 지방정부의 재정자주권과 더불어 3,000만(元) 이하의 인프라투자항목에 대한 투자심사비준권은 지방정부로 하여금 기업과 산업투자의 자주권을 행사하게 하였다.[5]

---

4) David Granick(1990), *Chinese State Enterprises: a Regional Property Rights Analysis*, Chicago: The University of Chicago Press, pp.20-25를 참조.

5) 王滬寧(1988), "中國變化中的中央和地方政府的關系: 政治的含意," 『復旦大學』,

둘째, 그렇지만 지방정부의 경제적 역할은 대체로 중앙정부가 설정하는 법제도적 환경(즉 제도적 환경)[6]에 제약받게 된다는 점이다. 특히 시장제도의 전환과 제정제도의 경제적 역할은 재정체계가 부여하는 인센티브에 따라 변화되는 경향을 보여주고 있다. 그리고 분권개혁과 더불어 시장기제의 점진적 발전에 따라 지방정부는 지역경제의 지속적 발전을 위해서 경제에 대한 정부 개입역할의 기본적 특징을 확립하기 시작하였다.

셋째, 단적으로 중국의 개혁은 지방정부에게 지역단위의 경제적 자주권을 의미하는 권한을 부여하면서, 지방정부는 재정과 인적, 물적 자원에 대해 자주적인 배분을 행사할 수 있는 행정관리권한(事權)을 가지게 되었다. 즉 지방정부는 지역 생산요소 배치와 경제운영을 조절할 수 있게 되었다.

따라서 중국학자들은 현재 중국의 지방정부가 중앙 국유경제의 기초단위이면서 지방국유경제의 '계획자' 혹은 '공유권 주체'로서, 그리고 기타경제와 전 지역경제의 행정관리자로서의 역할을 한다고 지적한 바 있다.[7] 중국의 지방정부는 중앙의 단순한 행정 대리인이 아니라 경제 대리인으로서 실질적으로 해당 지역사회의 복지를 담당하는 지역정권 기관으로서의 역할, 그리고 지역경제성장에 따른 정치적 승진과 경제적 보상 등의 행위동기를 갖는 정치행위자로 서 있는 것이다.[8] 특히 중국의 지방정부는 재정분권체계와 경제개입의 권력자원을 통하여 지방기업과의 특정한 거래관계를 발전시켜 나아가기 시작했다. 즉 중국

5, p.34; 李培林, *Ibid.*, p.223을 참조.

6) 이에 관한 설명은 林毅夫의 논문 "關于制度變遷的經濟學理論: 誘致性變遷與强制性變遷"참조. R. 科斯, A. 阿尒欽, D. 諾斯(等著), 財産權利與制度變遷: 産權學派與新制度學派譯文集, (上海: 上海人民出版社, 1995).

7) 範化理(1997), "地方政府行爲與企業集團的构建", 『經濟與管理硏究』, 5, p.44를 참조.

8) Susan L. Shirk, "The Chinese political system and the political of economic reforms", in Kenneth G. Lieberthal and David M. Lampton(eds.) (1992), *Bureaucracy, Politics and Decision Making in Post-Mao China*, California: University of California Press, pp.68-86을 참조.

의 지방정부는 개혁이후 이윤의 최대화를 목표로 하는 지방기업의 성장을 통하여 자신의 경제적 이익과 역할을 강화하고자 하였다. 그러나 다른 한편으로 기업의 입장에서 보면, 지방정부와의 관계가 개혁이전의 단순한 수직적 지배-복종관계[9]를 유지하고 있는 것은 아니었다. 기업 역시 이윤유보를 위한 지방정부의 내부적인 협상과정에 참여하기 시작한 것이다. 이점에 대해 리페이린(李培林) 등은 개혁정책의 실행이후로 지방기업이 정부와의 관계 조절과 시장 환경에의 적응이라는 이중적 상황에 직면하게 되었음을 묘사한 바 있다. 결국, 기업은 정부에 대해 상대적으로 기업자신의 이익을 관철시키고자 하는 목적에서 되도록이면 지방정부와 내부거래관계를 통한 협상을 적극적으로 전개하고자 하였다. 따라서 지방정부와 기업 사이에는 일종의 복잡한 교환관계가 형성되기 시작하였다.[10]

2) 지방간부행위의 정치, 경제적 동인

우리는 앞서 중국 지방정부는 일정한 수준의 경제정책결정권을 가지고 있기 때문에 중국 각급 지방정부로 하여금 경제개입 활동의 적극성을 띠게 되었다고 설명하였다. 이와 동시에 중국의 지방간부 역시 지역경제이익을 최대화하고자 하는 행위와 정책적 조치를 취하는 경향이 있었다. 개혁개방 초기뿐만 아니라 현재에도 물론 중국의 지방간부는 지역경제발전을 위한 지역경제 발전전략을 수립하는 등 적극적인 행동전략을 취하는 동시에 자신의 정치경제적 이익을 추구하는 성격이

---

9) Kornai는 헝가리의 개혁에 대한 경험적 연구를 통하여 국가사회주의체제에서 정부와 국유기업의 관계는 일반적으로 상호 수직의존적인 조직체계의 특징을 지니고 있고, 따라서 기업의 예산은 연성화된다고 지적하고 있다. 이 점은 전통적인 계획경제체제하에서의 중국에서도 마찬가지로 기업은 자원의 투여에 따라 단순히 생산하는 행정적인 사업단위로서 정부와는 상하 예속적인 수직관계를 가지고 있었던 것이다. 다음 Janus Kornai(1986), "The Hungarian reform process: visions, hopes, and reality", *Journal of Economic Literature*, 24(4), pp.1687-1737을 참조.

10) 李培林(1992), 『轉型中的中國企業: 國有企業組織創新論』, 濟南: 山東出版社.

비교적 강하게 드러내 보이고 있다. 지난 30여년의 개혁개방의 여정 동안 중국의 지방간부는 여전히 개혁개방정책의 수혜자로 등장하고 있다. 그리고 자신의 경제적 이익의 추구뿐만 아니라 정치적 승진이라는 보상을 위해 변함없는 개혁개방정책의 지지자로 활동하고 있다.

웡(Wong)은 일반적으로 개혁시기 중국의 지방간부를 경제 대리인(economic agents)으로 분류하고 있는데, 즉 현재의 경제 분권화 개혁은 지방간부에게 경제적 자원을 자유롭게 사용할 권력을 부여하였으며, 따라서 지방간부는 재정수입의 확보를 위해 자기지역 내에 일상소비품에 대한 과도한 투자[11]을 실시한다고 하였다(Wong, 1985). 그러므로 웡의 설명은 지방간부가 단순히 중앙정부의 행정 대리인이 아니라 경제제적 자율성을 지니고 있는 경제 대리인이라는 분석에 집중되어 있다. 또 한편으로, 셔크(S. Shirk)는 중국의 경제개혁은 경제행위 주체간의 이익분배구조를 재조정하였으며, 지방간부는 이러한 변화하는 환경 속에 중앙정부와 정치적 연합과 협상을 꾀하는 정치 행위자로 묘사하고 있다(Susan L. Shirk, 1993). 그러나 우리는 여기서 지방간부는 중앙과 지방간의 행정체계인 위계적 관료조직(multi-hierarchical organization: 혹은 雙重領導體制)에 예속되어 있는 속성을 지니고 있는 동시에, 자기지역 내에 역시 자율적인 경제행위 영역을 지니고 있는 사실에 주목할 필요가 있다.

각 지역의 자율적 경제행위 영역 내에서 지방간부는 기업의 감독, 생산분배, 지역무역정책, 은행의 대출과 세수의 처리 문제에 대한 경제통제권을 지니고 있다. 그러나 이러한 자율적 경제영역은 또 한편으로 각 지역의 경제, 사회사업의 발전과 해당 지역의 복지와 실업문제의 해결에도 주요한 책임을 지니고 있는 것을 의미한다. 그리고 더 나아가 지역의 경제발전과 그 지역의 복지, 실업문제의 해결은 지방간부의 정치적 실적으로 쌓이게 되는 것이다. 개혁시기에 만약 지방간부가

11) 개혁시기 중국 각 지역의 중복투자현상과 경공업 위주의 지역간 동일한 산업구조 현상을 가져왔는데, 이것은 자기 지역내의 지방간부의 과도투자 현상을 잘 설명해 주고 있다.

지역경제 발전의 목표에 도달하면서, 또한 지역의 복지와 실업을 해결하게 되면, 이는 특히 지방간부에게 그에 대한 적절한 보상과 직위의 상승이 주어진다는 것을 의미한다. 그러므로 중국 개혁의 지속적인 심화과정 속에서 지방간부는 보상과 승진의 기회를 얻기 위하여 지역경제의 성장과 각 지방정부 재정이익의 확대에 중요한 행위의 동기를 갖게 되는 것이다. 그러나 단 기간 내에 재정이익을 최대화하기 위한 지방간부의 일상 소비품에 대한 과도한 투자는 지역간의 중복투자 문제와 시장봉쇄, 그리고 지역간 지방 보호주의의 문제를 낳기도 하였다.

따라서 중국에서 지방분권화를 중심으로 한 재정체제개혁은 지방간부로 하여금 지역경제성장의 정치, 경제적 동인을 갖게 하였다. 지역경제의 발전을 위한 지방간부의 선택적이면서도 적극적인 행위전략은 전체적으로 볼 때 지방정부의 기업가적 역할을 구성한다. 특히 지방정부의 기업가적 역할은 중국 재정제도의 변천을 계기로 하여 지방정부의 재정자주권과 밀접한 관련을 맺고 있다. 다시 말하면, 지방간부의 정치적, 경제적 행위는 정부재정수입의 확대로 나타나게 되는 경제적 보상뿐만 아니라 정치적 승진을 통한 보상을 얻기 위한 것과 깊은 관련이 있다는 점이다. 이러한 맥락에서 개혁개방이후 지역경제성장을 위한 중국 지방정부의 경제적 역할 역시 재정제도의 변천과 깊은 관계성을 갖고 있다

3) 재정개혁과정과 지방재정수입

중국의 재정개혁은 1980-1993년 사이의 재정도급계약제(財政承包制)와 1994이후 현재까지 분세제(分稅制)개혁의 실시에 있다. 이러한 재정분권개혁을 추진하는 중앙정부의 목적은 재정수입과 지출의 분권화 형식을 통하여 전체적으로 중앙 지출의 부담을 줄이면서, 동시에 지방정부의 적극성뿐 아니라 기업에 활력을 불어넣어 전체 중국 경제의 신속한 성장을 가져오고자 한데에 있다. 그러나 1980년대 재정도

급계약제는 비교적 성공적으로 지방정부의 적극적인 역할을 촉진하였지만, 또 한편으로는 지방정부의 지나친 행정 간섭, 그리고 기업과의 연합관계는 비규범적이고 비생산적인 재정수입과 지출을 가져오게 하였다.

재정청부계약제는 중앙과 지방, 그리고 정부와 기업 사이의 계약을 기초로 한 세수지불관계를 형성하는데, 이는 지방정부와 기업사이의 상호 거래관계에서 나타나며 중앙의 재정수입에 포함되지 않는 '예산외 수입(豫算外收入)'[12]을 증가시키려 하였다. 이와 동시에, 기업에 대하여는 감면혜택을 주면서 지방재정수입을 극대화하고자 하였다. 따라서 재정도급계약제하에서의 중국 지방정부는 지역경제성장에 대한 적극성을 띠게 되었으나, 다른 한편 지방정부와 기업 사이에 형성되기 시작한 경제적 이해관계는 이 재정체계 자체의 한계로 드러났다. 그리고 80년대 주로 실시되었던 재정도급계약제의 또 다른 문제는 재정분권 형식을 통한 지출부담과 재정적자를 해소하고자 하는 중앙의 의도와는 달리, 계속해서 중앙정부의 재정적자를 증가시켰다.

일반적으로 초기 재정제도에서, 예를 들어, 도시지역의 재정수입의 원천은 (1) 관할 국유기업, 집체기업, 개입기업 이윤에 대한 세수와 판매이윤의 상납, (2) 도시 관리비와 건설세, (3) 지방세, 그리고 (4) 공공설비 사용세와 징수금에 의존하고 있었다. 그리고 점차 재정분권체제가 촉진되면서 도시 지방정부의 재정수입의 주요 원천이 시 관할 기업의 상공업세(工商稅)에 집중되어 이것으로 상급(上級) 정부와의 세제수입의 분배를 진행하게 된다. 이는 초기 재정 분권화된 세수체계가 재정수입의 극대화를 추구하는 지방정부행위에 직접적으로 영향을 미치게 되었다.

특히 1984년 이후 중국은 이윤상납을 세금납부 형식으로 바꾸는 '이개세(利改稅)'제도를 실시하면서, 중국의 기업은 간접세(생산세, 부

12) 행정수단을 통하여 수집한 각종 자금 基金을 의미하며, 따라서 재정상납의 비율에 포함되지도 않는다.

가가치세, 영업세)와 기업소득세, 조절세(調節稅)를 납부하게 되었다. 그리고 외국기업은 고정적인 상공업세(工商稅)만을 납부하도록 되었다. 그리고 1987년에는 청부도급책임제(承包責任制)가 기업소득세를 대체하였는데, 즉 도급계약에 따른 이윤상납이 세수교부를 대체하는 상황을 동반하였다. 따라서 국유기업은 정부와의 이윤상납에 대한 협상과정에 참여하기 시작하였으며, 정부와의 협상은 세수의 교부비율과 지불이윤의 총액을 결정하였다.

그러나 이러한 세수제도는 먼저 지방 국유기업과 지방예산사이의 직접적인 연계로 말미암아 지방정부는 지방산업기업의 보호를 통한 재정수입의 증가에 강한 동기를 가지게 되었다. 따라서 지방정부는 세수와 지출정책상 관할 기업에 대한 지역 보호주의 조치를 종종 취하게 되었다. 또한 지방정부는 '예산내수입(豫算內收入)'을 '예산외수입(豫算外收入)'으로 전환시키고자 하면서 기업 감면세의 범위를 확대시키고자 하였다. 즉 지방정부는 간접세에 대한 감면을 통하여 예산외 수입과 정부징수 자금 등 '비규범적인 수입'[13]을 증가시키려는 의도에서 예산내수입을 감소시키고자 하였던 것이다. 따라서 지방정부와 기업간에 이루어진 도급계약책임제(承包責任制)는 국유기업이 생산적인 투자결정을 게을리하고, 반면 지방정부와 국유기업, 그리고 지방은행 사이에는 바람직하지 못한 유착관계를 가져왔다.

지방정부는 지역경제의 공공목표를 수행하기 위한 합리적인 세수행위를 진행시키는 동시에, 정부부문의 간부, 사회복지, 행정에 드는 비용을 충당하기 위해 행정권력을 이용한 재정이익을 추구하는 행위를 하였던 것이다. 이에 상응하여, 지방국유기업은 세무와 자금분담 항목이 많을수록 기업 이윤유보 수준을 상대적으로 감소시켰다. 기업이 기술갱신투자자금이 필요할 경우에는 시정부의 기술개발정책, 감면정책에 의존할 수밖에 없었고, 상대적으로 자금 적립의 기회가 적었다.[14]

13) 지방정부의 '비규범적 수입'에 관한 설명은 다음을 참조. 樊鋼(主編)(1997), 『漸進改革的政治經濟學』, 上海: 上海遠東出版社.

14) 揚守德(1992), "成都市全民, 城市集體, 鄉鎮企業發展比較分析", 『工商管理』,

이러한 재정정책은 기업에게 지대추구의 기회를 제공하였다. 그러므로 초기 재정체제하에서 지방정부는 지방산업기업에 대한 내부거래 관계를 통하여 지방재정수입의 이익증가를 가져왔다.

그러나 정부예산과 지방기업간의 불투명한 연계는, Kornai(1985)가 지적한 것처럼, 예산제약이 연성화(軟性化)되는 과정을 초래하였다. Kornai의 입장에서 보면, 재정분권 개혁 이후에도 지방정부와 지방국유기업간의 관계는 계획경제체제에서 나타나는 이중적 조직의존체계의 기본 특징을 벗어나지 못하고, 반대로 재무관계상의 연계는 지방정부와 기업간의 내부 거래적인 협상관계를 강화시킨 것이다.[15] 게다가 재정도급계약제는 재정이익을 목표로 한 지방정부의 지대추구 행위를 가져왔던 것이다. 특히 중국의 여러 지방정부에서 목격되고 있는 바와 같이 세수와 지출정책상 채택한 비경쟁적 기업보호주의 형식은 중국 개혁에 있어서 재정분권의 효용을 감소시키는 부작용을 가져왔다.

따라서 중국 중앙정부는 합리적인 세제기초를 세우고, 중앙정부의 재정수입을 확대하기 위한 목적으로 1994년부터 분세제(分稅制)를 실시하기 시작하였다. 이 분세제 개혁은 중앙 지방간의 재정책임관계를 명확히 구분하고 중앙과 지방간의 세수행정체계를 분리하고자 하였다. 분세제는 말 그대로 권한, 세종, 관할을 구분한다는 것으로 중앙과 지방사이의 직권(事權)과 재정권(財權)관계를 효과적으로 처리하기 위함이다. 따라서 세금의 종류에 따라 중앙세와 지방세, 그리고 중앙과 지방이 서로 공유하는 공통세로 구분하는 분세제를 실시하였던 것이다. 이러한 분세제 시행의 결과 현재 나타나는 현상은 지방정부의 재정지출 부담이 증가하면서, 지방정부는 자신 스스로 재정을 조달하는 자기 의존적 '재정화과정'이 더욱 강화되는 국면이 전개되었다.

8, p.10을 참조.

15) Janus. Kornai(1985), "經濟改革設想和現實的對照", 『經濟社會體制比較』, 6, pp.13-14를 참조.

〈표 8-1〉 분세제 재정체제의 시범적 시행 방법*

1. 수입의 구분: 중앙재정고정수입, 지방재정고정수입, 중앙과 지방의 재정공동배분수입
(1) 중앙재정고정수입: 관세와 세관이 대신 징수하는 물품세, 부가가치세, 상공업통일세(工商統一稅)를 포함하여 (휘발유, 경유 등의)연료특별세, 특별소비세, 전문항목조절세, 외자 및 합자해양석유기업의 상공업통일세와 소득세, 담배 및 주류 가격인상 전문항목수입, 중앙인프라 대출반환원리금수입, 중앙소속국영기업의 기업소득세·조절세·상납이윤·정책성 적자보조금, 중앙부서소속 중외합자기업 기업소득세, 철도부·각 은행본점·보험회사의 영업세, 채무수입과 기타 중앙정부 귀속수입. - 석유부·(예전)수리전력부·석유화학기업본사·비철금속기업본사 소속 기업의 물품세, 부가가치세, 영업세의 70%를 중앙재정고정수입으로 잡는 방식을 고쳐 일반 물품세, 부가가치세, 영업세 중에 편입시키고, 새로운 중앙과 지방의 분할방법을 시행함. (2) 지방재정고정수입: 도시 정비 및 건설세를 포함하여 차량선박사용세, 가옥세, 도축세, 가축거래세, 공정무역세, 계약세, 상금세, 인지세. 특수 농업 및 임업 제품세, 지방국영기업소득세, 조절세, 상납이윤과 정책성 적자보조금, 집체기업소득세, 외자기업과 지방부문소속 중외합자기업소득세, 도농개체공상업자영업세와 소득세, 사영기업소득세, 개인소득세, 개인수입조절세, 국영기업임금조절세, 지방인프라 대출반환원리금수입, 염세, 공상세수세금체납금과 세금보충벌금수입 및 기타수입. (3) 중앙과 지방의 재정공동배분수입: 제품세를 포함하여 부가가치세, 영업세, 산업 및 상업통일세, 자원세, 배분비율은 소수민조지역에 대해서는 중앙과 지방이 2:8로 하며, 기타지역은 일률적으로 5:5로 배분함.
2. 지출의 구분
(1) 중앙재정지출: 중앙이 전면 관리하는 인프라투자를 포함하여 발굴 및 개조와 신제품 시험제작비, 간이건축비, 지질탐사비, 농업지원지출, 국방비, 무장경찰부대경비, 민간방공경비, 대외원조지출, 외교지출, 그리고 중앙급 농림수리사업비, 공업과 교통운수업부문 사업비, 문화와 교육 및 과학 위생사업비, 행정관리비, 공안국·검찰원·법원지출, 국내외채무 원금과 이자상환 지출, 중앙이 부담하는 가격보조금지출, 기타지출. (2) 지방재정지출: 지방이 총괄하는 인프라투자를 포함하여 지방기업의 발굴 및 개조와 신제품의 시험제작비, 간이건축비, 농업지원지출, 도시 정비 및 건설세, 지방 농림수리사업비, 공업과 교통운수업부문 사업비, 문화와 교육 및 과학 위생사업비, 행정관리비, 공안국·검찰원·법원지출, 민병사업비, 가격보조급지출, 기타지출 등. (3) 중앙이 주관하는 전문항목 지출: 특대형 자연재해구제비를 포함하여 가뭄 및 홍수예방보조비, 경제낙후지역 발전지원자금, 변경지역건설 사업보조비, 식량 및 식용유 가격인상분 등. 이 지출항목에 대해서는 중앙재정이 통일적으로 관리하여 전문항목 지출을 실시하며, 지방재정지출 도급범위에 포함시키지 않음.
(4) 시범지역은 상술한 수입 및 지출범위에 의거하여 상정함. 지방재정 고정수입과 공동배분수입이 지방재정지출 기준보다 큰 부분에 대해서는 5%의 점진적 증가비율에 의거한 도급으로 일률적으로 해결함. 지방재정고정수입과 공동배분수입이 지방재정지출 기준보다 작은 부분에 대해서는 중앙의 재정을 통해 정액보조하며, 소수민족지역에 대해서는 적절히 안배함.

주: *일부지역을 대상으로 테스트 방안으로 구성된 이 시행방법(안)은 중국 재정부가 1992년 6월 5일 반포하여 그 유효기간은 1997년 9월 8일까지임.

자료: 財政部(1992), "關于實行'分稅制'財政体制試点辦法", http://www.law-lib.com/law/law_view.asp?id=54734.

3. 분세제(分稅制)의 실시와 지방정부의 역할변화

1) 분세제의 실시

중국에서 재정제도의 개혁과 이로 인한 지방정부의 자주적 경제행위영역의 형성은 지역경제성장과정에서 정부의 역할을 설명하는 중요한 요소로 받아들일 수 있다. 그러나 위에서 상술한 바와 같이 1980년대의 재정도급계약제(財政承包責任制)는 지역경제성장에 있어서 지방정부가 적극성을 갖도록 동기유발을 하였으나, 그러나 또 한편으로는 지방정부는 기업에 대한 지속적인 행정 간섭과 거래관계를 통한 비규범적인 재정수입과 지출을 가져왔다.

중앙정부가 1990년대 결정적으로 이 재정도급계약제를 개혁하게 된 원인은 재정분권화형식을 통해 중앙의 지출부담과 재정적자를 해소하고자 하였으나, 오히려 중앙정부의 재정적자를 증가시켰다. 따라서 분세제로의 개혁에서 나타나고 있는 중요한 특징 중의 하나는 기업소득세와 유통세에 대한 개혁에 있었다. 기업소득세에 대한 개혁은 국유, 집체, 개체기업의 소득세를 통일시키고 기업이윤에 대한 단일세율을 적용하게 하였다. 즉 기업에 대해 최고 55%에 이르렀던 세수를 33%의 정상세율로 감소시켰던 것이다. 또한 유통세에 대한 개혁은 부가가치세를 주로 하고 소비세를 보충하여 조절하는 유통세 제도를 확립하였던 것이다.[16] 나아가 중앙정부는 기업에 대한 지방정부의 감면세 비준을 취소하였으며, 감면세 정책을 실행할 경우 국무원의 비준을 얻도록 했다.[17]

16) 何振一(1994), “1994年財稅改革擧措效果及問題剖析”, 『經濟硏究』, 4, pp.34-36을 참조.
17) 王紹光(1997), 『分權的底限』, 北京: 中國計劃出版社, p.120을 참조.

즉 1994년에 새로 도입된 분세제체제 하에서는 세금의 종류를 명확히 구분하여 재정세수체계를 확립하자는 데에 있었다. 이 분세제의 도입으로 중국의 재정세수체계는 비로서 세수정책의 투명성과 중앙·지방이 조세수입을 공동 배분하게 되는 규범화된 제도를 확립시켰다. 특히 중국의 분세제체제에서는 기본적으로 유동세(流轉稅)와 소득세를 중심으로 다양한 세금의 종류를 중앙과 지방의 여러 단계에서 징수하는 복합적인 세수체계를 구성하였다.

〈표 8-2〉 중앙, 지방의 재정수입과 비중

연 도	재정수입 (억 위안)			비중 (%)	
		중앙	지방	중앙	지방
1978	1132.26	175.77	956.49	15.5	84.5
1980	1159.93	284.45	875.48	24.5	75.5
1985	2004.82	769.63	1235.19	38.4	61.6
1990	2937.10	992.42	1944.68	33.8	66.2
1991	3149.48	938.25	2211.23	29.8	70.2
1992	3483.37	979.51	2503.86	28.1	71.9
1993	4348.95	957.51	3391.44	22.0	78.0
1994	5218.10	2906.50	2311.60	55.7	44.3
1995	6242.20	3256.62	2985.58	52.2	47.8
1996	7407.99	3661.07	3746.92	49.4	50.6
1997	8651.14	4226.92	4424.22	48.9	51.1
1998	9875.95	4892.00	4983.95	49.5	50.5
1999	11444.08	5849.21	5594.87	51.1	48.9
2000	13395.23	6989.17	6406.06	52.2	47.8
2001	16386.04	8582.74	7803.30	52.4	47.6
2002	18903.64	10388.64	8515.00	55.0	45.0
2003	21715.25	11865.27	9849.98	54.6	45.4
2004	26396.47	14503.10	11893.37	54.9	45.1
2005	31649.29	16548.53	15100.76	52.3	47.7
2006	38760.20	20456.62	18303.58	52.8	47.2
2007	51321.78	27749.16	23572.62	54.1	45.9
2008	61330.35	32680.56	28649.79	53.3	46.7
2009	68518.30	35915.71	32602.59	52.4	47.6

주: 국내외 채무수입은 포함시키지 않음.
자료: 중국통계국(2010), http://www.stats.gov.cn/tjsj/ndsj/2010/indexch.htm

그러나 분세제 역시 지방정부가 기업에 대해 갖는 재정수입뿐만 아니라 예산외수입 증가에 대한 동기를 크게 변화시키지 못했다.[18] 또한 분세제는 중앙과 성급(省級)에 해당하는 정부와 세금의 종류를 명확하게 구분하였을 뿐, 성급(省級) 이하의 지방정부의 예산은 상급 정부의 결정에 의존할 수밖에 없는 상황을 가져왔다. 다른 한편, 부가가치세의 75%와 소비세는 중앙으로, 그리고 영업세는 지방으로 귀속되는 분세제 체제하에서 자원이 비교적 풍부한 내륙지역으로서는 자원산업과 같은 2차 산업의 발전은 억제시키고 3차 산업의 발전을 촉진시키고자 하는 변화도 나타났다.[19]

그리고 2002년에 중앙정부는 다시 소득세를 50 : 50으로 서로 공동배분하는 세수개혁을 추진하여 2003년에는 또 다시 기업소득세와 개인소득세를 중앙이 60%, 지방이 40%로 나누어 갖는 공동세로 변화시켰다. 이에 따라 지방정부는 소유주처럼 기업에 대한 적극적 관리를 통해 기업으로부터 얻을 수 있는 재정수입이 감소하고 있는 반면, 지방정부의 고정수입으로 분류된 세종(稅種)에 대해서는 징수를 강화하는 경향이 나타났다. 즉 영업세는 지방정부의 주요 재정수입원이 될 수밖에 없었다. 또 지방정부는 재정수입 증가를 위해 토지사용권 임대수입과 같은 예산외수입원을 개발함으로써 지방정부 재정수입의 중요한 원천이 되었다.

결국, 분세제를 통한 재정분권개혁은 중국이라는 국가의 성격에 따라 경제적으로 다소 연방제 특성을 지닌 중앙과 지방간의 경제적 권한과 배분을 제도적으로 규범화시켰다는데 이견이 없다. 그러나 중국의 재정분권개혁은 비록 기업관리 역할과 기능 변화를 긍정적으로 가져왔음에도 불구하고, 공공재(public goods)의 제공이라는 전형적인 서비스형 정부로의 전환에는 아직 부정적 영향을 미치고 있다.

18) 張中華(1997), 『中國市場化過程的地方政府投資行爲研究』, 長沙: 湖南人民出版社, p.173을 참조.

19) '區域稅收政策'課題組(1998), "促進區域政策協調發展的稅收政策", 『改革』, 4, p.42를 참조.

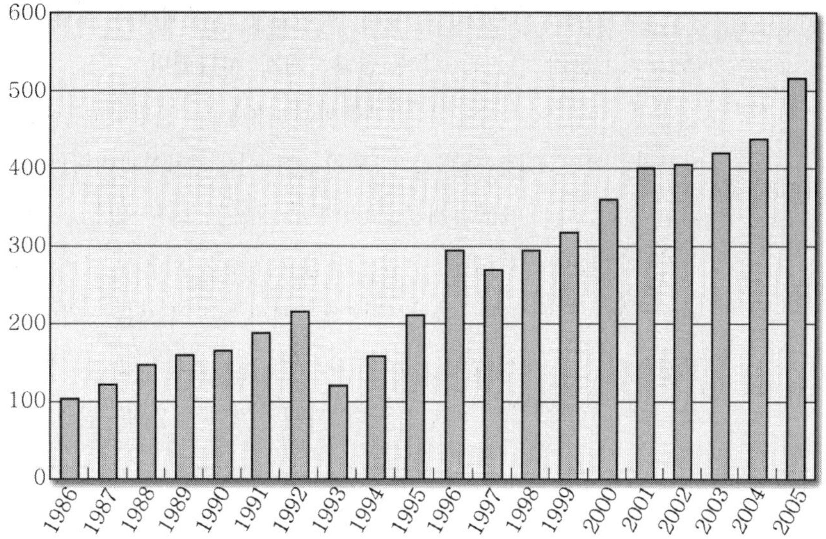

자료: Tano and Yang(2008), http://www.daliyang.com/files/Tao__and__Yao__revenue__imperative__and__local__government.pdf.

[그림 8-1] 지방정부의 예산외수입 총액

2) 분세제와 지방정부의 기업관리 역할의 변화: 사천성 성도시 사례

분세제의 몇 가지 미비점에도 불구하고, 예를 들어, 성도시(成都市)와 같은 도시지방정부는 분세제의 실시로 지역경제발전의 문제를 고려하지 않을 수 없게 만들었다. 즉 지역경제발전을 통한 자신의 재정력을 강화시키기 위해서는 지역자원구조상의 우위를 고려하지 않을 수 없게 만들었다. 특히 지방정부의 재정수입은 지역경제발전의 정도에 제한을 받기 때문에 지방정부는 국유기업에 대한 정책성 대출도 일정 정도 제한을 받지 않을 수 없었다. 또한 90년대에 이르러서는 현대기업제도의 실시와 지역간 시장경쟁이 더욱 심화되면서, 재정수입의 확대를 위한 지방정부의 '약탈식' 행위방식으로는 지역경제의 발전을 가져올 수 없었다. 따라서 성도시와 같은 경우에는 지방정부의 경제관리 기능과 역할의 변화를 시도하지 않을 수 없었다. 이에 따라 성도시정부는 경제관리 주관부문기능의 효율성과 시장체계의 확대를 위해서 정부의 기업관리 단계를 다시 변화시키지 시작했다.

먼저 시정부는 정부의 경제종합관리부문을 설립하였는데, 즉 시국유자산관리위원회(國資委)와 시무기구인 시국유자산관리국(國資局)을, 그리고 시정부는 전문관리부문을 정부기능을 갖지 않는 경제실체 혹은 국가가 권리를 부여한 국유자산경영단위와 자율성 산업관리조직으로 개조하였다.[20] 국유자산의 경영과정에서 법인주체를 의미하는 국유자산경영기구와 자산경영권을 가지는 국유자산경영회사, 국유자산투자회사 혹은 지주회사를 설립하였다(아래 [그림 8-2]를 참조).

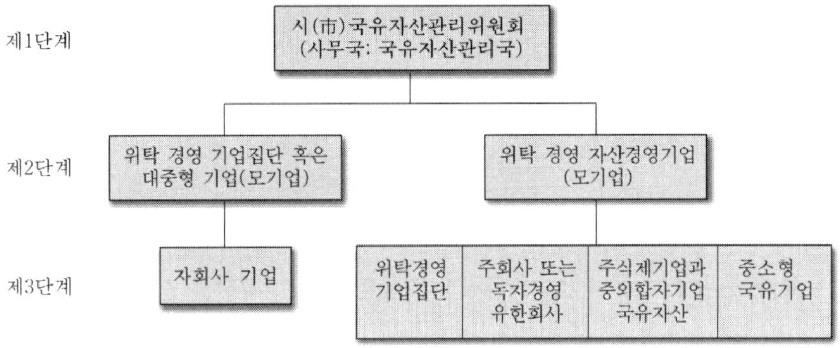

자료: 中共成都市委政硏室調硏組(1993), 『工廠管理』, 9, p.7.

[그림 8-2] 성도시 국유자산관리와 운영체계

이상의 관리단계를 보면, 국유자산에 대한 관리를 둘러싸고 성도시 정부는 정부의 행정관리 기능과 경영기능의 분리를 시도하고 있음을 볼 수 있다. 특히 시정부는 경제부문의 조정에 따라 역시 3단계의 감독기관을 구성하였는데, 즉 정부주체의 '정부국유자산 관리기구', 법인주체의 '국유자산 경영기구', 그리고 출자인주체의 '기업국유자산 감독기구'를 설립하였던 것이다.[21] 이러한 변화는 시정부가 기업주에서 주

20) 中共成都市委宣傳部和工交部, 成都市經濟委員會聯合調査組, *Ibid.*, p.12를 참조.
21) 中共成都市委政硏究室調硏組(1993), "改革國有資産管理體系加快市經濟體制改革", 『工廠管理』, 9, pp.5-6을 참조.

주로서 그 역할을 담당하는 기능의 변화를 추진하였으며, 따라서 국유기업의 주식기업제화가 점차 진행되었다.

또한 성도시정부는 국유자산의 합리적 유동과 효율적인 결합을 위해 은행, 보험, 증권, 신탁을 분업하여 경영과 관리를 하는 금융조직체계와 개방형 재산권거래시장(產權交易市場) 등의 금융시장체계를 건립하였다. 바꾸어 말하면, 성도시정부는 금융시장조직체계의 건립을 통하여 지방경제를 조절하는 거시적인 통제수단을 가지게 되었음을 의미한다. 즉 국유자산의 가치증식을 위해 성도시정부는 시장기제와 보조를 맞출 수 있는 계획과 금융·재정정책을 시행할 수 있게 된 것이다.[22] 그리고 성도시정부는 역시 중재기구(공증, 품질검사인증, 정보자문, 자산평가 등의 기구)와 산업협회, 산업 노동조합, 상업 회의소 등의 사회중개조직의 발전을 촉진함으로써 시정부, 기업과 중개조직 간의 일종의 연계망을 형성하였다. 이러한 점은 정부경제기능을 합리적으로 조정하고 시장기능을 강화시키기 위해 정부, 기업과 중개조직 간의 상호 협조관계를 형성하였다고 볼 수 있다.

정부기능 조정과 더불어 성도시정부(成都市政府)는 지역 간의 시장경쟁의 심화에 직면하여 다음과 같은 지방산업기업 발전정책을 취하기 시작하였다. 먼저, 지역경제에서 중점 육성기업과 기업집단화 전략을 추진하기 위하여 정부와 기업의 협력관계를 유도하였다. 즉 이러한 정부와 기업관계의 형성은 경제성장을 위한 지역 간의 경쟁압력 하에 이루어졌는데, 성도시정부는 판매수입이 2억 위안 이상이 되고 세금납부가 2,000만 위안 이상의 우수 기업에 대해서는 중점적으로 육성하는 정책조치를 취하고, 또한 우수기업을 횡적으로 결합시키는 기업집단화를 추진하였다. 그리고 중점 기업에게는 금융기구의 유동자금을 우선적으로 배치시키면서, 기술개조와 기초건설 그리고 과학기술개발 등에 관한 대출을 제공하였다.

22) 成都市人民政府(1995), "建設大市場促進大發展: 成都市市場體系建設的實踐与思考", 『城市改革与發展』, 5, pp.41-42를 참조.

둘째, 기업의 그룹화 개조 이후에는 성도시정부가 기업에 대한 직접적 행정 간여를 간접적 개입으로 점차 전환하기 시작하였다. 즉 국유재산권에 대한 적절한 중개조직(주식제 형식의 이사회와 감사회)의 대표를 통하여 성도시정부는 소유자로서의 권익을 보장하는 동시에 국유자산의 가치증식의 목표를 가지게 하였다. 이는 국유자산의 소유권은 국가에 속하지만, 그러나 국가를 대표하여 투자하는 부문 혹은 기구는 구체적으로 국유재산권을 행사하게 되었다는 것을 의미한다.[23)]

셋째, 성도시정부는 거시적인 계획과 금융・재정정책을 통하여 90년대 역시 국유기업의 채무가 심하고 기술개조자금이 필요한 상황에서 중점 육성 기업에 대해서는 중장기 유동자금을 제공하였다. 또한 은행대출을 통하여서는 국유기업의 합병을 추진함으로 국유자산의 구조조정을 추진하였다. 그리고 1994년부터 성도시정부는 '기업상납수입' 중에서 예산초과 부분의 80%를 기업발전자금, 적자자금, 공장장(廠長) 장려자금으로 조성해 기업 인센티브제를 만들었던 것이다. 이와 더불어 국유자산 관리단계상의 경영성 기업에 대해서는 2년치 이윤을 기업에 유보함으로 적자를 메우거나 생산경영자금으로 활용토록 하는 동시에, 국유기업의 경영상의 적자에 대해서는 적자보조나 재정보조정책을 취소함으로 기업이 스스로 기술개조나 경제효율을 높이도록 하였다.[24)]

결국, 90년대 현대기업제도의 추진과 더불어 분세제에 의한 세수체계 실시는 성도시정부로 하여금 재정이익을 도모하는 이윤분할과정을 점차적으로 정상적인 기업세수체계과정으로 변모시키는 동기가 되었다고 할 수 있다. 성도시정부의 기구개혁과정을 살펴보면, 정부의 기능이 시장기제의 발전을 인도하는 역할로 변화하고 있음을 발견할 수 있다. 또한 이러한 세수체계와 지역간 시장경쟁의 강화는 성도시정부

23) 成都市體改委, "成都市選擇50戶大中型企業進行建立現代企業制度試点", 『城市改革与發展』, 1994年 第11期, p.12.
24) 成都市政府, "成都市'优化資本結構, 增强企業實力'試点實施意見", 『城市改革与發展』, 1994年 第12期, pp.36-38.

와 국유기업간의 재무관계가 연성화되는 것에 어느 정도 제약을 가하기 시작한 것이다. 원래 성도시정부는 내륙의 공업기지로서 전통적인 계획체제의 영향이 지속되어 왔으나, 지역경제의 지속적인 성장을 위해서 점차 국유기업과 관련된 기술우위와 인프라환경의 발전 등을 통해 재정수입을 증가를 가져오고자 했다. 따라서 성도시정부는 점진적으로 국유기업에 대한 정책성 대출과정을 줄이고, 중점 육성기업에 대한 적절한 자원배분을 시도하였다. 그리고 국유기업에 대해서는 거시통제적인 조절수단으로 기업관리역할의 변화를 시도하면서, 지역경제발전을 위한 협력관계를 촉진하는 모습을 보이게 되었다.

3) 성도시정부 사례의 함의

경제체제개혁이후로 나타나기 시작한 환경적 변화는 지방정부로 하여금 상호 거래적인 기업과의 관계를 통해 적극적으로 지역경제이익을 추구하도록 하는 자극기제를 형성시켰다고 할 수 있다. 즉 지방정부의 경제적 이익은 많은 부분에서 지방기업에서부터 창출되어지며, 따라서 지방정부는 각각의 기업에 대한 각종 세수제도를 통하여 재정수입을 확보하고자 하고, 이것으로 지방산업의 발전을 또한 추진하고자 한다. 이러한 현상에 대하여 양두아롱(楊瑞龍)은 중국 지방정부가 지역경제의 빠른 성장의 추구와 그로 인한 이익획득의 기회를 가지면서, 이 규칙들을 제도화하는 새로운 제도창출의 동기를 통해 촉진되었다고 보고 있다.[25] 특히 동서(東西) 지역간의 경제발전차이의 원인으로 인해 이익획득의 기회가 비교적 작은 지방정부, 즉 중서부 낙후지역(中西部落后地域)의 지방정부로서는 지역사회의 총 산출량을 지속적으로 증가시키면서 경제적 성과를 가지고 올 수 있는 정부의 역할이 지역경제발전의 중요한 요소로 인식된다.

25) 楊瑞龍(1998), "我國制度變遷方式轉換的三階段論: 兼論地方政府的制度創新行爲," 『經濟硏究』, 1, p.6을 참조.

그러나 지방분권화 과정에서 지방정부의 역할이 지역경제성장과 밀접한 관련을 맺고 있다고 본다면, 서부내륙지역과 같은 낙후지역의 지방정부가 단순히 국유기업을 보호하는 측면에서 나타나는 단기적 역할만으로는 지속적인 지역간의 경쟁과 지역발전의 문제에 직면할 수밖에 없다. Blecher(1991)의 표현을 빌자면, 기업과의 수직적 관계를 통한 단기적 경제이익만을 추구한 지방정부의 '기업가주의적 역할'은 그 지역의 균형적 경제발전의 문제에 직면할 수밖에 없는 것이다.[26] 특히 지역간 시장경쟁의 심화와 국유기업의 계속되는 적자의 누적은 중·서부(中西)내륙지역의 도시 지방정부가 중점 산업기업과 지역경제의 발전을 위한 효율적이고도 선택적인 경제개입역할을 점차 선호하게끔 하는 압력으로 작용하고 있다. 게다가 중앙정부의 강제적인 재정제도의 변천에 따라서, 분세제(分稅制)의 실시 이후로 훨씬 강화된 지방정부의 자기-의존적 세수체계는 이 지역의 지방정부의 역할이 시장체계를 발전시키면서 정부의 기업에 대한 행정적 개입을 거시적 관리역할로 전환시키는 계기가 되었다.

사실, 성도시정부 역시 행정관료조직의 속성에 유래하고 있는 행위의 연속성을 보여준다. 그러나 시장화 개혁의 심화와 재정제도의 변화에 따라서 성도시정부의 행정간여는 정부기능의 조정으로 지역경제 개입역할의 전환과정을 겪기 시작함을 보여준다. 또한 정부기능의 조정은 정부와 시장간의 상호 보충적 역할로 집중되기 시작하는 특징을 보이고 있다. 이 과정에서 주목해야 될 점은 성도시정부는 시장제도의 심화와 재정제도의 변화를 통하여 점진적으로 국유산업기업에 대한 경제적 효율성 향상과 지역경제발전을 위한 정부역할의 능동주의(activism)를 가져오기 시작하였다는 점이다. 성도시정부의 사례에서

26) Marc Blecher(1991), "Development state, entrepreneurial state: the political economy of social reform in Xinji municipality and Guanghan county" in Gordon White(eds.), *The Road to Crisis: The Chinese State in the Era of Economic Reform*, London: Macmillan, 1991), pp.265-291을 참조.

보면, 정부역할의 능동주의는 시장질서를 유지하고자 하는 한 측면과 지역기업의 경쟁력 강화를 위한 선택적 역할에서 찾아볼 수 있다. Stiglitz(1998)의 주장처럼, 오로지 재산권의 사유화가 전제된 시장제도 하에서만이 시장경제의 인센티브가 발생하는 것은 아니며, 정부의 역할을 통해서도 기업에 대한 준시장적인 인센티브를 창출할 수 있는 것이다. 따라서 정부의 역할의 분석에 있어서도 개입행위 자체에 집중하기보다는 환경요소와 관련된 정부역할의 성격을 규명해 줄 필요가 있다.

참고문헌

에드워드 스타인펠드(2011), 「왜 중국은 서구를 위협할 수 없나」, 구계원(옮김), 서울: 에쎄.

樊鋼(主編)(1997), 『漸進改革的政治經濟學』, 上海: 上海遠東出版社.

葉孔嘉, 載沃니特·加勤森(主編)(1992), 『中國經濟改革』, 北京: 社會科學文獻出版社.

Kornai, Janus.(1985), "經濟改革設想和現實的對照", 『經濟社會體制比較』, 6, 13-14.

柳邦馳(1990), "對成都市財政狀況分析", 『財政科學』, 6, 47-49.

盛洪(1995), 『分工与交易: 一個一般理論及基對中國非專業化問題的應用分析』, 上海: 上海人民出版社

Stiglitz, Joseph(1998), 『政府爲什麽干與經濟: 政府在市場經濟中角色』, 鄭秉譯, 北京: 中國物資出版社.

世界銀行(1996), 『中國經濟: 治理通脹, 深化改革』, 北京: 中國財政經濟出版社

王紹光(1997), 『分權的底限』, 北京: 中國計劃出版社.

王政(1993), "成就, 差距与不足十五年改革驀回首: 對成都市經濟體制改革歷程的回顧," 『城市改革与發展』, 6, 30-34.

楊瑞龍(1998), "我國制度變遷方式轉換的三階段論: 兼論地方政府的制度創新行爲," 『經濟研究』, 1, 3-10.

張中華(1997), 『中國市場化過程的地方政府投資行爲研究』, 長沙: 湖南人民出版社.

中共成都市委政研究室調硏組(1993), "改革國有資產管理體系加快市經濟體制改革", 『工廠管理』, 9, 5-6.

中共成都市委宣傳部, 工交部和成都市經濟委員會聯合調查組(1984), "抓住機遇抓大放小扶强扶优解困: 成都市搞活國有工業企業的調查報告", 『經濟體制改革』, 2, 32-35.

『人民日報』 2004年1月16日.

Marc Blecher(1991), "Development state, entrepreneurial state: the political economy of social reform in Xinji municipality and Guanghan county" in Gordon White(eds.), *The Road to Crisis: The Chinese State in the Era of Economic Reform*, London: Macmillan.

Granick, David(1990), *Chinese State Enterprises: a Regional Property Rights Analysis*, Chicago: The University of Chicago Press.

Li, Shunhe and Peng Lian(1999), "Decentralization and coordination: China's credible commitment to preserve the market under authoritarianism", *China Economic Review*, 10(2), 161-190.

Nee, Victor(1996), "The emergence of a market society: changing mechanism of stratification in China", *American Journal of Sociology*, 101(4), 935-942.

Oi, Jean(1998), "The evolution of local state corporatism," in Andrew Walder(ed.), *Zouping in Transition: The Process of Reform in Rural North China*, Cambridge, Mass: Harvard University Press.

Parish, William L. and Ethan Michelson(1996), "Politics and markets: dual transformation", *American Journal of Sociology*, 101(4), 1042-1059.

Shirk, Susan L.(1992), "The Chinese political system and the political of economic reforms", in Kenneth G. Lieberthal and David M. Lampton(eds.), Bureaucracy, *Politics and Decision Making in Post-Mao China*, California: University of California Press, 1992.

Tao, Ran and Dali L. Yang(2008), "The Revenue Imperative and the Role of Local Government in China's Transition and Growth", http://www.daliyang.com/files/Tao__and__Yao__revenue__imperative__and__local__governmcnt.pdf.

Wong, Christine P.(1991), "Central planning and local particpation under Mao: the development of county-run fertilizer plants," in Gordon White(ed.), *The Chinese State in the Era of Economic Reform: the Road to Crisis*, London: Macmillan.

9 chapter

중국의 기체결 FTA 원산지기준에 대한 상호 비교

1. 중국의 기체결 FTA협정

1) 중국의 기체결 FTA협정 분석의 의미

현재 중국은 한국 경제에 가장 큰 영향을 미치는 나라이다. 한·중 교역액은 1992년 수교 당시 63.7억 달러에서 2007년에는 1,450억 달러로 22.8배의 급성장을 이루었다. 2004년부터 중국은 한국의 최대 교역국으로 부상하였고, 2008년 5월에 양국관계는 '전면적 협력 동반자관계'에서 '전략적 동반자관계'로 격상되었다. 따라서 한·중 FTA는 한국에 있어서 가장 중요한 FTA로 대두되고 있고, 동시에 한국경제에 가장 큰 영향을 미치는 FTA로 간주되고 있다. FTA협정에 있어서 가장 핵심적인 부분은 관세철폐와 원산지규정이며 특혜관세의 적용은 결국 원산지의 인정범위에 따라 달라진다. 따라서 FTA이행의 실효성은 원산지규정과 긴밀히 연관되어 있으며, 그래서 원산지규정의 중요성은 더욱더 증대될 수밖에 없다. 또한 한국과 중국의 이미 체결한 제3국지역과의 FTA 원산지규정은 서로 상이한 내용을 담고 있는데, 상이한 원산지규정으로 인한 부정적 영향을 최소화할 수 있는 방안에 대한 연구가 매우 시급하다.

사실, 중국은 적극적인 FTA추진전략을 실시하여 세계적인 FTA 네트워크를 구축하고 있다. 중국 학계에서의 FTA 원산지규정에 관한 연구에 있어서는 왕슈에핑(王雪平, 2008)과 우슈에펀(巫雪芬, 2007) 등이 중·아세안 FTA와 중·칠레 FTA 및 중·파키스탄 FTA 원산지기준에 관한 분석을 통해 중국이 향후 FTA 원산지기준을 강화할 필요성을 지적하였다. 또한 진홍메이(金紅梅, 2007)와 천샤오잉(陳妙英, 2007) 등이 중·아세안 FTA 원산지규정에 관한 분석을 통하여 향후 중국의 FTA 원산지기준의 다양화와 세번변경기준의 수용 필요성을 제안하였다. 그러나 아직까지 중·뉴질랜드 FTA 원산지규정에 관한 구체적 연구가 이루어지지 않고 있을 뿐만 아니라, 적극적이고 다변하는 중국의 FTA정책과 원산지규정에 부응하는 연구가 이루어지지 못하고 있다.

본장에서는 중국의 상무부와 학계의 FTA 원산지기준에 관한 문헌자료를 수집·정리하고, 중국이 이미 제3국지역과 체결한 4개의 FTA 협정문에서의 원산지기준을 체계적으로 비교 분석하고자 한다. 이러한 자료의 정리와 비교 분석을 통하여 우선 중국의 기체결 FTA협정에서의 원산지기준의 특징, 중국정부가 FTA 원산지기준에서 취하고 있는 기본원칙과 일관된 주장 및 중국의 FTA 원산지기준의 기본구조를 파악하고자 한다. 이점은 중국정부의 이러한 기본원칙과 일관된 주장이 한·중 FTA 원산지기준에 관한 협상에서도 여전히 반영될 수 있기 때문이다. 그리고 중국의 기체결 FTA 원산지기준에 관한 비교 분석을 통해 이들의 유사점과 차이점을 규명하고, 뿐만 아니라 중국의 FTA 원산지기준의 새로운 변화와 추이를 도출하고자 한다. 이러한 변화와 추이로부터 한국에 유익한 여러 가지 시사점을 얻을 수 있는 것이다.

2) 중국의 FTA 추진현황

2007년 10월 15일 중국공산당 제17차 전국 대표대회에서 후진타오 총서기는 향후 전면적인 'FTA전략을 실시할 것'[1]이라고 하였다. 'FTA전략의 실시'라는 문제의 제기[2]는 중국공산당의 문건(文件)이나 중국정부의 문건에서 전례가 없이 처음으로 공식 대두되었다. 이는 중국이 세계경제의 다자주의와 지역경제의 블록화라는 새로운 물결에 대응해 더욱 개방적인 경제체계를 구축하고자 하는 선택에서 비롯된 것이다. 중국의 FTA전략은 중·아세안자유무역지대를 기반으로, 주변국에 신속히 FTA네트워크를 구축하며, 동시에 기타 중요한 거점국가들을 선택하여 대양주·남미·아프리카·유럽 등 대주에 FTA를 확산시키며, 점진적으로 세계적인 FTA네트워크를 형성한다는 것이다. 현재 중국이 체결한 FTA는 12개로서 29개 국가와 지역이 포함되며 이 국가, 지역들과의 무역액은 2007년 현재 대외무역총액의 4분의 1[3]을 차지한다.

구체적으로, 아시아에서는 아세안과 FTA '상품무역협정'과 '서비스무역협정'을 체결하고 현재 투자협상을 추진하고 있다. 또한 파키스탄과는 FTA '상품무역협정'을 체결하였다. 현재 서비스무역 협상을 하고 있으며, 싱가포르와는 포괄적 FTA를 체결하였다. 남미주에서는 칠레와 FTA '상품무역협정'과 '서비스무역협정'을 체결하였으며, 대양

1) 중공 제17차 전국대표대회 후진타오의 대외업무 보고에 대해서는 다음을 참조. "중국특색의 사회주의 위대한 기치를 높이 들고, 전면적인 소강사회 건설에서 새로운 승리를 이룩하기 위해 분투하자", http://news.xinhuanet.com/newscenter/2007-10/24/content__6938568.htm(검색일: 2009년 1월 7일).

2) 실질적인 중국의 FTA 협상체제는 2002년 11월 "중·아세안 전면적 경제협력에 관한 기본협의서"(中國-東盟全面經濟合作框架協議)를 시작으로 이미 가동되었음.

3) 중국 상무부, http://fta.mofcom.gov.cn/article/aboutfta/cftagaikuang/200809/35__1.html(검색일: 2009년 1월 7일).

주에서는 뉴질랜드와 포괄적 FTA협정을 체결하였고, 유럽에서는 아이슬란드와 FTA 협상중에 있다. 아프리카에서는 남아프리카개발공동체(SADC)와 FTA 협상중에 있다

2. 중국의 기체결 FTA에서의 원산지기준

1) 중·아세안 FTA원산지기준

중·아세안 FTA '상품무역협정'은 2004년 11월에 체결되었는데, 이는 중국이 대외로 체결한 첫 번째 자유무역협정이며, 본 협정은 2005년 7월에 정식 발효되었다. 중·아세안 FTA '서비스무역협정'은 2007년 1월에 체결되고, 2007년 7월에 발효되었다.

(1) 완전생산기준(Wholly Produced Criterion)

완전생산기준으로 인정되는 역내산 상품은 반드시 중국과 아세안 10국의 영역 내에서 완전히 획득한 상품이어야 한다. 완전획득상품은 주로 식물과 그 제품·동물과 그 제품·수산물 등을 포함하며, 완전획득상품에서 인정하는 '제품'이란 알·우유·천연벌꿀·양모 등 구체적 가공을 거치지 않은 제품을 가리킨다. 공해상의 수산물의 원산지를 결정하는 자국선박의 요건을 정의함에 있어서는 기국조건과 등록조건 중에서 하나만 충족하도록 하였다.

(2) 실질적 변형기준(Substantial transformation test)

실질적 변형기준에 속하는 상품은 우선 불완전 획득상품이어야 한다. 불완전 획득상품이란 제품의 가치중에서 일부분이 중·아세안 역내에서 생산되고, 다른 일부분은 역외에서 생산된 제품을 가리킨다. 불완전 획득 상품중에서 제품의 역내가치가 총 가치에서 일정한 비중

(40%)을 초과할 경우, 실질적 변형을 이루었다고 인정하며, 동 제품을 역내산 제품으로 인정한다.

가. 세번변경기준(Change in Tariff Schedule Method)

세번변경기준은 부가가치기준의 보완기준으로 부속서2에 채택되었다. 전체 품목중에서 HS 6단위로 42개 품목에 한해서만 HS 6단위 세번변경기준이 적용되었으며, 부가가치기준과 택일하는 기준으로 도입되었다. 구체 품목으로는 제16류의 6단위 품목 2개 · 제22류의 6단위 품목 22개 · 제23류의 6단위 품목 14개 · 제64류의 6단위 품목 4개이다.

나. 부가가치기준(Value-added Criterion)

실질적 변형기준으로 주로 부가가치기준을 채택하였는데, 상품의 역내 부가가치 포함비율이 40%이상인 경우 혹은 최종 제조공정이 역내 회원국에서 이루어졌다는 조건하에서, 역외산 재료나 부품의 총가치가 FOB가격의 60%를 넘지 않을 경우, 역내 회원국산으로 인정한다. 부가가치 계산방법으로는 단일 공제법을 도입하였는바, 공식으로 설명하면 아래와 같다.

공식: (비역내산 재료가치 + 불특정 원산지 재료가치) ÷ 제품 총가치 × 100% 〈 60%[4]이다.

다. 주요 공정기준

주요 공정기준은 직물과 의류의 HS 6단위 424개 품목에 포지티브(Positive)방식으로 섬유 제조 · 방사 · 편직 · 자수 · 염색 · 날염 · 재단 · 봉제 등 공정을 역내에서 수행하도록 하였다. 구체적으로는 제52류의 6단위 품목 49개에 섬유 제조 · 방사 · 편직 등 공정을 수행하도록 하고, 제52류의 6단위 품목 47개와 제60류의 6단위 품목 36개에 자수 · 편직 · 염색 · 날염 등 공정을 수행하도록 하였으며, 제61류의 6단위 품목 116개

4) 비역내산 재료 가치는 CIF가격이며, 불특정 원산지 재료가치는 역내국가에서 공정이 일어나게 되어 지불한 최초 가격이며, 제품의 총가치는 FOB가격이다.

와 제62류의 6단위 품목 119개 및 제63류의 6단위 품목 57개에 재단·봉제·날염 등 공정을 역내에서 수행하도록 하였다(〈표 9-1〉 참조).

(3) 보충적 원산지기준

중·아세안 역내에서 생산한 제품의 가치는 완전 누적될 수 있도록 하였다. 즉, 중국과 아세안 10국에서 생산된 제품이 다른 당사국에서 최종 제품의 재료로 쓰였을 경우, 동 생산공정이 일어난 국가가 원산지인 것으로 간주한다. 미소기준에 있어서는 중·아세안 FTA에서 채택되지 않았으며, 역외가공조항 역시 중·아세안 FTA에서 채택되지 않았다.

〈표 9-1〉 중·아세안 FTA 원산지기준

<table>
<tr><th colspan="2">기준</th><th>내용</th><th>적용품목</th><th>조항</th></tr>
<tr><td colspan="2">완전생산기준</td><td>당사국의 영역내에서 완전히 생산된 제품</td><td>식물과 그 제품·동물과 그 제품·수산물 등</td><td>중·아세안 FTA 부속서3 규칙3.</td></tr>
<tr><td rowspan="11">실질적 변형 기준</td><td rowspan="4">세번변경 기준</td><td rowspan="4">HS 6단위 변경</td><td>제16류의 6단위 품목 2개</td><td rowspan="4">중·아세안 FTA 부속서3 규칙6, 부속서2.</td></tr>
<tr><td>제22류의 6단위 품목 22개</td></tr>
<tr><td>제23류의 6단위 품목 14개</td></tr>
<tr><td>제64류의 6단위 품목 4개</td></tr>
<tr><td>부가가치 기준</td><td>역내 부가가치 포함 비율이 40%이상</td><td>전체 품목</td><td>중·아세안 FTA 부속서3 규칙4.</td></tr>
<tr><td rowspan="6">주요공정 기준</td><td>Positive방식(섬유제조·방사·편직 등</td><td>제52류의 6단위 품목 49개</td><td rowspan="6">중·아세안 FTA 부속서3 규칙6, 부속서2.</td></tr>
<tr><td rowspan="2">Positive방식(자수·편직·염색·날염 등</td><td>제52류의 6단위 품목 47개</td></tr>
<tr><td>제60류의 6단위 품목 36개</td></tr>
<tr><td rowspan="3">Positive방식(재단·봉제·날염 등)</td><td>제61류의 6단위 품목 116개</td></tr>
<tr><td>제62류의 6단위 품목 119개</td></tr>
<tr><td>제63류의 6단위 품목 57개</td></tr>
<tr><td rowspan="3">보충적 기준</td><td>미소기준</td><td colspan="3">미적용</td></tr>
<tr><td>누적기준</td><td>중국 및 아세안 10국내에서의 완전누적</td><td>전체 품목</td><td>중·아세안 FTA 부속서3 규칙6.</td></tr>
<tr><td>역외가공</td><td colspan="3">미적용</td></tr>
</table>

자료: 중국·아세안 FTA 협정안에 근거하여 작성.

2) 중 · 칠레 FTA 원산지기준

중 · 칠레 FTA는 중국이 아세안과의 FTA 체결이후, 단일국가와 맺은 최초의 FTA협정이며, 동시에 남미국가와 맺은 첫 번째 FTA 협정이다. 중 · 칠레 "상품무역협정"은 2005년 11월에 체결되었으며, 2006년 7월 1일부터 발효되었고, 중 · 칠레 "서비스무역협정"은 2008년 4월에 체결되었다.

(1) 완전생산기준(Wholly Produced Criterion)

완전생산기준으로 인정되는 역내 원산지상품은 중국과 칠레의 영역 내에서 완전히 획득하였거나 생산한 상품이어야 한다. 중 · 칠레 FTA 원산지 제16조에서는 완전생산품에 대하여 11개 조항으로 규정하고 있다. 완전생산품의 경우, 공해상의 수산물의 원산지결정을 위한 자국 선박의 요건을 정의함에 있어서, 중 · 아세안 FTA와 차이가 있는데, 중 · 칠레 FTA는 기국요건만을 명시하고 있다.

(2) 실질적 변형기준(Substantial transformation test)

가. 세번변경기준(Change in Tariff Schedule Method)

세번변경기준은 중 · 아세안 FTA와 마찬가지로 부가가치기준의 보완기준으로 부속서 3에 채택되었다. 세번변경기준은 HS 2단위와 4단위 변경을 택하였고, 2단위 세번변경은 제1~16류 및 제22류의 모든 제품, 4단위 변경은 제17~19류의 모든 제품으로서 주요하게 농산품을 포함시키고 있다(〈표 9-1〉 참조).

나. 부가가치기준(Value-added Criterion)

부가가치기준은 실질적 변형의 주요기준으로 채택되었으며, 불완전 획득 상품의 전체 품목에 역내가치가 총 가치에서 40%를 초과하여야만 실질적 변형으로 인정하고 있다. 부가가치 계산방법으로 단일 공제법을 택하였는데 이를 공식[5]으로 설명하면 다음과 같다.

부가가치 계산방법: (제품 총가치 - 비원산지 재료 가치) ÷ 제품 총가치(FOB) × 100% 〉 40%

부속서3에 또한 추가로 더욱 높은 50%이상의 역내부가가치기준이 적용되는 품목을 열거하였다. 이들은 주로 제20~26류, 제32류, 제34~35류, 제44류, 제48~49류, 제51류, 제54~64류, 제93~94류의 제품과 기타 일부 품목들이다(〈표 9-2〉 참조).

다. 주요 공정기준

중·칠레 FTA에서는 주요 공정기준이 도입되지 않았다.

(3) 보충적 원산지기준

누적기준에 있어서 중·칠레 FTA에서는 제4장 제20조에서 체약국에서 생산한 물품 혹은 재료가 다른 체약국의 역내에서 다른 물품의 생산에 사용될 경우, 동 생산공정이 일어난 국가를 원산지로 인정하도록 규정하고 있다. 미소기준에 있어서는 제4장 제21조에서 부속서3에서 규정한 세번변경기준에 도달하지 못하나, 비원산지재료 가치가 물품의 총가치의 8% 이하일 경우 원산지로 인정하도록 규정하였다. 역외가공조항은 중·칠레 FTA에서 채택되지 않았다.

5) 중·칠레 FTA 제17조.

〈표 9-2〉 중 · 칠레 FTA 원산지기준

기준		내용	적용품목	조항
완전생산기준		당사국의 영역내에서 완전히 획득한 상품	식물과 그 제품 · 동물과 그 제품 · 수산물 등	중 · 칠레 FTA 제4장 제16조.
실질적 변형 기준	세번변경 기준	HS 2단위 변경	제1~16류, 제22류.	중 · 칠레 FTA 제4장 제18조, 부속서3.
		HS 4단위 변경	제17~19류.	
	부가가치 기준	역내 부가가치비율 40% 이상	전체 품목	중 · 칠레 FTA 제4장 제15조.
		역내 부가가치비율 50% 이상	HS 2단위 25개, 4단위 97개, 6단위 14개 품목	중 · 칠레 FTA 부속서3.
	주요공정 기준	미적용		
보충적 기준	미소기준	전체 가치의 8%이하	세번변경 적용품목	중 · 칠레 FTA 제4장 제21조.
	누적기준	중국 및 칠레 양국간 누적	전체 품목	중 · 칠레 FTA 제4장 제20조.
	역외가공	미적용		

자료: 중 · 칠레 FTA 협정안에 근거하여 작성.

3) 중 · 파키스탄 FTA 원산지규정

중 · 파키스탄 FTA는 2006년 11월에 '상품무역협정'이 체결되고, 2007년 7월에 발효되었으며, 현재 '서비스무역협정'을 협상하고 있다.

(1) 완전생산기준(Wholly Produced Criterion)

완전생산기준으로 인정되는 역내산 상품은 반드시 중국과 파키스탄 영역내에서 완전히 획득한 상품이어야 한다. 완전획득상품은 중 · 파키스탄 FTA 제14조에 12개 조항으로 규정하고 있다. 공해상의 수산물의 원산지결정을 위한 자국선박의 요건을 정의함에 있어서는 기국요건과 등록요건 중에서 하나만 충족하면 된다.

(2) 실질적 변형기준(Substantial transformation test)

가. 세번변경기준(Change in Tariff Schedule Method)

중·파키스탄 FTA 제17조에서는 부속서로 '제품의 특정원산지기준'(產品特定原產地標准)을 마련한다고 규정하고 있으나 아직까지 부속서가 마련되지 않았다. 따라서 세번변경기준에 속하는 품목과 구체적 기준은 미정 상태이다.

나. 부가가치기준(Value-added Criterion)

중·파키스탄 FTA 제15조에서는 실질적 변형기준으로 주로 부가가치기준을 채택하였다. 역내 부가가치 포함비율이 40%이상인 경우 혹은 최종 제조공정이 역내 회원국에서 이루어졌다는 조건하에서, 역외산 재료나 부품의 총가치가 FOB가격의 60%를 넘지 않을 경우, 역내 회원국산으로 인정하였다. 부가가치 계산방법으로는 단일 공제법을 도입하였는데, 이를 공식으로 설명하면 아래와 같다.

공식 : (비역내산 재료가치 + 불특정 원산지 재료가치) ÷ 제품 총가치 × 100% 〈 60%

다. 주요 공정기준

'제품의 특정원산지기준'(產品特定原產地標准)이 마련되지 않았으므로 주요 공정기준의 도입여부와 적용은 미정상태다.

(3) 보충적 원산지기준

중·파키스탄 FTA에서는 제16조에서 '누적기준'을 규정하였는데, 당사국에서 생산된 제품이 다른 당사국에서 최종 제품의 재료로 쓰였을 경우, 동 생산공정이 일어난 국가가 원산지인 것으로 간주한다. 그러나 미소기준과 역외가공 조항은 채택되지 않았다.

〈표 9-3〉 중 · 파키스탄 FTA 원산지기준

기준		내용	적용품목	조항
완전생산기준		당사국의 영역내에서 완전히 획득한 상품	식물과 그 제품 · 동물과 그 제품 · 수산물 등	중 · 파키스탄 FTA 제4장 제14조.
실질적 변형 기준	세번변경 기준	미정		중 · 파키스탄 FTA 제4장 제17조.
	부가가치 기준	역내 부가가치비율 40% 이상	전체 품목	중 · 파키스탄 FTA 제4장 제15조.
	주요공정 기준	미정		중 · 파키스탄 FTA 제4장 제17조.
보충적 기준	미소기준	미정	세번변경 적용품목	
	누적기준	중 · 파키스탄 양국간 누적	전체 품목	중 · 파키스탄 FTA 제4장 제16조.
	역외가공	미적용		

자료: 중 · 파키스탄 FTA 협정안에 근거하여 작성.

4) 중 · 뉴질랜드 FTA 원산지규정

중 · 뉴질랜드 FTA는 2008년 4월에 체결되고, 2008년 10월 1일에 발효되었다. 뉴질랜드는 OECD회원국으로서 최초로 중국과 FTA를 체결하였으며, 동 FTA는 또한 중국이 최초로 체결한 포괄적(상품 · 서비스 · 투자 포함) FTA이다.

(1) 완전생산품

완전생산품으로 인정되는 역내 원산지상품은 중국과 뉴질랜드의 영역내에서 완전히 획득하였거나 생산한 상품이어야 한다. 중 · 뉴질랜드 FTA 제20조에서는 완전생산품에 대하여 10개 조항으로 규정하고 있다. 완전생산품의 경우, 공해상의 수산물의 원산지결정을 위한 자국 선박의 요건을 정의함에 있어서, 기국요건과 등록요건을 모두 충족하도록 규정하였다.

(2) 실질적 변형기준(Substantial transformation test)

가. 세번변경기준(Change in Tariff Schedule Method)

중 · 뉴질랜드 FTA 제21조와 부속서5에서는 세번변경기준을 규정하고 있다. 중 · 뉴질랜드 FTA에서는 처음으로 실질적 변형의 우선기준으로 세번변경기준을 채택하였는데, 세번변경기준을 실질적 변형의 우선기준으로 하고 있는 한국에 있어서는 특히 참고가치가 있는 기준안이다. 또한 '부속서5'는 '제품의 특정 원산지기준(產品特定原產地標准)'이라는 명목으로 HS 2단위와 4단위 및 6단위의 변경기준을 제시하였으며, 일부 품목에는 세번변경기준과 부가가치기준의 조합기준과 선택기준도 채택하였다.

세번변경기준의 적용에 있어서, HS 4단위의 변경이 대부분 품목을 차지하는데, 이들은 주로 제1류, 제8류, 제10류~제27류, 제29류, 제36류~제64류, 제66류~제74류, 제76류, 제78류~제83류, 제86류~제89류, 제91류~93류, 제95류~제97류의 품목들이다. HS 2단위 세번변경기준은 제2~제5류, 제7~9류, 제11~20류, 제25류, 제59~60류, 제61~63류, 제69류, 제71류, 제82류, 제89류 등 품목들에 적용되었으며, HS 6단위 변경은 주로 제6류, 제9류, 제28류, 제30~제34류, 제38류, 제71류, 제81류, 제84~제85류, 제90류, 제94류의 품목들에 적용되었다.

나. 부가가치기준(Value-added Criterion)

중 · 뉴질랜드 FTA에서 부가가치기준은 실질적 변형의 보완기준으로 일부 품목에 한하여만 채택되었으며, 제4장 제22조에서 계산방법을 규정하고 있으며, 공제법을 채택하였다(〈표 9-4〉 참조).

공식: (제품 총가치 - 비원산지 재료 가치) ÷ 제품 총가치(FOB) × 100% 〉 40%

〈표 9-4〉 중 · 뉴질랜드 FTA 원산지기준

<table>
<tr><th colspan="2">기준</th><th>내용</th><th>적용품목</th><th>조항</th></tr>
<tr><td colspan="2">완전생산기준</td><td>당사국의 영역내에서 완전히 획득한 상품</td><td>HS 0101~0106</td><td>중·뉴질랜드 FTA 제4장 제20조.</td></tr>
<tr><td rowspan="9">실질적 변형 기준</td><td rowspan="3">세번 변경 기준</td><td>HS 2단위 변경</td><td>제2~제5류, 제7~9류, 제11~20류, 제25류, 제59~60류, 제61~63류, 제69류, 제71류, 제82류, 제89류.</td><td rowspan="3">중·뉴질랜드 FTA 부속서 5.</td></tr>
<tr><td>HS 4단위 변경</td><td>제1류, 제8류, 제10류~제27류, 제29류, 제36류~제64류, 제66류~제74류, 제76류, 제78류~제83류, 제86류~제89류, 제91류~93류, 제95류~제97류.</td></tr>
<tr><td>HS 6단위 변경</td><td>제6류, 제9류, 제28류, 제30~제34류, 제38류, 제71류, 제81류, 제84~제85류, 제90류, 제94류.</td></tr>
<tr><td rowspan="3">부가 가치 기준</td><td>50% 부가가치</td><td>320611</td><td rowspan="3">중·뉴질랜드 FTA 제4장 제22조, 부속서5.</td></tr>
<tr><td>30% 부가가치</td><td>330112</td></tr>
<tr><td>30% 부가가치</td><td>330125</td></tr>
<tr><td rowspan="2">주요 공정 기준</td><td>Negative방식</td><td>제50류·제51류·제52류·제55류·제57류의 일부 품목</td><td rowspan="2">중·뉴질랜드 FTA 부속서 5.</td></tr>
<tr><td>Positive방식(재단·봉제)+HS 2단위 변경</td><td>제61류·제62류·제63류</td></tr>
<tr><td rowspan="3">보충적 기준</td><td>미소 기준</td><td>물품가치10%이하</td><td>세번변경 적용품목</td><td>제4장제31조</td></tr>
<tr><td>누적 기준</td><td>중·뉴질랜드 양국간 누적</td><td>전체 품목</td><td>제4장제23조.</td></tr>
<tr><td>역외 가공</td><td colspan="3">미적용</td></tr>
</table>

자료: 중국·뉴질랜드 FTA 협정안에 근거하여 작성.

다. 주요 공정기준(Technical Test Method)

중·뉴질랜드 FTA에서 주요 공정기준은 직물류 즉, 제50류·제51류·제52류·제55류·제57류의 일부 품목에 네거티브(Negative)방식으로 도입되었으며, 의류품목 즉 제61류·제62류·제63류 품목에 포지티브(Positive)방식으로 HS 2단위 세번변경과 함께 재단과 봉제공정이

양국 역내에 이루어져야 원산지를 인정하도록 규정되어 있다.

(3) 보충적 원산지기준

중·뉴질랜드 FTA에서는 제23조에서 누적기준을 규정하고 있다. 즉 체약국에서 생산한 물품 혹은 재료가 다른 체약국의 경내에서 다른 물품의 생산에 사용될 경우, 동 생산공정이 일어난 국가가 원산지로 간주된다. 미소기준에 있어서 중·칠레 FTA에서는 제31조에서 세번변경에 도달하지 못하나, 비원산재료가 물품의 가치의 10%이하일 경우 원산지로 인정하도록 규정하고 있다. 그러나 역외가공조항은 중·뉴질랜드 FTA에서 도입되지 않았다.

3. 중국의 기체결 FTA 원산지기준에 관한 비교분석

1) 중국의 기체결 FTA 원산지기준에 관한 비교

현재 중국이 체결한 4개의 FTA협정안에서의 원산지기준을 비교해 보면 아래와 같은 몇 가지 변화를 발견할 수 있다.

첫째, 실질적 변형의 판정기준으로 부가가치기준을 선호하였으나, 최근에는 세번변경기준을 위주로 하는 품목별 원산지기준의 적용으로 선회하였다. 중국의 기체결한 FTA를 살펴볼 경우, 초기의 중·아세안 FTA와 중·칠레 FTA 및 중·파키스탄 FTA에서는 실질적 변형기준으로 부가가치기준을 우선기준으로 채택하였으며, 세번변경기준은 보완적으로 일부 특정제품에만 적용하였다. 그러나 2008년 4월에 체결한 중·뉴질랜드 FTA에서는 대부분 품목에 세번변경기준을 적용하였으며, 일부 특정품목에 한하여 부가가치기준을 보완적으로 적용하였다.

구체적 원인을 분석해 보면, 현재 FTA 원산지기준의 설정에 있어서 '선진국은 세번변경기준을 선호하며, 개도국은 세번변경기준에 대한 이해도가 떨어져 비교적 단순한 방법인 부가가치기준을 선호'[6]하고 있다. 2004년 5월에 시작된 중・뉴질랜드 FTA협상, 2005년 5월에 시작된 중・호주 FTA협상에서 중국은 실질적 변형의 우선기준으로, 지속적으로 기존의 부가가치방식을 고수한 반면, 뉴질랜드와 호주는 세번변경기준 위주의 품목별 원산지규정을 주장하여 원산지협상에서 난항을 겪어 왔다. 따라서 중국이 계속 부가가치방식을 고수할 경우, 현재 협상중인 중・아이슬란드 FTA와 공동연구중인 한・중 FTA는 물론 기타 FTA상대국들과의 협상에서도 난항을 피면할 수 없다. 따라서 세계적인 FTA네트워크를 구축하려는 중국으로서는 선진국에서 보편적으로 수용하는 세번변경 우선의 품목별 원산지기준을 수용할 수 밖에 없었던 것이다.

둘째, 중국의 기체결 FTA 원산지 결정기준은 낮고, 완화된 수준에서 강화되는 방향으로 전환하고 있다. 완전생산기준의 공해상의 수산물에 대한 원산지를 결정하는 자국적 선박요건에 있어서, 중・아세안 FTA와 중・파키스탄 FTA에서는 기국요건과 등록요건중 하나만 충족시키면 원산지를 인정하였으나, 중・칠레 FTA에서는 기국요건을 반드시 충족시켜야 원산지를 인정하도록 하였다. 중・뉴질랜드 FTA에서는 기국요건과 등록요건 모두 충족하여야 원산지를 인정하도록 하였다.

실질적 변형기준의 우선기준에 있어서, 중・아세안 FTA와 중・칠레 FTA에서는 부가가치기준으로 공제법 40%이상을 적용하였으나, 중・뉴질랜드 FTA에서는 4단위 세번변경이 대부분 품목에 적용되었는데, 이는 그 수준이 강화되었다고 볼 수 있다.

품목별 원산지기준에 있어서, 중・아세안 FTA에서는 세번변경기준으로 6단위 변경을 적용하였으나, 중・칠레 FTA에서는 세번변경기준

---

6) 대외정책연구원, "대외전문가풀 WTO연구회 2006년 2차 회의 보고", http://www.kiep.go.kr/publication/seminar_list.asp (검색일: 2009년 1월 7일).

으로 2단위와 4단위 변경을 적용하였으며, 처음으로 부가가치가 50% 이상이 되어야 인정되는 품목을 제시하였다. 이는 전체적으로 적용기준이 엄격하게 강화되는 방향으로 나아가고 있다는 것을 의미한다.

셋째, 중국의 기체결 FTA 원산지결정기준에 대한 내용이 점차 증가하고 있고, 기준이 다양화되어 가고 있다. 중·아세안 FTA에 있어서, '품목별 원산지기준' 즉 세번변경과 주요 공정기준을 제시한 '부속서2'는 2005년에야 보충하여 제정되었으며, FTA협정이 발효된 이후 즉 2005년 7월 20일에 실시되었다. 중·칠레 FTA에서는 중·아세안 FTA에서 제시되지 못한 '미소기준', '부가가치 50%이상' 등의 내용이 포함되었으며, 중·뉴질랜드 FTA에서는 중·아세안 FTA와 중·파키스탄 FTA 및 중·칠레 FTA에서 제시되지 못했던 '조합기준'과 '선택기준'이 포함되었다. 즉 중국의 기체결 FTA 원산지기준은 내용이 더욱 다양화되어 가고 있다.

〈표 9-5〉 중국의 기체결 FTA 원산지기준 비교

구분		중·아세안 FTA	중·칠레 FTA	중·파키스탄 FTA	중·뉴질랜드 FTA
완전생산기준 (자국 선박요건)		기국요건과 등록요건중 하나만 충족	기국요건을 충족	기국요건과 등록요건중 하나만 충족	기국요건과 등록요건 모두 충족
실질적 변형 기준	우선기준	부가가치기준	부가가치기준	부가가치기준	세번변경기준
	보완기준	세번변경기준, 주요 공정기준	세번변경기준	미정	부가가치기준 주요 공정기준
보충적 기준	누적기준	역내 11개국	양국	양국	양국
	미소기준	미 적용	8%	미 적용	10%
	역외가공	미 적용	미 적용	미 적용	미 적용

자료: 중국의 기체결 FTA 협정안에 근거하여 작성.

2) 중국의 기체결 FTA 원산지기준의 특징

현재 중국이 이미 체결한 4개의 FTA 원산지기준을 분석해 볼 경우, 중국의 원산지기준은 아래와 같은 몇 가지 특징으로 살펴볼 수 있다.

첫째, 중국의 기체결 FTA 원산지규정은 실질적 변형기준에 있어서 '부가가치우선기준'과 '세번변경우선기준'의 두 유형으로 나누어져 있다. 중국의 기체결 FTA를 살펴볼 경우, 중·아세안 FTA, 중·파키스탄 FTA, 중·칠레 FTA 등은 모두 실질적 변형기준으로 40%이상의 부가가치기준을 채택하고 있으나, 중·뉴질랜드 FTA에서는 실질적 변형기준으로 세번변경기준을 우선기준으로 하고 있다. 뉴질랜드를 제외한 상기 체약국들은 주로 비선진권 국가들이다. 즉 중국은 비선진권 국가들과의 FTA 원산지기준으로는 부가가치기준을 실질적 변형의 우선기준으로 하고, 선진국 국가들과의 FTA 원산지기준에 있어서는 세번변경기준을 실질적 변형의 우선기준으로 할 성향이 있는 것이다.

둘째, 중국의 실질적 변형의 우선기준인 부가가치기준은 한국의 기체결 FTA에서의 부가가치기준보다 총체적으로 수준이 낮다. 중국이 실질적 변형의 우선기준으로 적용한 부가가치기준은 주로 공제법 40%이상이다. 그러나 한국의 경우, 공제법으로 한·칠레 FTA에서 45%, 한·싱가포르 FTA에서 45~55%, 한·아세안 FTA에서 40%, 한·EFTA에서는 MC방식으로 30~60%[7]수준으로서 대부분 중국보다 높다. 전체적으로 중국은 한국의 기체결 FTA보다 낮은 원산지기준을 적용하고 있다.

셋째, 중국은 간단하고 명료한 원산지 결정기준을 선호하고 있다. 중국의 원산지협정문은 매우 간결하며, 부가가치비율의 계산공식도 간단하게 공제법 한 가지만 제시하고 있다. 또한 세번변경기준을 적용하는 품목별 원산지기준도 일목요연하게 짧게 제시하고 있다. 한·중 양국과 모두 FTA를 체결한 칠레의 경우, 한·칠레 FTA의 원산지 규

7) 한·EFTA에서는 제품기준가격을 공장도가격으로 사용하며, 기타 3개 FTA에서는 모두 FOB가격을 사용하고 있다.

정 부속서에서는 각 류(heading)별로 97류의 품목에 자세한 2단위와 4단위 및 6단위의 세번변경기준을 명시하고 있지만, 중·칠레 FTA에서는 HS 2단위와 4단위 변경 사실만을 기준으로 하고 있다. 이를 다루고 있는 분량도 중·칠레 FTA '품목별 원산지기준'은 2쪽에 불과한 반면, 한·칠레 FTA '품목별 원산지기준'은 67쪽이나 된다. 이는 중국이 간단하고 명료한 결정기준을 선택하여, 중국의 가공무역업자와 중소 수출입기업들이 쉽게 이해하고 적용하게 하기 위한 배려에서 비롯된 것이라 보아진다.

4. 한·중 FTA 원산지기준 협상에서 중국사례의 시사점

1) 완전생산기준(Wholly Produced Criterion)

중국의 FTA협정문에서의 원산지기준에는 모두 완전생산품에 대한 기준이 마련되어 있으며, 한국의 기체결 FTA에서의 완전생산기준과 약간의 차이점은 있지만 대체로 유사하다고 할 수 있다. 즉, 공해상에서 획득한 수산물과 선상가공품의 원산지를 결정하는 자국적 선박에 대한 규정에서, 체약국에 따라 일정한 차이를 두고 있다.

자국적 선박에 대한 기준의 엄격성 여부는 일반적으로 양국간 수산물산업의 경쟁력에 의해 결정된다. 한국과 중국의 수산물산업 경쟁력에 있어서, 한국은 비교열위에 있으며, 수산물은 농산물에 준하는 민감성을 가지고 있다. 따라서 한·중FTA 원산지기준 협상에 있어서, 공해상의 수산물의 원산지를 결정하는 자국적(自國籍) 선박의 인정기준에 있어서, 한국은 중·뉴질랜드 FTA와 유사한 등록요건과 기국요건을 모두 충족하도록 하는 엄격한 기준을 채택하는 것이 바람직하다.

2) 실질적 변형기준(Substantial Transformation Test)

(1) 세번변경기준(Change in Tariff Schedule Method)

중국은 세번변경기준을 부가가치기준의 보완기준으로 특정제품에만 적용하는 방식을 선호하며, 중·아세안 FTA와 중·칠레 FTA 및 중·파키스탄 FTA에서 이러한 방식을 채택하였다. 반면에 한국은 실질적 변형기준에 있어서 세번변경기준을 주요기준으로 하는 품목별 원산지기준을 선호하며, 기체결 FTA에서 모두 일관되게 세번변경기준을 주요기준으로 채택하였다.

세번변경기준은 세계적으로 통일된 상품분류제도인 HS를 이용하여, 사용된 원재료의 세번(HS코드)과 다른 세번의 제품이 생산된 경우, 당해 국가를 원산지로 인정하는 기준이다. 일반적으로 세번변경기준은 품목분류표에 의거하여 정확하고 객관적인 방법으로 원산지를 결정할 수 있으며, 각종 정책목적 등에 따른 자의적인 해석을 배제하고 있다. 이는 수출입업자들에게 확실성과 예측가능성을 보장해 줄 수 있다. 또한 세번변경기준은 원재료와 제품의 세번변경 여부를 기초로 원산지를 결정하므로 원산지 결정이 신속·정확하다.

WTO와 세계 주요 FTA에서 논의되는 원산지 결정기준은 세번변경기준을 우선기준으로 하고 있다. WTO 통일원산지 제정 작업에서는 2004년 10월까지 제조업 4,495개 품목(HS 6단위 기준)중에서 1,920개 품목에 즉, 약 42.7%의 품목에 대한 원산지인정기준을 타결하였다. 완전 타결된 1,920개 품목의 세부 원산지기준을 살펴보면, 완전생산기준이 88개 품목(전체 타결품목의 4.6%), 세번변경기준이 1,695개 품목(전체 타결품목의 88.3%), 주요공정기준이 27개 품목(전체 타결품목의 1.4%), 기타가 110개 품목(전체 타결품목의 5.7%)이다. 이와 같이 WTO 차원에서 논의되는 원산지 판정기준은 객관성과 예견가능성을 제공하는 세번변경기준이 선호되고 있다(김규태, 2004).

중국은 WTO회원국으로서, 다자간·양자간 국제협상에서 글로벌 스탠더드에 알맞은 세번변경 위주의 원산지규정을 제정할 필요가 있으며, 중·뉴질랜드 FTA에서도 세번변경을 주요기준으로 채택한 만큼 한·중 FTA에 있어서도 세번변경기준의 적극적인 활용을 수용하여야 한다.

(2) 부가가치기준(Value-added Criterion)

원산지기준에 관한 협상에 있어서, 특히 산업별 원산지기준 협상에서 체결 당사국들은 양국 간의 산업경쟁력 수준과 교역규모를 분석하고, 이를 바탕으로 교역활성화 대상에 속하는 품목은 원산지 기준을 완화하는 방향으로, 자국 관련 산업에 피해가 크거나 우회수입방지 혹은 투자유치 필요성이 있는 품목의 경우 원산지 기준을 강화하는 방향으로 협상을 추진한다. 그리고 양국이 기체결한 FTA 원산지기준을 검토하여, 자국 산업에 유리한 기준을 품목별로 정한다.

한국과 중국의 산업별 경쟁력에서 비교 열위에 있거나 경합관계에 있는 산업은 주로 의류·섬유·신발류·비금속광물제품·비철금속·가전기기·컴퓨터·기타 수송장비·기타 제조품이다(남영숙 외, 2004). 따라서 상기 품목은 원산지기준을 강화할 필요가 있으며, 조합기준으로 4단위 세번변경기준과 높은 부가가치기준으로 공제법 50%이상을 제안할 필요가 있다. 이로써 국내 산업을 보호하고 중국을 경유한 우회수출을 방지하여야 한다. 한국이 경쟁력에서 비교우위에 있는 산업은 화학·플라스틱과 고무·종이와 인쇄출판·철강·전기전자·반도체·통신기기·기계장비·기계·정밀기기·자동차 및 부품이다. 따라서 상기품목의 원산지기준을 완화하여 6단위 세번변경기준을 채택하거나 낮은 30%~40%의 부가가치기준을 제안하여, 대중무역의 활성화를 도모하여야 한다.

부가가치의 계산방법에 있어서는 한국은 공제법외에도 집적법·MC방식 및 순원가법을 사용하고 있는데, 복잡하고 서로 상이한 여러 가지 계산방법은 수출입기업에게 이해의 어려움과 부담, 그리고 불편을 가져올 수밖에 없다. 따라서 한·중 FTA에서 한국은 중국이 일관적으로 사용하고 있는 간단하고 명료한 공제법을 수용할 필요가 있다.

(3) 주요 공정기준(Technical Test Method)

중국의 기체결 FTA 원산지규정을 살펴볼 경우, 면(제52류), 메리야스 편물과 뜨게질 편물(제60류), 의류와 그 부속품(제61~62류), 방직용 섬유(제63류)에 한해서 주요 공정기준을 채택하였다. 한국도 직물·의류에 한해서 주요 공정기준을 적용하였다.

한·중 양국은 섬유와 의류의 양국간 교역에서 한국은 직물수출에 대한 경쟁력에 있어서 비교우위가 있다. 그 원인은 직물류 생산은 대기업 중심으로 생산되고, 첨단기술을 보유하고 있으며, 또한 규모경제 효과를 활용할 수 있기 때문이다. 반면, 의류제품에서는 비교열위에 있는데, 그 원인은 봉제기술이 주로 노동력에 의존하게 되는 상황에서 중국은 저임금의 풍부한 노동력을 갖추고 때문이다. 따라서 한·중 FTA 원산지기준 협상에서 직물(HS 50류~60류)류에 있어서는 주요 공정기준을 도입하지 않거나, 특정제품에만 도입하며, 의류제품(HS 61류~63류)에는 보다 엄격한 주요공정기준을 채택하는 것이 유리하고, 또한 2단위 세번변경도 함께 요구하는 것이 바람직하다.

3) 보충적 기준

누적기준에 있어서 중국과 한국은 유사한 기준을 채택하고 있으며, 따라서 한·중 FTA 원산지협상에서 양국간 역내 누적기준을 채택함에 있어서는 이의가 없을 것이다. 그러나 미소기준에서는 중국은 중량기준을 도입하지 않고 있는데, 직물과 의류제품에 있어서 한국 제품은 품질 면에서 중국 제품보다 뛰어나고, 반면 가격은 상대적으로 비싼 편이다. 따라서 가격기준보다 중량기준의 채택이 한국에게 더욱 유리한데, 한·중 FTA 원산지기준 협상에서 한국은 중국을 설득하여 중량기준이 채택되도록 하는 것이 중요하다.

역외가공조항은 한국의 FTA 원산지규정에 있어서 '개성공단 제품의 한국산 특례여부' 등을 규정하는 조항으로서 매우 중요한 사항에 속한다. 그리고 이는 향후 한반도경제의 협력활성화와, 나아가서 한반도경제 통합화에도 영향을 미치게 된다. 중국은 아직까지 기체결 FTA에서 역외가공조항을 도입한 적이 없다. 그러나 중국은 최근에 '책임을 지는 대국'의 이미지를 정립하는 차원에서 주변국에 대해 관용의 자세를 취하고 있으며, 현재 북한산 제품에 대해 다른 WTO회원국에게 부여하는 것과 동일한 특혜관세율을 적용하고 있다(고준성, 2007). 따라서 한국과 북한이 중국의 우호적인 주변 국가라는 점에서 한국은 적극적이고 지속적인 주장으로 역외가공조항[8)]이 채택되도록 하여야 할 것이다.

5. 소결론

중국은 초기에 체결했던 중·아세안 FTA와 중·칠레 FTA 및 중·파키스탄 FTA 원산지기준에서는 부가가치기준을 실질적 변형의 우선기준으로 채택하였으나, 최근에 체결한 중·뉴질랜드 FTA 원산지기준에서는 세번변경기준을 실질적 변형의 우선기준으로 채택하였다. 한국의 경우, 뉴질랜드와 더불어 OECD회원국으로서 중·뉴질랜드 FTA 원산지기준은 한·중 FTA 원산지협상에 있어서 중요한 참고가 된다. 한국은 기체결 5개의 FTA에서 일관적으로 세번변경기준을 주요기준으로 채택하였으며, 품목별 원산지기준을 선호하였다. 따라

8) 중국도 대만·홍콩·마카오 등 지역에서 역외가공을 할 수 있으나 상기 지역의 인건비가 중국대륙보다 훨씬 높으므로 실질적인 역외가공은 매우 어려운 상황이다.

서 한·중 FTA 원산지기준에 있어서도 실질적 변형의 주요기준으로 세번변경기준을 채택하게 되면 한국에 비교적 유리하다. 그리고 양국 간 공동 번영과 동아시아의 지역통합이라는 장기적 비전하에서 부가가치 계산방법에 있어서는 아시아에서 활용이 가장 많고 간단명료한 공제법을 채택하는 것이 바람직하다.

요컨대, 한·중 FTA 원산지협상에 있어서 중국 사례는 중요한 시사점을 보여주는데, 즉 중·뉴질랜드 FTA 사례에서 세번변경기준을 실질적 변형의 주요기준으로 채택하였듯이 한·중FTA에서도 한국에 유리한 세번변경기준을 실질적 변형의 우선기준으로 도입하는 것이 중요하다. 따라서 향후 과제로는 정책 연구의 틀에서 벗어나, HS 코드에 기초한 한·중 양국 간 산업경쟁력·관세율 구조·산업별 무역규모와 부가가치 창출현황 등을 비교 분석하여, 한·중 FTA 협상에서 한국의 국익을 최대화할 수 있는 '품목별 원산지' 기준에 대한 구체적 방안에 대해 모색하는 것이 중요하다.

참고문헌

김규태 외(2004), 「한·일 FTA의 원산지규정에 관한연구」, 산업연구원.
김연숙(2008), "한·일FTA의 원산지규정에 관한연구", 「무역학회지」, 33(3), 239-256.
고준성(2007), 「개성공단 활성화를 위한 FTA 원산지 특례규정 협상 대응방안」, 산업연구원.
남영숙 외(2004), 「한·중 FTA의 경제적 파급효과와 주요쟁점」, 대외경제정책원.
박웅용(2008), 「WTO 협정」(영한대역), 서울: 법문사.
방호경(2004), 「FTA 원산지규정의 주요 특징과 협상에 대한 시사점」, 대외경제정책연구원.
이명구(2007), "우리나라의 FTA 원산지 제도운용전략에 관한 연구", 「무역학회지」, 6, 357-376.
이서영(2006), "우리나라의 FTA 원산지규정에 관한 비교연구", 「창업정보학회지」, 9(4), 127-147.
외교통상부·대외경제정책연구원(2007), 「한·ASEAN FTA 주요내용」.
성윤갑(2004), "한국의 원산지표시제도에 관한 실증적 연구", 박사학위논문, 건국대학교.
서헌제(1996), 「국제경제법-국제통상·통화규범」, 서울: 율곡출판사.
송백훈(2006), 「대외전문가풀 WTO연구회 2006년 2차 회의 보고」, 시장접근분과.
정인교 외(2007), 「FTA 원산지기준의 파급영향 분석」, 정석물류통상원.
조미진 외(2008), 「한국과 중국의 FTA 원산지규정 비교: 주요산업을 중심으로」, 대외경제정책연구원.
조정란(2006), "엄격성 지수를 활용한 FTA 원산지규정 분석', 「국제지역연구」, 10(1), 201-221.
홍길종(2006), "한·중 FTA 추진에 따른 원산지 결정기준에 관한 연구", 「관세학회지」, 7(2), 109-138.
한·칠레 FTA 협정문 및 부속서
한·싱가포르 FTA 협정문 및 부속서
한·EFTA FTA 협정문 및 부속서
한·아세안 FTA 협정문 및 부속서
한·미 FTA 협정문 및 부속서

金紅梅·趙相忠(2007), "CAFTA原產地規則存在的問題与對策硏究", 『特區經濟』, 208-209.
巫雪芬·解新華(2007), "我國區域貿易協定中的原產地規則探析", 『區域經濟』, 34-36.
王小平(2007), "論我國原產地規則的完善', 『前沿』, 6, 52-54.
曹宏苓(2006), "論完善中國-東盟自由貿易區原產地規則", 『經貿法規』, 22(4), 66-69.

朱穎(2004), "論優惠原產地規則", 『世界經濟研究』, 8, 71-77.
王學(2007), "原產地規則中的從價百分比標準研究", 『西南民談大學學報』, 193, 109-112.
黃海東(2007), "原產地規則及其在國際貿易中的應用", 『黑龍江對外經貿』, 2, 81-95.
何蓉(2007), "自由貿易協定中原產地規則的經濟效應分析", 『經濟經緯』, 1, 48-52.
陳妙英(2007), "中國・東盟自由貿易區原產地規則研究", 『東南亞縱橫』, 8, 20-23.
廖小健・廖新年(2005), "韓國的FTA戰略", 『外交評論』, 84, 79-85.
劉李峰・武拉平(2006), "中國FTA實踐中的利益選擇及實現", 『現代經濟探討』, 6, 68-71.
中華人民共和國商務部(2004), 『中國和東盟自由貿易區'貨物貿易協定'』.
中華人民共和國海關總署、商務部、質檢總局(2005), "中國-東盟自由貿易區原產地規則", 『附件二: 產品特定原產地標準 (第一批) 』.
中華人民共和國商務部(2005), 『中國和智利自由貿易區'貨物貿易協定', 及Annex3』.
中華人民共和國商務部(2008), "中華人民共和國政府和新西蘭政府自由貿易協定", 『附件五: 產品特定原產地標準』.
中華人民共和國國務院(2004), "中華人民共和國進出口貨物原產地條例", 國務院令第416號.
中國商務部 http://fta.mofcom.gov.cn/article/aboutfta/cftagaikuang/200809/35__1.html.

Cadot, Olivier, Jaime de Melo, Antoni Estevadeordal, Akiko Suwa-Eisenmann, and Bolormaa Tumrchudr(2002), "Assesing the Effect of NAFTA's Rules of Origin," Mimeo.
Eatevadeodal, Antoni(2000), "Negotiating Preferential Market Access", *Journal of World Trade*, 34(1), 141-167.
Estevadeordal, Antoni and Kati Suominen(2008), "Sequuncing Regional Trade Integration and Cooperation", *The World Economy*, doi: 10.1111/j.467-9701.2007.01084.x, pp. 112-140.
Kruger, Anne O.(1993), "Free Trade Agreements as Protectionist Devices: Rules of Origin", NBER Woking Paper no. 4352.

10
chapter

중국의 엘리트 정치와 정치개혁

1. 후진타오(胡錦濤)체제와 정치개혁

1) 후진타오(胡錦濤)체제와 정치개혁

개혁개방 이후 중국 지도부는 줄곧 정치적 안정을 바탕으로 한 경제성장이라는 큰 맥락을 유지해 왔다. 개혁개방 이후 중국의 자본축적 전략은 해외직접투자(FDI)와 수출주도적 성장에 의존하였고, 내적으로는 은행통제를 통한 국유기업의 자금대출과 산업 및 인프라 투자 등의 방식으로 이루어졌다. 또한 중국의 개혁은 첫째, 경제자주권을 중심으로 한 지방분권화의 실시와 성장잠재력을 갖춘 중점 지역 및 중점 산업부문의 선행 발전, 둘째, 비국유부분 기업(특히 지방정부 관할의 향진기업) 시장진입의 허용과 확대, 셋째, 재정분권화체제로 인한 재정안정성 유지, 그리고 넷째, 시장자유화를 향한 이중가격제의 실시 등과 같은 점진적 개혁을 중심으로 한 개혁정책을 채용하였다.

그리고 중국은 지역격차, 소득격차, 부패문제라는 사회적 이슈에 당면하여 경제개혁뿐만 아니라 '정치 제도적(당정기능 분리)' 개혁 역시 추진하였다. 그러나 중국의 정치개혁은 경제개혁을 위한 보조적 수단으로서의 개혁수준에 머물러 왔다. 1989년 천안문 사태이후 중국 정치의 민주주의 문제가 중국사회 내부적으로 회자되었던 것도 사실이지만, 중국 지도부는 천안문사태에 대한 공식적인 언급을 회피하면서, 특히 장쩌민(江澤民)체제 이후에는 '당내 민주주의' 추진을 정치개혁의 핵심과제로 인식하였다.

초기 개혁개방시기 뿐만 아니라 장쩌민(江澤民) 중심의 집단지도체제하의 중국 지도부는 선(先) 개방을 통한 경제성장을 중시하면서 경제개혁에 초점을 두어 왔다. 그러나 2002년 차세대 지도부 후진타오(胡錦濤)를 중심으로 한 집단지도체제의 등장 이후 중국의 정책은 개혁을 중시하면서 부의 균등한 분배를 통해 성장을 도모하는 방향으로 변하기 시작하였다. 후진타오체제는 부정부패의 소지가 높은 불투명한 정책[1]은 배제하며 투명성을 확보하고, 이를 위해 법제화를 강조하는 동시에 정책적 결과에 대한 객관적 평가나 소외지역과 계층에 대한 균형정책을 구사하였던 것이다.

그러나 후진타오체제의 집권 1기 동안에는 장쩌민의 영향력에 벗어나 독자적인 체제를 구축하는데 일단 성공하였으나, 여전히 지역간, 계층간, 도·농간 격차가 크게 개선되지는 않았다. 나아가, 당-정체제가 지니고 있는 중국 정치제도의 특징으로 인해서 부정부패의 근원적인 문제가 해소되기 위해서는 정치개혁의 취약성을 단계적으로 해결할 필요성이 제기되었다. 특히 개발도상국가로서 중국은 장래에도 지속적 성장이 가능한 경제로 발전하기 위해서는 노동집약적 제2차 제조업산업 중심의 경제를 기술집약적 산업구조의 경제로 한 단계 업그레이드해야 하는 과제 역시 놓여 있었다.

1) 장쩌민체제 하에서는, 예를 들어, 인맥을 중심으로 하여 인허가사항을 묵과하는 일종의 정책적 비리가 크게 개선되지 못하였던 것이다.

2) 경제발전과 정치개혁

그동안의 경제성장을 중국의 지속성장 가능한 경제발전(sustainable economic growth)으로 진전시키기 위해서는 먼저 정치, 사회적으로는 시장경제의 활성화를 위한 법제화와 '법치'를 강화해야 할 필요가 있었다. 또한 경제적인 측면으로는 제2차 산업의 중심의 산업구조를 순차적으로 고도화하여 금융, 서비스 등 제3차 산업의 발전을 촉진시켜야 할 필요성이 제기되었다. 중국은 이러한 전환과정을 더욱 촉진하기 위해, 과학기술과 산업의 연계에 의한 산업의 발전을 중국의 중요한 산업 정책적 방향으로 삼기 시작하였다. 더욱이 중국의 자주혁신능력의 강화를 위해 첨단과학기술산업과 신기술산업의 육성을 지속적으로 전개하고자 하였다. 이런 의미에서 중국은 '혁신형 국가' 개념을 제시하였던 것이다. 그리고 장쩌민의 영향력 하에 출범한 후진타오체제는 지도부내에서 권력 갈등적인 양상보다는 권력 안정화가 선결되어야 하는 과제도 안고 있었다.

제16차 당대회 이후 후진타오정부는 개혁정책의 중심이 경제개혁의 범위를 넘어서서 사회개혁으로 확대되기 시작되었다. 특히 2007년 10월에 개최되었던 제17차 중국 공산당 당대회에서는 '사회조화론(和諧社會)'과 '인본주의(以人爲本)', 그리고 '과학발전관(科學發展觀)' 등의 지도방침을 중심으로 사회보장, 의료위생, 환경보호와 교육 등 각 방면의 사회개혁에 이르게 되었다.

그런데 이런 사회개혁이 정치개혁을 위한 중요한 부분을 차지하지만 보다 근원적인 정치개혁을 대체하는 것은 아니다. 그간 경제개혁의 보조적 수단으로 전개되어 왔던 중국의 정치개혁은 몇 차례 있었던 국무원의 기구개혁에서부터 사유재산권 및 민영기업의 정당화를 위한 헌정개혁으로 이어졌다. 그러나 당-정체제를 기본으로 한 소수 엘리트 정치는 헌정개혁이라는 중국사회의 커다란 변화에도 불구하고 경제문제와 관련된 문제에 치중해 왔기 때문에 중국 정치개혁의 한계성을 내포하고 있다.

사실, 중국의 소수 엘리트 정치가 마오시대의 농민, 노동자, 혹은 군인이라는 출신배경을 지닌 혁명간부에서 개혁개방 이후에는 기술관료로의 변화가 일어났고, 기술관료 중심의 그 '통치스타일'이 제도화되는 과정을 겪기도 하였다. 그러나 여전히 중국의 정치는 엘리트 통치의 규칙을 합법화하기 어려운 문제가 뒤따르고 있다. 또한 중국 내에서 제기되고 있는 정치개혁의 문제, 즉 중국사회 내의 평등과 불평등에 관한 근본적인 문제를 해소하기 어렵다는 한계를 노출하고 있다.

따라서 본 장에서는 중국 공산당 제17차 당대회를 통해 나타난 후진타오 집권2기 체제의 리더십 구조와 정부정책을 살펴보기로 한다. 이를 기초로 하여 중국 엘리트 정치의 특성과 1980년대 이후 중국 내에서 줄곧 제기되고 있는 정치개혁에 대한 논의 및 체제개혁문제를 고찰해 보자.

2. 엘리트 정치와 중국 공산당 제17차 전국대표대회

1) 엘리트 정치와 17차 당대회

중국의 최고 지도부를 선출하는 중국 공산당 제17차 전국대표대회가 지난 2007년 10월 15일 개최되어 10월 21일 폐막되었다. 그리고 10월 22일 개최된 17차 당대회의 제1차 중앙위원회 전체회의(제17차 1중전회)에서 후진타오 집권2기 체제를 이끌어 갈 핵심지도부가 구성되었다. 특히 중국 공산당 17차 당대회에서 새로이 뽑힌 정치국 상무위원회 위원이 누구인가는 후진타오 이후를 이끌 제5세대 지도자의 핵심이 누가 될 것인가와 연관이 되어 있기 때문에 중국 국내외에서 많은 관심의 대상이었다.

그런데 중국 공산당 제17차 당대회를 통해 요녕성 당서기를 지냈던 리커창(李克强)과 함께 상해 당서기 출신의 시진핑(習近平), 그리고 허궈창(賀國强) 기율검사위원회 서기, 저우융캉(周永康) 정법위원회 서기가 중국 공산당 중앙정치국 상무위원회 상무위원으로 함께 진입함으로서 후계구도가 명확치 않게 되었다. 중요한 점은 후진타오 현 주석이 17차 당대회에 장쩌민 전 주석과 함께 참석하였다는 것이다. 따라서 상하이방 출신으로 분류되었던 인물들이 물러나고 후진타오 세력하의 인물들로 지도부를 구성할 것이라는 그간의 예상과 달리 후진타오체제 집권2기에서는 화합과 포용을 중심으로 '강한 중국' 건설을 강조하였다. 이러한 현상은 중국에서 집단지도체제를 근간으로 하는 엘리트정치(elite politics)가 이데올로기적 성향에서 전문성과 실용성을 중시하는 기술관료 엘리트통치로 부분적으로 제도화되어 가고 있음을 보여준다.

그러나 여전히 의문은 중국의 통치엘리트 사이에 타협의 규범이 엘리트정치의 새로운 형식으로 내부화된 것인지, 혹은 권력 배분의 수단이 제도화되었는지에 관한 점이다(Joseph Fewsmith, 2001). 물론 제17차 당대회를 통해 나타난 후진타오 집단지도체제의 구성은 정치적 갈등과는 뚜렷한 경계를 긋는 것이지만, 앞으로 권력승계를 둘러싸고 나타날 수 있는 불화를 불식시키지는 않는다.

요컨대, 중국 공산당 제17차 전당대회를 통해 후진타오 중심의 집단지도부체제는 후주석 계열 즉 중국 공산주의청년단 계열과 장쩌민 전 주석의 상하이방(上海幇) 계열, 그리고 쩡칭홍(曾慶紅) 부주석을 필두로 한 태자당(太子黨)이 권력을 분점하는 형식으로 구성되었다. 후 주석 계열로는 원자바오(溫家寶) 총리와 신임 리커창(李克强)을 들 수 있고, 쩡칭홍 계열로는 새로 뽑힌 시진핑(習近平)과 허궈창(賀國强) 기율검사위원회 서기, 저우융캉(周永康) 정법위 서기, 장쩌민 전 주석 계열로는 우방궈(吳邦國), 자칭린(賈慶林), 리창춘(李長春) 등 연임된 상무위원들이 있다. 그러나 후진타오체제의 집권 2기는 후

주석의 리더하에 각 계열간에 안정적인 권력구도를 형성하였고, 특히 제17차 당대회에서 후 주석의 '과학적 발전론'이 당헌법과 당장(當章)에 수정안으로서 삽입되었다는 점이 후 주석의 안정적인 권력구조를 의미한다.

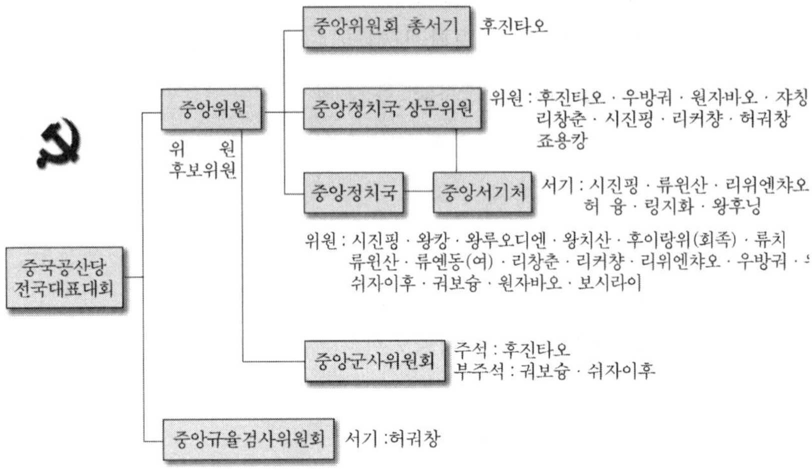

자료: http://korea.cpc.people.com.cn.

[그림 10-1] 중국 공산당 중앙조직 구조도

자료: http://korea.cpc.people.com.cn.

[그림 10-2] 중국공산당 중앙정치국 상무위원회 위원

2) 17차 당대회와 정부 정책내용

후진타오 주석은 2007년 10월 15일 당대회의 첫 날 보고에서 중국의 경제력의 대폭 향상되었으며 경제가 안정적으로 쾌속한 발전을 유지하였다고 하였다. 특히 사회주의 신(新) 농촌건설이 착실하게 추진되었고, 지역간의 발전에 있어서 협력이 강화되어 지역균형발전전략이 착실히 진행되고 있음을 강조하였다. 또한 그의 보고에서 혁신형 국가건설이 순조롭게 진전되어 자주적 혁신능력이 대폭 향상되었으며, 제10차 5개년계획이 성공적으로 완수되었고, 따라서 현재 제11차 5개년계획을 순조롭게 진행하고 있다고 하였다.

후진타오체제의 집권 2기 정부의 정책내용을 파악하기 위해서는 당대회의 보고에서 밝힌 후 주석의 '사회조화론'과 '과학적 발전관'에 대한 의미를 살펴보아야 한다. '사회조화론'은 중국의 중서부내륙지역에 정부의 투자정책화 외자유치를 통해 지역격차문제를 해결하고 나아가 사회에 내재되어 있는 빈부격차를 해결하여 사회 안정화를 꾀하겠다는 정책적 의지를 담고 있다.

그리고 '과학적 발전관'은 앞으로 중국이 지속성장 가능한 경제발전을 이룩하기 위해 먼저 2차 산업의 중심의 산업구조를 고도화하여 금융, 서비스 등 3차 산업의 발전을 가져와야 한다는 것이다. 그리고 노동집약적 산업중심에 자본, 기술집약적 산업으로 발전방식도 전환해야 한다는 내용을 담고 있다. 또한 중국 생태 및 환경오염문제도 해결해야 한다는 현실과 과학기술과 산업과의 연계의 필요성이 부상되면서 이러한 과제에 직면하여 후 주석으로 하여금 과학적 발전론을 강조하게 되었다. 즉 과학적 발전관은 양적 성장에 의존한 경제성장에서 탈피해서 그동안 경제성장 위주의 정책으로 초래되었던 소득격차, 도농격차, 지역격차 등의 사회문제를 해결하고 지속 가능한 균형발전을 이루어내겠다는 내용이다.

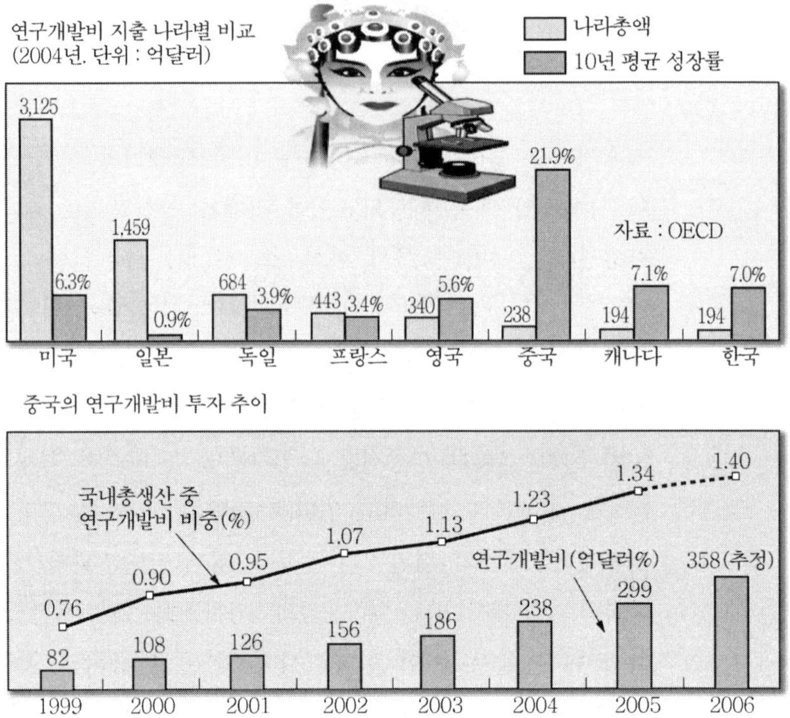

자료: 한겨레(2007. 2. 28), http://www.hani.co.kr.

[그림 10-3] 중국의 연구개발비 투자 추이

또한 과학적 발전관은 현재의 중국 발전과정에서 놓인 특수한 상황에 기초해서 혁신적 국가발전, 발전방식 혹은 발전모델의 전환, 발전규율의 강조 등을 통해 글로벌시대에 요구되는 산업화, 정보화, 도시화, 시장화, 국제화를 이루어내겠다는 의지를 담고 있다. 특히 과학적 발전관은 중국 특색의 사회주의 기치 아래 강조되었던 덩샤오핑(등소평)이론과 장쩌민 전 주석의 '세 가지 대표론(三個代表)'의 사상적 지도와 일맥상통하고 있으며, 중국 사회주의 발전을 위해서 과학적 발전관을 실천하여야 한다고 강조하고 있다. 향후 중국정부의 정책방향이 담겨있는 후 주석의 보고 내용은 다음과 같이 요약할 수 있다.

첫째, 과학적 발전관은 발전에 관한 당의 제3세대 중앙지도집단의 중요사상을 계승하고 발전시킨 것으로, 중국특색의 사회주의를 발전시키기 위해 반드시 실천되어야 한다는 점을 강조하고 있다.

둘째, 산업구조, 성장방식, 소비모델을 기본적으로 형성해야 하면서 생태환경 보호와 에너지를 절약하는 경제발전모델로 전환되어야 한다는 것이다.

셋째, 자주적 혁신능력을 높여 혁신형 국가를 건설해야 한다고 강조하고 있다. 이를 위해 국가의 중장기 과학기술발전계획요강을 실시하고, 국가혁신체계를 구축, 산학연이 결합된 기술혁신체계 구축, 과학기술성과가 상업화로 이루어지도록 촉진한다.

넷째, '사회주의 민주정치'를 확고하게 추진하며 사회주의 문화발전 및 번영을 추구한다. 특히 사회주의민주정치의 제도화(인민대표제도의 기능 강화, 기초민주주의 촉진, 행정체제개혁을 통한 서비스형 정부구축 등), 규범화, 절차화를 추진함으로써 정치제도와 법률제도를 통해 당과 국가의 안정을 보장해야 한다고 강조하였다. 다섯째, 민생개선 위주의 사회주의 건설을 가속화한다.

다섯째, 국방 및 군의 현대화를 달성하고, 1국가 2체제(一國兩制)를 통해 대만과 중국의 평화적 통일을 추진한다는 것이다.

이러한 정부의 정책내용은 주로 국가혁신정책을 통해 경제성장방식을 조율할 뿐만 아니라 사회 안정화를 기한다는 내용이 중심을 이루고 있다. 그러나 정치개혁의 문제는 다만 당내민주주의를 통해 해결한다는 장쩌민체제 이후에 지속되었던 기존의 입장을 되풀이하고 있는 것으로 해석된다.

3. 중국 정치개혁의 문제

1) 신권위주의 논쟁과 정치개혁

주지하다시피, 중국정치제도의 특징은 집권당으로서의 중국 공산당이 중추적 지위를 가지면서 국가권력기관, 행정기관, 사법기관 등 중국정치체계의 구성부분에 대해 정치적 지도를 실시한다는 것이다. 1949년 신중국 성립 이후 중국은 대부분의 시기 동안 '당정합일' 혹은 '당이 정부를 대체하는(以党代政)' 관리체제를 실시하여 왔다. 중국 공산당조직 자체는 사실상 사회의 공공권력으로 존재해 왔고, 국가조직과 같은 위치이거나 심지어는 국가조직을 초월하는 것으로 인지되어 왔다. 특히 문화대혁명 기간에는 혁명위원회가 정부기관을 대체했으며, 당정이 고도로 일치된 기관으로서 각, 성, 시, 현의 당위원회 제1서기가 혁명위원회 주임으로, 제2서기, 제3서기 혹은 서기가 혁명위원회 부주임으로 활동하기도 하였다(金太軍, 2003). 따라서 중국 정치개혁은 집정당(執政黨)인 공산당과 국가기관의 관계, 즉 당정관계를 어떻게 처리할 것인가의 문제로 연결되어 있다.

제11차 중국 공산당 당대회 이후, 중국 정치개혁의 출발은 일반적으로 고도로 중앙집권화된 당정합일체제에 대한 개혁으로 당정분리를 통한 정치개혁이 핵심적 요소로 간주되었다. 그리고 제13차 당대회에서는 당정분리의 원칙이 재차 강조되어 당위원회의 활동에서 중첩되는 기능을 행정부문으로 이관하였다. 당정분리의 원칙에 따라 공산당은 정치원칙이나 방향, 그리고 중요 사항에 대한 정책결정과 국가정권기관에 중심 간부의 추천 등으로 당의 지도방식이 변화하였으며, 또 당정기능이 법규절차에 의해 규정되기에 이르렀다. 그러나 1980년대 후반 이후로는 정부차원에서 정치개혁에 관한 논지가 소실되면서 '당정분리'의 문제가 개혁의제로 명확히 제시되지 않게 되었다. 그리고 중국내 학계에서 단지 경제개혁이 정치체제개혁을 통해 촉진할 것인지, 아니면 중앙정부의 권위를 강화하면서 시장화개혁을 촉진할 것인지에 대한 주장만이 학자들 사이에 전개되었다.

소위 장빙지우(張炳九), 우지아샹(吳稼祥), 샤오공친(蕭功秦), 양바이쿠이(楊百揆)로 대표되는 학자들은 중국 정치개혁과정에서 '신권위주의'적 통치의 필요성을 제기하면서, 정치체제의 민주화과정에서 중앙집권적 전체주의체제에서 다원적 민주정치체제로 이행하기 위해서는 과도기적으로 권위주의적 집권정치 단계가 필요하다고 주장하고 있다.[2] 왜냐하면 민주정치체제로의 전환은 사회적 조건과 기초가 필수적인 요소이고 또 전체적으로 정치적 안정이 필요한데, 신권위주의는 과거의 전통적 권위주의와는 달리 민주정치체제의 사회적 기초를 놓기 위한 과정으로써 일정 정도 정치참여를 제한하고, 동시에 강화된 중앙의 권위를 통해 정부주도적인 현대화를 촉진하는 것이 중국 정치개혁에 있어 중요하다는 것이다.

그러나 이런 주장과는 달리 롱젠(榮劍), 친샤오잉(秦曉鷹), 황완성(黃万盛), 위하오청(于浩成), 왕이조우(王逸舟), 한수이파(韓水法) 등으로 대표되는 학자들은 신권위주의로 대표되는 정치개혁에 대한 주장이 중국에서 오래 제기되었던 인치(人治)문제의 연장성에서 크게 벗어나지 못하고 있다고 지적한다. 또한 신권위주의는 자칫 권력남용과 부패현상을 심화시킬 수 있다는 것이다. 따라서 다원적 민주정치의 촉진을 주장하는 이들은 중국의 정치개혁은 경제체제 개혁을 진행하는 동시에 적극적으로 정치체제개혁과 민주화로의 진전을 촉진시켜야 한다는 것이다. 이들 가운데 민주정치로의 발전을 위해서 혹자는 보통선거제, 삼권분립, 의회민주주의와 다당제를 실시를 주장하기도 하고, 혹

2) 신권위주의 주장에 상세한 내용은 다음을 참조. 劉軍, 李林(編), 1989, 「新權威主義： 對改革理論綱領的爭論」, 北京： 北京經濟學院出版社.

자는 절차적 민주주의나 엘리트권력의 기초 위에 민주화를 추진하는 엘리트 민주주의를 주장하고 있다.

그러나 이들 주장 가운데 공통된 요소는 경제개혁을 효과적으로 추진하기 위해서는 사회적 기초와 조건이 필요하고, 더 나아가 다원적 민주정치의 확립이 최종목표로서 정치개혁이 나아가야 할 방향이라는 데에는 의견을 같이하고 있다. 또한 이러한 논쟁은 중국 정치개혁의 중요성이 지속적으로 제기되고 있고, 중국 지도부 내에서도 사회주의 민주정치 확립을 위해서는 당정체계를 근간으로 하는 정치제도 개혁의 필요성을 인지하고 있다는 점을 보여준다.

그리고 전체적인 과정에서 볼 때, 중국 정치개혁의 과정은 경제성장을 위한 정치적 안정을 우선시 하면서 점진적 체제개혁의 성격을 띠어왔다. 따라서 중국의 정치개혁은 정부기능 및 기구개혁, 인사제도개혁, 그리고 다른 한편으로는 분권화 및 기층 민주주의 건설을 위한 촌민자치제도의 실시 등이 주를 이루었다. 즉 중국 지도부는 재차 민주정치체제 확립을 위해서는 과도기적 과정의 필요성을 강조하면서 권위주의적 발전전략의 색채를 띠고 있다.

현재 국내학자들을 중심으로 중국 내에서 제기되고 있는 정치개혁의 핵심은 첫째, 법치국가의 건설(15차에서는 사회주의 법치국가건설(依法治國)을 제창, 16차에서는 당정관계의 규범화(依法治党)를 강조), 둘째, 인민대표대회제도의 감독기능 강화, 셋째, 당내민주주의 확립을 주요 골자로 한다는 것이다. 이는 당정체제를 골간으로 한 사회주의 중국에서의 정치개혁은 집권당인 공산당이 반드시 헌법과 법률이 범위 내에서 활동하도록 절차상의 권리와 의무를 법으로 제약하는 것이 중국 사회주의 민주정치 확립을 위한 정치개혁의 핵심이라고 보고 있는 것이다.

2) 당내민주주의 개혁과 정치개혁의 문제

제16차 당대회 이후 중국 지도부는 특히 중국의 당정체제를 특징으로 한 정치제도에서는 중국 공산당 내의 민주주의 건설이 민주정치 확립 및 정치개혁의 과정에서 중심 과제로 보고 있다. 왜냐하면 당내민주주의개혁이 중국의 현실 상황에서 실행 가능한 과정이고, 또 이를 통해 궁극적으로는 중국의 정치개혁과 민주주의 확립을 촉진하게 된다는 것이다. 제17차 당대회 중 후진타오주석의 보고에서도 당내민주주의 건설을 강화하기 위해서 당내 당원의 권리를 보장할 뿐만 아니라 당내선거제도 개혁 및 당사무공개 등의 방법을 통한 당내기층민주주의 건설을 강조하였다. 중국의 정치개혁에 있어 당내민주주의를 강조하는 이유는 무엇보다 지속적인 경제성장을 위한 정치안정이 필요하고, 또 사회가 다원화됨 따라 민주화 발전의 요구되는 현 상황에서 중국 지도부가 취할 수 있는 가장 현실적인 방안은 당내민주주의 건설을 통한 정치개혁이라는 것이다(이정남, 2009). 그러나 중국 내에서 당내민주주의 개혁을 바라보는 시각은 아직까지 당내민주주의 개혁이 민주정치 건설이나 민주주의 촉진을 위해 긍정적으로 작동하고 있지 않다고 보고 있다.

현실적으로 나타나는 당내민주주의 개혁의 문제는 첫째, 당내선거제도 개혁이 아직까지 형식에 치우쳐 있다는 것이다. 즉 거수표결방식에서 투표선거 및 경쟁에 의한 선거제도를 도입하고 있지만, 각 급 당간부 인선과정에서는 실질적으로 상급 지도층에서 정하고, 투표는 일종의 형식에 지나지 않는다는 것이다.

둘째, 당내 총서기와 정치국 상임위원회를 중심으로 권력이 집중되어 있어 과거부터 지금까지 존재해온 고도로 집중화된 일원화체제가 답습되고 있다. 또한 당장에서 규정되고 있는 당의 최고 권력기관으로서 전국대표대회는 운영관계상 유명무실해질 수밖에 없다는 것이다.

셋째, 당내 '집단영도체제'가 운영되고 있으나, 개인이나 극소수 엘리트 중심으로 권력독점현상이 빈번히 출현할 수 있다는 점이다.

마지막으로 당내 감독기능의 불완전성을 지적할 수 있는데, 권력이 과도하게 집중된 당 지도체제에서는 감독기능이 약화될 수밖에 없고, 감독기능을 맡고 있는 당 기율위원회는 당위원회에서 관리를 받고 있기 때문에 감독기능을 제대로 발휘할 수 없다는 것이다. 결국, 이런 현실적인 문제들은 당내민주주의 개혁을 통해 민주정치 확립 및 민주주의 국가로의 이행은 피상적인 구호에 지나지 않고, 또 중국의 정치개혁도 현실성이 떨어진다고 지적될 수밖에 없다.

그리고 당내민주주의 개혁의 문제 이외에 또 하나의 근본적인 정치개혁의 문제는 '당정분리'를 중심으로 한 정치체제개혁을 어떻게 진행할 것인가에 대한 점이다. 즉 중국 정치개혁의 문제는 '당-정지도체제'에 대한 개혁과, 이와 더불어 '정책결정기제', '사법체제', '권력감독 및 견제기제'와 선거제도에 대한 개혁이 진전되지 못하고 있다. 이런 문제들의 핵심은 중국의 당정관계를 중심으로 당정기능의 분리뿐만 아니라, 당과 인민대표대회의 관계가 '지도와 감독', 그리고 상호 견제와 균형관계를 어떻게 제도적으로 가능하게끔 만들어 줄 수 있는가에 달려 있다.

사회주의 국가에서 이론적으로 혹은 법리적[3)]으로 상호견제와 균형관계가 가능할 수 있다. 그러나 역시 현실적으로는 당의 인민대표대회에 대한 '영도(領導)'는 중시되고 있지만, 인민대표대회의 당에 대한 감독은 간과되고 있다. 따라서 중국 정치개혁은 정치제도가 '삼권분립'의 형태로 개혁되지 않아도, 당의 직무권한 범위와 활동과정을 법률에서 명확하게 규정하는 것이 중요하다. 또한 인민대표대회가 국가 최고 권력기관이라는 지위가 흔들리지 않는다에 전제 조건에서 출발하여,

3) 인민대표대회의 당에 대한 감독권에 헌법이 명확하게 규정하고 있지 않지만 헌법 제2조의 관련 규정은 간접적으로 당에 대한 감독권을 나타내고 있고, 또 중국 공산당 당장의 규정을 통해서나 헌정원칙에서 '인민대표대회의 당에 대한 감독권은 인민주권'임을 찾아볼 수 있다.

헌법에서 그리고 헌정원칙에서 인민대표대회의 입법기능 강화가 중요하다. 나아가 중국 인민대표대회가 기타 국가기관에 대한 감독제약관계를 제도적으로 강화하는 것이 좀더 현실적인 해결방안이라 볼 수 있다.

4. 소결론

중국 공산당 제17차 전당대회는 중국이 지역격차와 경제성장방식의 전환문제, 그리고 후진타오 집권2기 동안 지도부 내에 권력구조가 어떻게 재편될 것인가 점에서 세간의 이목이 집중되었다. 제17차 전당대회는 중국의 향후 정치권력구도와 전환기 정부의 정책이 경제성장을 지속적으로 달성하기에 충분한 것인가 등 여러 측면에서 중대한 변화를 예정하는 것이었다. 일부 학자들의 전망은 후진타오 집권2기 체제에서는 그동안 지속되어 왔던 장쩌민 전 주석의 영향력이 줄어들고, 반면 후진타오 주석 계열이 중국 공산당 정치국 상임위원에 대거 포진할 것이라 바라보았다. 그러나 제17차 전당대회의 결말은 후주석의 안정적인 권력분점과 경제성장을 촉진을 위한 정부의 정책을 선택하는 것이었다. 즉 정치문제보다는 여전히 경제문제가 더 중요한 과제로 보고 있다.

그러나 현재 중국 지도부뿐만 아니라 차·차세대 지도부가 당면하고 있는 것은 지속가능한 경제성장 문제뿐만 아니라 정치개혁을 통해 사회에서 점차 분출되고 있는 민주화 요구를 어떻게 수용할 것인가 하는 점이다. 그런데 17차 당대회 이후 권력구도는 장쩌민 전 주석의 영향이 미쳤던 각 계열간의 권력분점을 그대로 반영하고 있고, 그 동안 후주석 집권체제의 불안요인으로 지적되어 왔던 상하이방 계열의 영향력과 정치개혁의 문제는 그대로 지속되어 오고 있다. 더욱이 후진타오 집권이후 이러한 권력분점 형태의 엘리트정치 규칙이 정치제도로 내부화된 것인지, 이러한 권력구조가 민주정치체제로 개선될 수 있을 것인지 하는 의문점이 과거부터 답습해 왔던 동일한 문제가 여전히 지속되어 오고 있음을 보여준다.

중국 정치개혁의 문제는 개혁개방 이후 '천안문사태' 보여준 바와 같이 당정체제에서 연유되고 있는 비민주주의적 요소를 개혁하는 것이 시급한 과제임을 시사하고 있다. 당내민주주의 개혁은 당정분리의 핵심문제를 해결하는데 현실적으로 동떨어져 있고, 중국의 정치상황에서 실현가능한 개혁이라 할지라도 근본적인 정치체제개혁과 민주화 발전에 못 미친다는 것이다. 사실, 각 국의 사례에서도 보듯이, 민주화로의 발전이 절차상 민주주의 해결로 완결될 수 없지만 적어도 현 시점에서 중국의 정치개혁은 헌정개혁이 중요하고, 이에 따라 현실정치생활에서 인민대표제도의 지위보장뿐만 아니라 견제와 균형역할을 할 수 있는 기능강화가 시급한 과제라고 할 수 있다.

참고문헌

김재철(2002), 「중국의 정치개혁: 지도부, 당의 지도력 그리고 정치체제」, 서울: 도서출판 한울.

이정남(2009), "최근 중국의 민주화 담론에 대한 비판적 고찰: 당내 민주화론을 중심으로", 「현대중국연구」, 제10집2호, pp.43-69.

서진영(2008), 「21세기 중국정치」, 서울: 폴리테이아.

한겨레, 2007. 2. 28.

金太軍(2003), "新世紀中國改革若干重大問題的思考", http://studa.net/Marxism/040429/2003918171850-10.ht, pp.1-12(Bar).

劉軍, 李林(編)(1989), 「新權威主義: 對改革理論綱領的爭論」, 北京: 北京經濟學院出版社.

青木昌彦 等(主編)(1998), 政府在東亞經濟發展中的作用, 北京: 中國經濟出版社.

青木昌彦, 吳敬璉(編)(2008), 「從權威到民主: 可持續發展的政治經濟學」, 北京: 中信出版社.

Ewing, R. D.(2003), "Hu Jintao: The Making of a Chinese General Secretary", *The China Quarterly*, 173. 17-34.

Fewsmith, Joseph(2001), "The New Shape of Elite Politics", *The China Journal*, 45, 83-93.

Fewsmith, Joseph(2001), *Elite Politics in Contemporary China*, Armonk, New York: M. E. Sharpe.

Halper, Stefan(2010), *The Beijing Consensus: How China's Authoritarian Model will Dominate the Twenty-First Century*, New York: A Member of the Perseus Books Group.

Naughton, Barry and Nicholas R. Lardy(1996), "China's Emergence and Prospects as a Trading Nation", *Brookings Paper on Economic Activity*, 1996(2), 273-344.

Qian, Yingyi(1998), "A Theory of Shortage in Socialist Economics Based on the 'Soft Budget Constraint'", *American Economic Association*, 84(1), 145-156.

Huang, Yasheng(1994), "Information, Bureaucracy, and Economic Reforms in China and the Soviet Union," *World Politics*, 47(1), 127-128.

Pey, Minxin(2006), *China's Trapped Transition: the Limits of Developmental Autocracy*, Cambridge: Harvard University Press.

Shambaugh, David(eds.)(2000), *The Modern Chinese State*, Cambridge: Cambridge Unversity Press.

Shambaugh, David(2008). *China's Communist Party: Atrphy and Adaptation*, Berkeley: University of California Press.

Shirk, Susan L.(2007), *China: Fragile Superpower*, Oxford: Oxford University Press.

Zheng, Yongnian(2010), *The Chinese Communist Party as Organizational Emperor: Culture, Reproduction and Transformation*, London and New York: Routledge.

http://english.cpc.people.com.cn.

http://korea.cpc.people.com.cn.

11
chapter

중국의 자원외교와 동북아협력문제

1. 중국 자원외교의 정의와 배경

1) 중국 자원외교의 정의

최근 자국의 경제성장에 에너지 자원의 확보가 매우 중요하기 때문에 국제관계에서 자원외교가 더 중요해진 시점에 와 있다. 자원외교에 대한 기존의 해석은 일국의 에너지 및 자원의 수급과 출로의 안전을 확보하거나 이를 보장하기 위해 전개되는 대화 및 활동을 가리키는 것으로 풀이해 왔다. 즉 국제사회에서 자원외교를 통해 일국은 지정학적인 정치경제적 입장에서 국가이익의 최대화를 위해 기타 국가 혹은 비국가 행위체와 외교활동을 전개하게 된다는 의미이다. 그러므로 21세기 자원외교의 궁극적 목적은 부족한 에너지 자원을 다변화된 전략을 통해 확보함으로써 국가 안보를 지키는 것이라 보고 있다(張志, 2008).

그런데 자원외교를 지정학적인 파워게임(geopolitical great game)

으로 보는 시각에서는 에너지 자원 확보가 주요 강대국 사이에서의 호전적 정책을 의미하는 것으로 간주하고 있다.[1] 즉 자원의 통제가 주요 강대국들 사이에 전략적 자산이 될 수 있기 때문에 지정학적 위치에 따라 다양한 확보전략을 구사하면서 서로 경쟁하게 된다는 것이다. 예를 들어, 2010년 9월에 발생한 중국과 일본의 조어도(센가쿠열도) 영토 분쟁의 본질은 대륙붕에 위치한 이 섬 주변에 막대한 석유가 매장되어 있다는 사실이 1968년에 발견되면서부터 자원을 둘러싼 갈등의 시작이 그 배경이 되고 있다 할 수 있다. 이 분쟁에서 중국은 또한 자동차의 강판을 강하게 하는 희소강물인 몰리브덴(Mo)과 리듐(Li) 등의 이른바 희토류(稀土類)[2]라는 자원을 이용하여 일본에 대응한 바 있다.

중국 역시 석탄과 수력 에너지 자원이 상대적으로 풍부하지만, 지난 30여 년 동안 고도의 경제성장과 함께 에너지[3] 자원 소비 역시 빠르게 증가하여 왔다. 특히 중국은 후-후발 산업화국가로서 1990년대 이후 중국에서 에너지 및 자원의 수급 안전문제는 경제성장의 문제뿐만 아니라, 국가 안보와 전략적 발전과 깊은 관련을 맺기 시작하였다(Xu QinHua, 2007). 더욱이 중국은 국내 에너지 생산만으로 에너지 자원의 수요를 충족시키지 못하고 있고, 최근 석유와 가스에 대한 국내 수요의 확대로 인한 에너지 수급 불균형 문제를 해결하기 위해서는 해

1) 에너지 자원이 갖는 양적 제한성과 희소성, 대체 에너지 개발의 기술적 난점으로 인해, 에너지 공급에 의존하는 국가들은 에너지안보의 취약성을 갖고 있을 뿐만 아니라, 에너지 확보를 둘러싼 각 국가간의 치열한 경쟁구도 형성은 불가피하다는 것이다. 김기정·천자현(2009), "중국 자원외교의 다자주의와 양자주의: 중앙아시아 및 아프리카에 대한 중국 자원외교 비교", 『국제지역연구』, 13(1), pp. 107-133.

2) 희토류(Rare Earth Minerals, 稀土類)는 LED, 반도체, 하이브리드 자동차 등 각종 첨단기술산업 분야, 녹색기술 등에 사용되는 필수적인 자원으로, 중국은 2009년 전 세계 희토 생산량의 약 97%를 담당하였으며, 36%를 보유하고 있다고 한다.

3) 1978년 개혁개방의 초기 중국은 여전히 자립갱생의 에너지정책을 지속해왔을 뿐만 아니라, 석유자원의 일부분을 수출했지만, 경제성장으로 인한 에너지 수요량이 증가하면서 1993년부터 991만톤의 원유와 정제유제품을 수입하기 시작하였다. 潘光(2008), "改革開放30年來的中國能源外交", *國際問題硏究*, 6, p.29.

외 에너지 자원개발이 필수적이라는 점을 인식해 왔다.

특히 1993년 이후로 중국은 원유 순수입 의존국이 되면서, 중국의 입장에서 자원외교의 문제는 에너지 수급뿐만 아니라 에너지 기술의 발전까지를 포함하게 되었다. 중국은 아시아 최대의 자원소비국이지만, 그러나 최근까지 중국은 경제규모에 비해 낮은 에너지 사용 효율성을 보이고 있다. 중국은 총에너지 수요량이 일본의 두 배가 넘어서고 있고, 따라서 석유에 대한 수입의존도가 40%가 넘기 시작하였다(아시아경제, 2010.6.7).

다시 말해, 중국은 이미 2004년 세계의 여러 지역에서 석유 수입량이 하루 300만 배럴 이상으로 늘어남으로써 미국 다음으로 세계 제2위의 석유수입국이 되어 있다(Kalder, 2005). 중국은 이 때문에 반드시 국내 소비의 증가를 억제하든지, 석타액화연료(CTL, Coal to Liquids)와 같은 비전통석유[4]의 사용을 촉진시켜야 할 상황에 놓이게 된 것이다.

2) 중국 자원외교의 전개 배경

중국의 자원외교는 중국의 지속가능한 발전을 촉진하는 동시에 안정적인 에너지 자원 수급확보 및 기술진보(technology progress)의 역할을 의미하는 것이 된다. 즉 중국의 자원외교를 한편으로 공급측면(supply-side)에서 에너지 자원수급 및 출구확보를 위한 전략적 활동뿐만 아니라, 다른 한편으로 수요측면(demand-side)에서 에너지 보존 및 다양화를 위한 정책으로 접근하여 이해할 필요가 있다. 수요와 공급 측면에서 중국의 에너지 정책을 살펴볼 경우, 중국의 자원외교는

4) 비전통석유는 원유 채굴과 같은 전통적인 방식으로는 추출이 불가능했던 자원으로 기술 발전과 채산성 개선에 힘입어 생산 가능하게 된 석유자원을 말한다. 대표적으로 오일샌드(Oil Sands), 초중질유(Extra Heavy Oil), 가스액화연료(GTL · Gas to Liquids), 석탄액화연료(CTL · Coal to Liquids), 오일셰일(Oil Shales) 등이 꼽힌다. 아시아경제, 2010.6.7. http://www.asiae.co.kr/news/view.htm?idxno=2010060614164789073.

공급측면에서만 다루게 되는 협의적인 에너지 안보(energy security) 개념에서의 지정학적인 관점을 넘어서게 된다.

사실, 중국의 최근 에너지 정책은 2005년 제11차 경제개발 5개년 계획(2005-2010년)에서 기초하고 있는 바와 같이, 에너지 보존과 에너지 안보를 통합시키는 정책을 취하고 있다. 그러므로 중국의 자원외교는 현재 양자주의적 에너지 협력과 다자주의적 에너지 협력을 자원외교의 전략으로 함께 구사해 오고 있다. 따라서 중국의 자원외교는 단순히 에너지자원 수급경로를 확보하기 위한 전략적 외교활동으로만 보기 어렵다. 중국은 어떤 식으로든 에너지자원의 공급뿐만 아니라, 수요자 측면에서 에너지 절약 및 환경보호, 재생에너지 개발과 관련된 위한 기술적 진보 역시 정책적 과제이다. 이 부분 역시 중국의 자원외교를 구성하고 중요한 요소이다.

이 문제와 중국 자원외교에는 어떤 함의를 내포하고 있는지 살펴볼 필요가 있다. 특히 중국의 자원외교가 국익의 실현뿐만 아니라, 에너지 수급 및 출구지역의 안정유지, 그리고 에너지 협력 및 지속적 개발을 위한 외교적 행동을 포함하는 광의적 에너지안보 개념으로 추구되고 있는 것인지 알아보아야 한다. 중국의 자원외교와 관련하여 또 생각해야 할 부분은 동북아시아 지역에서 에너지 안보문제로 인한 '중국 위협론'이 가능한 시나리오인지, 아니면 동아시아 에너지 안보협력을 위해 추진되어야 할 방향은 무엇인지에 관한 것이다.

2. 중국의 에너지자원 정책

1) 중국의 에너지자원 정책

국제에너지기구(International Energy Agency, IEA)의 잠정자료에 의하면, 중국은 2009년 세계 최대 에너지 소비국이 되었다. 2000년부터 2008년간 중국의 에너지 소비량은 이전 10년에 비해 4배 이상 증가한 것으로 나타났다. 급증하는 중국의 국내 수요를 충족시키기 위해 화석연료의 수입이 증대되고 있고, 이에 따라 중국은 국제시장에 더 영향을 미칠 것이라 보고 있다(World Energy Outlook, 2010). 현재 중국의 석유 소비량은 2010년 3억 5천만에 3억 8천만 톤, 천연가스는 1,000에서 1,200조 입방미터에 이를 것으로 평가하고 있다(Xu QinHua, 2007). 따라서 중국은 2007년 석유수입량이 1.968억 톤이었고, 2010년에 2억 톤이 넘을 것으로 보고 있다.[5] 다시 말해, 중국의 석유수입 의존도는 계속 증가하여 총 소비량의 70%에 이를 것으로 보고 있다(Tang, 2006).

5) 중국의 국내 석유생산 공급은 1,700만 톤에서 1,900만 톤으로 완만하게 증가할 것으로 보고 있다.

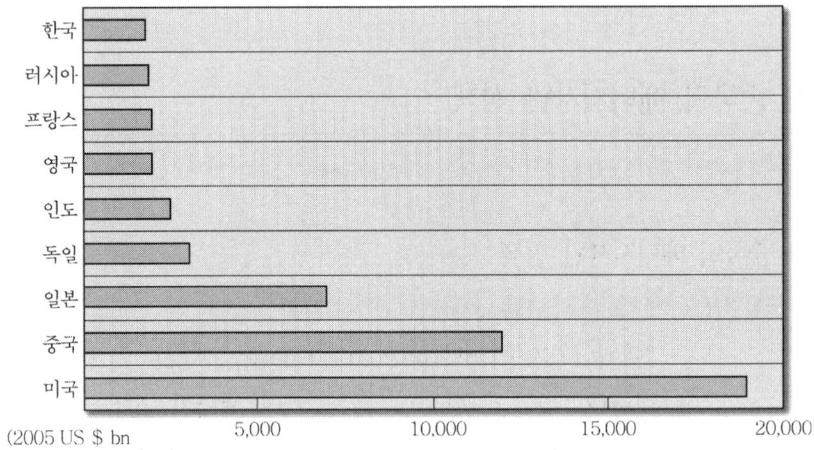

자료: Goldman Sachs BRIC report(2005)

[그림 11-1] 2025년 주요 경제대국의 GDP

중국은 자원집약적인 경제성장 구조를 가진 만큼 에너지 효율성이 떨어지는 문제로 에너지 절약 및 사용 효율성 문제가 재차 지적되어 왔다. 특히 제11차 5개년 계획에서는 이전의 계획에서 에너지 공급에 초점을 맞춰 에너지 자원 확보만을 강조해 왔던 것과는 달리, 에너지 수요 측면에서 에너지 소비 효율성 증대, 신재생에너지 개발, 환경보호 등 에너지 효율성 향상을 강조하였다(김정기, 2009). 따라서 중국의 에너지 정책은 에너지 과소비 업종 제재, 에너지 산업구조 최적화, 오염물질 배출총량 감축, 에너지 전달체계 개선, 에너지 가격개혁, 신재생에너지 지원 등을 통해 2005년에 대비 단위 GDP당 20% 에너지 절약을 목표로 하는 에너지 대량 소비 억제를 촉진하는 정책에 초점을 맞추고 있다(우리투자증권, 2010).

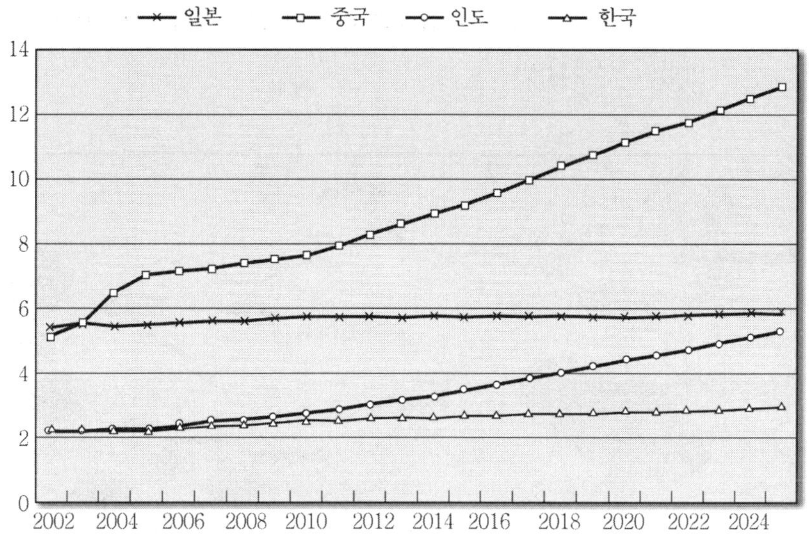

주: 단위는 하루당 백만 배럴
자료: U.S. Department of Energy. *Annual Energy Outlook*, 2005

[그림 11-2] 중국 석유 수요량의 증가치 예측

중국의 에너지 정책 및 에너지 개발전략은 1990년대 변화를 맞이하기 시작하였다. 이러한 변화는 중국 자원외교의 역할이 광의의 에너지 안보를 포함하는 의미로 상승하는 계기가 되었다. 중국의 에너지 정책이 변화하게 된 배경에는 다음과 같은 몇 가지 요소가 영향을 미쳐 왔다.

첫째, 중국의 지속가능한 경제성장을 위해서는 동부지역의 유전 및 천연가스전에서의 과도한 채굴 혹은 채굴 자체를 금지하는 동시에, 서부지역의 새로운 유전 및 천연가스전을 개발하고, 나아가 동부지역으로 운송해야 한다는 방침을 세우게 된 것이다([그림 11-3] 참조). 따라서 중국의 서부지역과 밀접해 있는 중앙아시아에 대해서는 서부지역의 자원개발과 중앙아시아의 자원개발의 참여가 동시에 이루어지고, 따라서 상해협력기구(Shanghai Cooperation Organization, SCO)[6)]

6) 상하이협력기구(上海協力機構, Shanghai Cooperation Organization)는 2001년 6월 15일 중국・러시아・우즈베키스탄・카자흐스탄・키르기스스탄・타지키스탄 등 6개국이 설립한 정부 간 기구이며, 회원국 상호간 신뢰와 우호 증진, 각 분야의 협력 관계 구축, 역내 평화・안보・안정을 위한 공조체제 구축

의 회원국가와 에너지 협력관계를 긴밀히 가져가야 한다는 자원외교의 방향이 설정되었다.

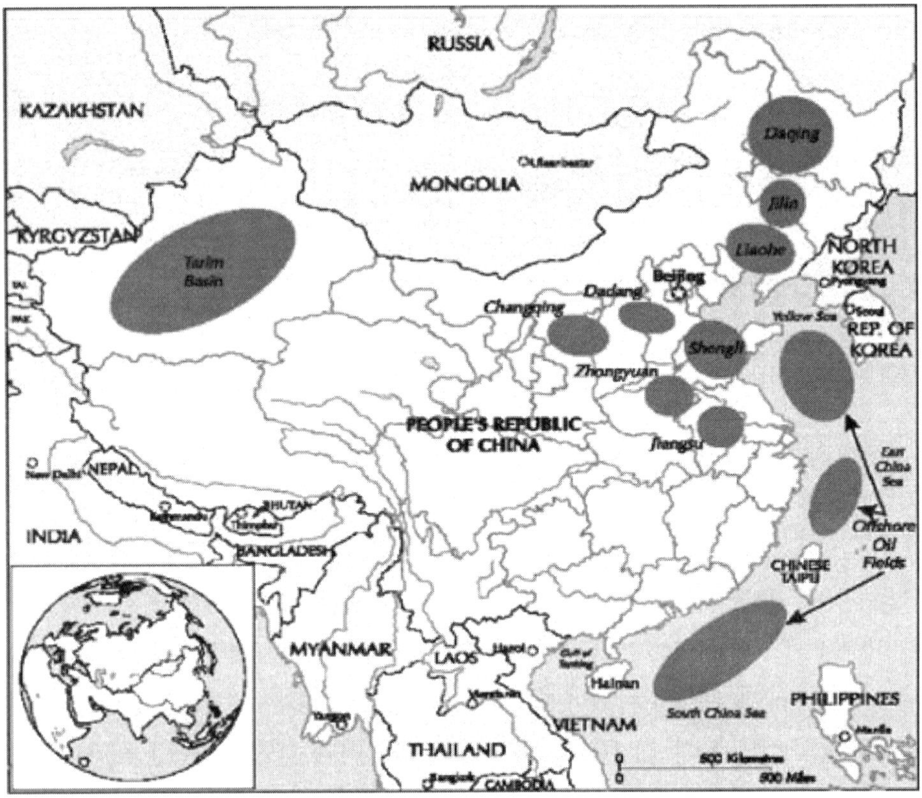

자료: Kent E. Calder(2005), p.5.

[그림 11-3] 중국의 에너지 자원 분포도

둘째, 에너지 자원구조에서 석탄이 차지하는 비중을 낮추고, 석유, 천연가스, 수력발전에너지 및 핵에너지가 차지하는 비중을 높이면서, 이와 동시에 신에너지 자원을 개발함으로써 자원구조를 조정하고자하는 방향을 설정하게 되었다. 이러한 에너지 자원구조의 조정은 환경오염 방지를 위해 오염물질 배출을 줄이고자 하는 국제 에너지 협력체

을 목적으로 설립되었다.

계와 일치시킬 수 있는 정책적 환경으로서 중국은 기타 국가와의 에너지 협력체계를 구축할 수 있는 계기가 되고 있다.

〈표 11-1〉 세계 주요 국가의 원유 생산량(2007년)

(단위: 만 톤)

국가	2007년 생산량	2006년 실제 생산량	증가율(%)
러시아	48,600	47,490	2.3
사우디아라비아	42,125	45,490	-7.4
미국	25,675	25,715	-0.2
이란	19,585	19,455	0.7
중국	18,735	18,415	1.7

자료: 能源局(2010), 2007年世界主要國家原油產量, http://nyj.ndrc.gov.cn.

셋째, 국가유가시장이 불안정할 경우를 대비해, 에너지 자원 비축체계의 구축이 필요한 중국으로서는 우선 에너지 공급이 중단되는 사태와 국제 유가폭등으로 나타나는 시장 불안정을 해소할 뿐만 아니라, 향후 자원비축체계를 구축하기 위해서라도 적극적인 자원외교의 필요성이 제기되었다. 또한 2008년 상반기 국제유가가 급등하자 석유자원의 생산피크 또는 고갈 문제에 관한 논란이 일면서 전통석유(conventional oil)에 대한 대안으로 오일샌드와 초중질유 등 비전통석유(non-conventional oil) 자원의 개발에 대한 관심 역시 크게 증가하게 됨으로써, 자원기업의 국제화 전략(走出去) 및 개발투자확대 강조하게 되는 중국 자원외교의 변화는 새로운 추세를 맞이하게 되었다(王海運, 2010).

넷째, 특히 1990년대 이후 중국은 「광산자원법」, 「수법」, 「전력법」, 「고체폐기물환경오염방지법」, 「환경영향평가법」, 「재생에너지법」, 「석탄법」, 그리고 최근에 수정 반포된 「에너지절약법」과 같은 일련의 법을 통과시킴으로써 중국의 자원외교에 기후변화 및 온실가스 배출 저감, 석유 및 천연가스 가격 등의 문제를 다루기 시작하였다.

다섯째, 중국은 국내 에너지 자원을 이용함과 동시에 주변 해역과 해외 에너지 개발에 적극적으로 참여함으로써 석유 및 천연자원 수입 경로를 다변화하고자 노력하게 되었다. 따라서 중국은 해외 에너지 개발전략에 중점을 두고 석유 및 천연자원의 공급지역의 다변화와 운수 경로의 다양화를 추구하는 노력의 일환으로 자원외교의 역할을 강조하는 직접적인 원인이 되었다(潘光, 2008).

이렇게 볼 때, 중국 에너지 정책의 초점은 에너지 자원 공급량을 확대를 촉진하는 정책에서 에너지 산업구조를 최적화 시키는 측면에 두어지고 있다고 할 수 있다. 이러한 중국의 에너지 정책에 기초한 자원외교는 해외로부터 에너지 수급의 안정성과 경로의 안전을 보장할 뿐만 아니라 국제적인 에너지 협력관계를 촉진해야 한다는 어려운 과제를 안고 있다. 이 경우 중국의 자원외교가 국제 에너지 협력관계를 촉진시켜야 한다는 과제는 에너지 관련 기업의 국제화 전략을 통해 에너지 관련 기술의 발전을 추진하고, 나아가 국내 에너지 사용의 효율성을 개선하겠다는 의미이다.

2) 중국의 자원외교와 동북아 협력

현재 중국의 해외 에너지 자원 개발은 5개 지역으로 전개되고 있다. 첫째 지역은 중동지역으로 중국 수입원유의 60%가 중동에 의존하고 있다. 두 번째 지역은 아프리카지역으로 핵심지역은 수단과 아프리카 서해연안 지역의 국가이다. 세 번째 지역은 남아메리카지역으로 핵심지역은 베네수엘라 국가이다. 네 번째 지역은 중국의 남쪽지역에 있는 국가로 인도네시아와 오스트레일리아이다. 다섯 번째는 중국의 북동지역으로 중앙아시아와 시베리아지역의 국가이다.

결과적으로 볼 때, 중국은 수입자원 에너지원의 많은 부분을 중동에 의존하고 있고, 이들 지역의 운송경로는 모두 호르무즈 해협과 말라카 해협을 통과해야 한다(David M. Lampton and Bo Kong, 2010).

그렇기 때문에 말라카해협에 대한 원유수송로를 미군이 통제하는 상황에서 기타 지역과 특히 러시아를 포함하고 북동지역은 이를 대비한 대안적이 선택으로서 에너지 개발이 추진된 지역으로 볼 수 있다(박홍영, 2006). 특히 중국은 자원외교를 통한 다양한 자원 수급통로를 확보하기 위해 동북지역에서 러시아 및 중앙아시아 국가들과 석유 및 천연가스 에너지 공동개발을 위한 다자적 접근과, 또 전략적으로 다변화된 에너지 수급경로의 조정을 추진하고 있다.[7)]

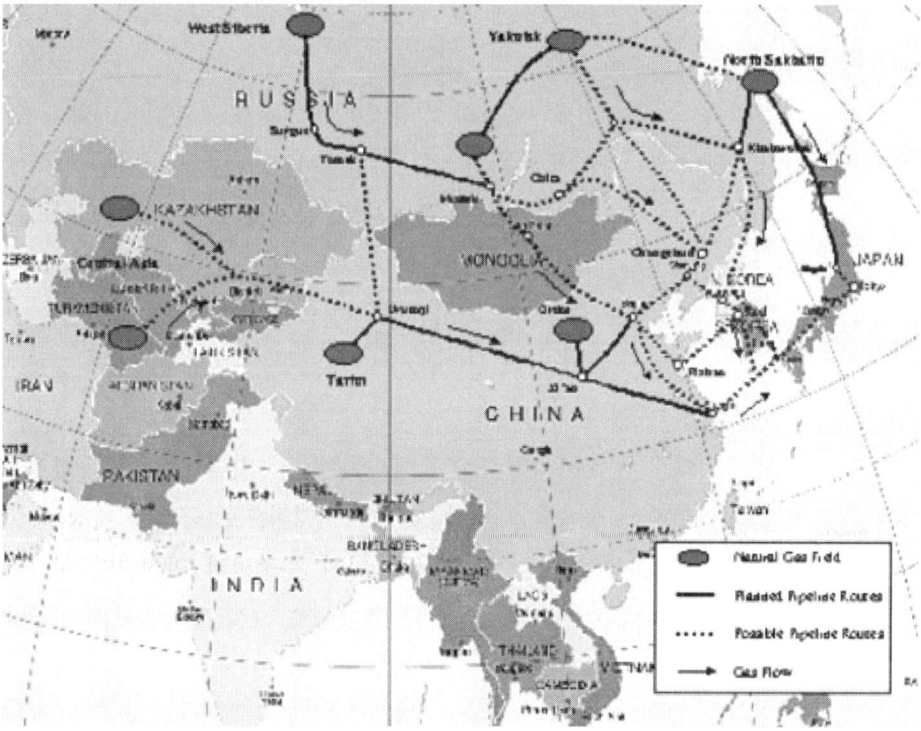

자료: Northeast Asian Gas and Pipeline Forum, http://nagpf.org

[그림 11-4] 동북아시아 천연가스 파이프라인

7) 중국은 카자흐스탄과 중국을 연결하는 송유관(3,000㎞)을 2005년에 완공하였으며, 서부 국경지역과 맞닿아 있는 중앙아시아 국가로부터 가스 파이프라인을 건설하여 동부 연해지역으로 끌어오는 에너지 공급망 구축 사업이 2004년 완공되었다고 한다. 김기정·천자현(2009), p.118.

사실, 동북아시아 지역은 세계경제에서 가장 활력적인 발전을 하는 지역이기도 하지만, 빠른 경제발전과 더불어 에너지 수요가 날로 증대하는 지역 중의 하나이기도 하다. 동북아시아 지역 중 특히 한국, 중국, 일본은 에너지소비가 큰 국가들로 에너지에 대한 수입의존도가 갈수로 심화되고 있고, 에너지 안보에 대한 문제는 동북아시아 지역에서 중요한 이슈로 부각되고 있다. 중국 역시 동북아시아 지역에서 자원국과의 협력을 강화하는 동시에, 이 지역에서의 자원외교의 전략적 목표가 자원 소비국과의 소통 및 국제 에너지 조직 간의 협력(예를 들어, APEC 정상회의를 통한 에너지 협력)을 강화하는 차원에서 설정되어 가고 있다(許勤華, 2008).

물론 중국이 주변해역에서의 석유 및 천연가스 자원개발전략이 영해 및 영토 분쟁에 영향을 미치고 있고, 이점이 중국과 일본 사이에 갈등이 원인이 되고 있지만, 큰 틀에서는 '분쟁보다는 공동개발'이라는 공감대도 존재하고 있다. 또 하나의 문제는 동북아지역에서 유일하게 석유 및 천연가스 수출국인 러시아를 둘러싸고 중국과 러시아, 그리고 일본과 러시아 사이의 쌍무협력관계가 극동지역 송유관문제로 경쟁관계를 유발하고 있다는 점이다.

이 점 역시 동북아지역 국가들이 에너지 자원개발을 위한 경쟁적 방식에서 협력적 방식의 채택이 오히려 지리적으로 근접한 자원 수출국과 소비국 사이의 상호 보완성(즉 자원 수출국의 안정적인 시장과 소비국의 자원 확보)을 가져다 줄 수 있다고 보고 있다. 또한 현재까지 동북아지역에서 역내 자원협력체계가 초기단계에 머무르고 있기 때문에 중국의 입장에서는 이러한 상황이 중동 유가의 '아시아 프리미엄(亞洲溢价)' 현상과 시베리아 및 극동지역에서의 자원개발이 EU와 미국에 비해 뒤져 있는 이유로 보고 있다(盧岩 · 王蘊, 2005).

결국, 중국의 자원외교는 동북아 지역에서 특히 중일 간의 전체적인 경쟁이라는 국면 하에 지엽적이고 제한적인 에너지 자원 협력관계일 수밖에 없지만, 그러나 궁극적으로는 중국의 에너지 안보문제를 해결하는 동시에 다자간 협력체계를 형성하는 계기가 될 수 있다.

3. 소결론

중국의 자원외교가 추구하는 점은 광범위한 국제 에너지 협력관계 형성을 전략적 수단으로 활용하여 국가 에너지 안보문제를 해결하자는 점이다. 즉 중국의 자원외교는 에너지 안보와 에너지 협력, 에너지 자원의 지속적 개발을 위한 외교적 활동을 내포하고 있다. 이러한 중국의 자원외교를 지정학적인 관점에서 자원안보개념과 결합시켜 본다면, 에너지 자원통제를 위한 강대국의 '흥기(崛起)'로 해석될 수 있고, 또 자원외교의 전개는 중국의 국익에 초점을 둔 외교의 한 부분으로 풀이 될 수 있다. 그러나 중국의 에너지 공급과 수요 측면에서 자원외교의 함의를 설명한다면, 지속가능한 경제발전 및 발전방식의 문제 앞에 에너지 개발 협력의 중요성이 자원외교의 역할 안에 강조되고 있음을 보게 된다.

즉 중국 자원외교의 목표와 내연을 에너지 취약성(energy vulnerability)이슈와 협의의 에너지 안보개념을 강조하는 지정학적인 위협으로 단순화시키면, 중국과의 쌍무적 혹은 다자주의적으로 협력 가능한 영역을 무시하게 되거나 혹은 이 영역에서 이해관계를 가지고 있는 중국과의 가능한 협력관계를 놓치게 된다. 이미 중국의 언론보도에서 2011년부터 시행될 제12차 5개년 경제개발 계획에서는 핵에너지를 대대적으로 개발하는 것뿐만 아니라 재생에너지 개발을 위한 에너지 정책 변화에 초점을 맞추게 될 것이라 점을 지적한 내용을 상기할 필요가 있다(新浪財經, 2009). 또한 현재 동북아시아 지역에는 석유 및 천연가스 송수관망이 부족한 상황에서 역내 송수관망을 공동으로 건설할 수 있고, 또 여기에 필요한 자금, 송수량, 송수노선, 기술 및 이익 등의 문제에 대해서 앞으로 한중일 상호간의 협의가 개진될 수도 있는 것이다.

참고문헌

김관옥(2008), "중국의 소프트파워 전략과 아프리카 자원외교," 「서석사회과학논총」, 1(2), 261-286.

김기정 · 천자현(2009), "중국 자원외교의 다자주의와 양자주의: 중앙아시아 및 아프리카에 대한 중국 자원외교 비교," 「국제지역연구」, 13(1), 107-133.

김정기(2009), "중국과 일본의 에너지자원 정책과 에너지 자원외교: 석유자원을 중심으로," 「정치 정보연구」, 12(1), 85-109.

박홍영(2006), "동북아 에너지문제의 현황과 전망: 협력의 필요성과 갈등요인," 「한국동북아논총」, 38, 295-315.

아시아경제, 2010. 6. 7.

盧岩 · 王蘊(2005), "東北亞能源合作与日本外交政策," http://politics.csscipaper.com/internation/guozheng/5532.html.

潘光(2008), "改革開放30年來的中國能源外交, " 國際問題研究, 6, 29-34.

王海運(2009), "新形勢下中國的能源外交, 新浪財經, http://finance.sina.com.cn/hy/20091104/20336923956.shtml.

許勤華(2008), "中國能源外交戰略分析与思考," 科學与研究, 12, 59-64.

張志(2008), "中國能源外交环境的地緣政治學解讀," 經濟研究, 25(6), 76-78.

能源局, "2007年世界主要國家原油產量," http://nyj.ndrc.gov.cn/sjtj/default.htm.

經濟參考報, 2008.9.9.

Drysdale, Peter(2005), "The establishment of an energy security in East Asia," IEEJ *Forum Paper*.

Calder, Kent E.(2005), "China's energy diplomacy and its geopolitical implications," Reischhaur Center, *Asia-Pacific Papers Series*.

Lieberthal, Kenneth and Michel Oksenberg(1988), *Policy Making in China: Leaders, Structures, and Processes, Princeton*, New Jersey: Princeton University Press.

Lieberthal, Kenneth and David M. Lampton(1992), *Bureaucracy, Politics, and Decision Making in Post-Mao China*, Berkely: University of California Press.

Lampton, David & Bo Kong(2010), "China comes in from the cold", http://www.sais-jhu.edu/pressroom/publications/saisphere/2005/lampton-kong.htm.

Naugton, Barry(2006), *The Chinese Economy: Transitions and Growth*, Cambridge: The MIT Press.

Tang, James(2006), "With the grain or against grain?: energy security and Chinese foreign policy in the Hu JinTao era," The Brooking Institution Center for Northeast Asian Policy Studies.

Xu, Qunhua(2007), "China's energy diplomacy and its implications for global energy Security," Fridfich Ebert Stifung, *Briefing Paper*.

Goldman Sachs(2005), *BRIC Report*

International Energy Agency(2005), *World Energy Outlook*

U.S. Department of Energy(2005). *Annual Energy Outlook*

12
chapter

북핵문제 해결을 위한 중·미 간의 협력과 갈등

1. 북핵문제와 중·미관계

북한의 핵문제는 동북아시아지역에서 한반도의 안정과 전략균형을 변형시킬 뿐만 아니라 국제적 차원의 안보위협으로 직결되고 있기 때문에 이 문제 해결을 위해 미국과 중국은 물론 한반도 주변 국가들이 이해관계자로 관여해 왔다(남창희·이종성, 2010). 그동안 동북아지역에서는 이 북한 핵무기를 축으로 한 대량살상무기(WMD) 개발로 나타나는 문제를 해결하기 위해서 비군사적 방법(경제적 압박과 보상을 동원한 외교적 노력)과 군사적 조치(방어체제 구축 및 무력행사의 위협)를 동원하여 왔다. 특히 국제사회는 북한의 핵무기 개발로 나타나는 위기를 해결하기 위한 동북아시아지역에서의 다자적 접근을 중시해 왔고, 중국은 이 문제를 해결하기 위한 노력의 일환으로 6자회담의 의장국으로서 북한에 정치적, 외교적 수단을 통해 북한에 영향력을 행사하고자 하였다. 현재 핵 우라늄 농축 프로그램은 중국이나 러시아(물자나 기술 등)를 포함해서 제3세계가 지원해 주지 않았나 의심받고 있는 상황이다.

실제로 중국은 동북아지역에서 가장 불안정한 요인인 북한 핵문제를 중심으로 이를 해결하기 위한 6자회담에서 주도적인 역할을 담당함으로써 동아시아지역에서의 영향력 증대를 꾀하여 왔다. 그리고 그동안 북핵문제 해결을 위한 미국과 중국의 협력은 미국과 중국의 개입정책이 가져온 건설적인 양국관계의 사례로 평가받아 왔다. 그러나 최근 빠른 경제성장과 함께 중국은 그 동안의 수동적이고 방어적인 외교노선을 보다 적극적인 방향으로 전환한 가운데 동북아 지역에서 중국의 위상은 크게 변화하고 있다(조민, 2010). 특히 21세 중국의 경제적 급부상은 동북아지역에서는 미국과 중국 사이에 새로운 세력균형이 형성되어가는 계기가 되고 있다.

또한 중국은 동북아 지역을 자국의 해안과 접한 '안마당'으로 여기며 보다 적극적이고 공세적인 태도 역시 나타나고 있다. 그리고 2010년 3월 천안함 사건 이후에는 한국과 미국은 한미동맹을 강화하고 대북압박 수위를 높이고 있는 가운데, 중국은 천안함 사태를 전후로 하여 북한과의 경제협력을 한층 더 강화하는 등 한 때 소원해졌던 북·중관계가 다시 진전되는 모습도 보이고 있다.

다른 한편, 최근 미국과 중국 사이에는 천안함 사건 이외에 65억 달러에 달하는 미국의 무기 판매, 남중국해를 둘러싼 중국의 공세, 중국 환율정책에 대한 미국의 비판 등 양국 간 긴장이 고조되고 있다. 글로벌 재정위기 이후 미국의 '상대적 쇠퇴'가 중국의 '부상'과 맞물리면서 미중 관계의 전개방향이 세력격차가 줄어드는 강대국 간의 '권력전이(power transition)' 현상이라고까지 언급되고 있다. 한국과 미국 쪽에서는 무엇보다 중국은 6자회담의 재개문제를 다루면서 사실상 핵무기 보유를 전제로 한 6자회담 복귀를 내밀하게 북한과 합의했다는 우려도 제기되고 있는 실정이다.

이렇듯 본장에서는 지금까지 진행돼 오고 있는 북핵문제를 중심으로 미국과 중국 간에 나타나고 있는 중미관계의 양상을 살펴보는데 있다. 여기서 본 내용이 주장하는 바는 북한 핵문제에 대한 제5차 6자회담의 2·13합의, 즉 제5차 6자회담을 통해 한반도 비핵화, 북미관계 정상화, 북·일관계 정상화, 경제와 에너지 협력, 동북아 평화와 안전에 관한 기구에 관한 실무그룹을 만든다는 합의에도 불구하고, 북한 핵문제 해결을 위한 인식과 접근 전략에 있어 미국과는 확실히 다르다는 점을 설명하고자 한다. 더욱이 최근 북한의 문제, 그리고 이와 연관되어 나타나고 있는 북한 핵문제 이슈는 앞으로 미중관계에서 갈등을 가져오는 잠재적 요인으로 작용하게 될 것이라고 보고 있다. 특히 중국은 국익의 우선순위에 따라 북핵문제를 해결하려고 하기 때문에 미국과 중국이 6자회담의 재개를 통해 협력을 이끌어 내기 위해서는 적어도 미국이 중국에 대해 통해 조건부적인 협력전략을 구사하는 것이 필요하다고 보고 있다.

2. 협력과 갈등의 문제

북한이 핵무기를 포기하지 않고 보유하려는 이유는 핵무기 포기와 개혁개방의 선택이 정권의 붕괴와 나아가 북한체제에 대한 안보위협까지 인식되고 있기 때문일 것이다. 북한이 핵무기를 보유하려는 이유에 대해서는 대체로 두 가지 견해가 피력되고 있다. 한 쪽에서는 북한이 극심한 안보위협을 인식하고 있기 때문에 핵무기를 개발했으며, 안보위협이 해소되면 북한은 핵을 포기할 것이라는 주장이다. 이에 대해 다른 한 쪽에서 제기하고 반론은 북한 핵무기가 군사적 수단이자 협박용이기 때문에 핵을 포기하지 않을 것이라는 점이다(문순보, 2010). 그러나 북한의 핵무기 보유는 역사적으로 핵무기 보유를 집착했건 혹은 군사적 수단으로 개발하고 있건 간에 안보위협에 대한 인식과 체제안정을 보장받기 위한 전략적 차원에서 비롯되고 있다고 보아야 할 것이다. 다시 말해, 북한의 핵무기 보유는 체제 생존이 최우선의 과제로 인한 것이고, 따라서 북한이 바라는 바람직한 결과는 핵능력(nuclear capability)을 보유하기 위해 핵 프로그램(nuclear program)을 개발하는 것이다.

그런데 북한의 핵문제에 대한 미국의 최우선 과제는 한반도의 비핵화이고, 이에 따라 미국이 원하는 바람직한 결과는 북한 정권의 붕괴와 평화스러운 한반도의 통일이다. 그러나 중국의 입장에서 북한 핵문제에 대한 중국의 최우선 과제는 체제붕괴의 방지에 있으며, 중국이 바라는 바람직한 결과는 북한의 개혁개방의 추진과 함께 한반도의 비핵화이며, 이와 동시에 북한체제 붕괴의 방지에 있다. 이들 세 국가의 입장과 이해관계, 그리고 최우선의 과제와 바라는 결과에 대해 상호 비교하면, 북한 핵문제를 둘러싸고 이들 3국의 관계가 잠재적 갈등과 표면적 갈등관계로 표출되고 있음을 알 수 있다.

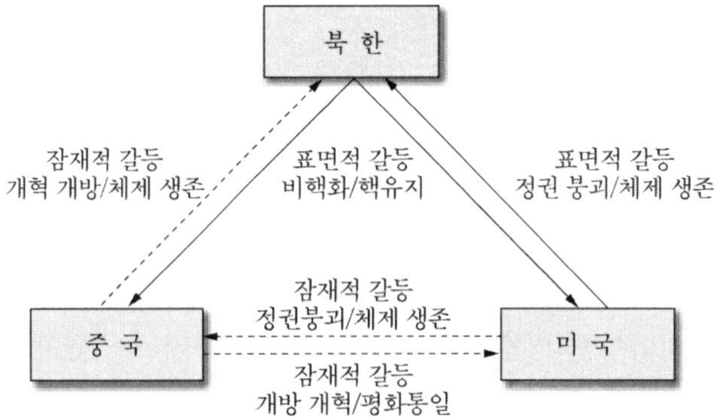

자료: Steve S. Sin(2009), p.11 참조하여 재정리.

[그림 12-1] 핵문제와 관련된 북한, 중국, 미국과의 관계

특히 미국과 중국은 큰 틀에서 북한의 비핵화에 협력하고 있지만, 이들 양국의 최우선의 과제와 바람직한 결과에 대해서는 서로 일치하고 않고 있기 때문에 중국과 미국은 북한 핵문제를 해결하는데 잠재적 갈등요인이 놓여 있는 것으로 볼 수 있다. 이러한 시각에서 견주어 볼 때, 지금껏 북한의 핵문제 해결을 위한 6자회담이 건설적인 협력의 사례로 평가될 수 있지만, 그러나 중국과 미국과의 양국 사이에는 여

전히 잠재적 갈등요인이 존재하고 있었고, 따라서 왜 북한에 대한 미국의 대북제재가 실효성이 크게 없었는가를 보여준다. 북한은 여전히 핵무기를 포기하지 않고 있고, 오히려 북한 핵문제가 표류하는 가운데 핵개발 포기를 선언과 그 약속이 실제 이행되리라는 보장도 없는 것이다(문순보, 2010).

왕지스(王緝思)와 쉬휘(徐輝)는 미국과 중국의 관계가 서로 아군인지 적인지, 아니면 아군도 아니고 적도 아닌 것인지에 대한 전략적 위치가 아직 분명하게 정해지지 않았기 때문에 미국과 중국 사이에 이익충돌의 범위가 갈수록 확대될 수 있다고 지적하고 있다. 다만, 다행스러운 점은 중국 관방에서는 미중관계의 안정이 중국의 국가이익에 부합하고, 미국은 건설적 동반자 관계를 위한 협상을, 또 중국은 이를 위한 원칙을 강조하고 있기 때문에 미중관계가 외교적 성과를 거두고 있다고 평가받고 있다는 점이다.

미국 역시 오바마 행정부(Obama adminstration)가 들어서서 6자회담을 유지하고 있고, 중국이 부시 행정부시절에 걱정했던 것처럼 북한에 대한 군사적 개입이나 단기적 정권교체를 위한 행동을 삼가고 있기 때문에 기본적으로는 북핵에 대한 공통적인 관심사가 일치하고 있다. 그렇지만 북한 핵이슈에 대한 미국의 시각은 비핵화 전에 북한은 미국에 대해 안보 보장을 요구하고 있다고 판단하고 있고, 이에 비해 중국은 역사적, 지정학적 입장(脣亡齒寒)에서 미국보다는 덜 강경하게 북한 이슈를 다르고 있다. 결국 북한 이슈에 대한 미국과 중국의 접근 방식은 서로의 바람을 견제하는 관계(counterbalance) 속에서 협상이 전개될 수 있는데, 이 점에서 미중관계는 소통강화가 더욱 필요하게 된다(王緝思·徐輝, 2009). 즉 북한 핵이슈를 다루는 문제에서 미국과 중국은 상호간의 최우선의 과제와 얻고자 하는 결과 사이에 잠재적 갈등요인이 존재하고 있기 때문이다.

다음의 간략한 죄인 딜레마 게임은 협력하지 못하는 행위자는 항상 각자 이익의 차-차선책에서 선택의 균형이 도달하고 있음을 보여주고 있다. 죄인 딜레마 게임[1]에서 각 행위자는 바로 상대에 대한 '이반'이라는 전략을 선택함으로써 상대가 어떠한 수를 선택하든 상관없이 항상 보다 유리해질 수 있다는 의미에서 '지배 전략'을 갖게 될 것이다. 이러한 가정 하에 각 행위자 모두 지배적 전략을 선택하게 되면 그 결말은 모두에게 세 번째로 좋은 결과가 주어지는 균형을 낳게 된다. 어느 누구도 상대의 전략선택과 무관하게 변화를 도모하고자 하는 유인을 갖지 못하지만 각자 자신만의 최선의 전략을 선택하려는 행위자들로부터 귀결되는 균형은 파레토 최적의 결과가 아니라 파레토 열위(Pareto-inferior)가 된다.

〈표 12-1〉 죄인 딜레마 게임(Prisoner Dilemma Game)

죄수 1	죄수 2	
	침묵(자백하지 않는 경우)	자백하는 경우
침묵	각자 1년	죄수 1은 10년, 죄수 2는 3년
자백	죄수 1은 3년, 죄수 2는 10년	각각 8년

죄인 딜레마 게임에서 보는 바와 같이 문제는 갈등의 문제를 해결하기 위해 이를 가장 효율적으로 관리 규율해 나갈 수 있는 장치가 무엇이냐 하는 것이다. 두 번째 문제는 협동을 통한 공동의 이익을 확보하기 위하여 자신들을 어떻게 지속적으로 조직화하고 협력관계로 발전해 가느냐 하는 것이다. 이 문제에 대한 선택적 대안은 첫째, 자발적인 협력관계의 조직화의 초기 가능성을 늘리는 것이고, 둘째, 각자가 자발적인 협력관계의 조직화 노력을 지속시킬 수 있는 능력을 증대하고, 셋째, 자발적 협력조직이 어떤 형태의 외부의 조력 없이도 가용자원을 활용해 갈 수 있도록 능력을 신장시키는 등 여러 가지 변수를 조합하는 것이다(Ostrom, 1999). 북한 핵이슈를 둘러싼 미중관계에서, 이러한 대안들을 통해 얻을 수 있는 시사점은 자발적인 협력적

1) 죄인의 딜레마 게임은 모든 행위자가 완벽한 정보를 가지고 움직이는 비협동게임으로 개념화될 수 있다.

체계를 조직하여 외부의 강제력에 의존하지 않더라도 '모두가 협력하는 한 자신도 협력한다'는 '조건부 전략'을 취하게 만드는 것이 중요하다는 것이다.

3. 북핵문제: 중국과 미국의 입장

중국의 입장에서 그 동안 북한 핵문제는 마치 북미 양자 간에 대량살상무기 문제와 관련되어 나타나고 있는 첨예한 대립의 결과물인 것처럼 보이고 있으나, 그러나 실제로는 동북아시아 국제관계질서의 전략적 차원에서 나타나고 있는 문제로 보고 있다(佚名, 2005). 즉 동북아시아지역에서 대량살상무기 문제는 국제관계질서 상에서 내재하고 있는 본질적 문제의 극단적인 표현 형태일 뿐이며, 다만 북한 핵문제는 동북아시아 국제관계질서의 두 가지 상반된 추세를 반영하고 있다는 것이다.

그 것은 첫째, 동북아시아지역 국가들은 냉전의 유산을 해결하고 화해협력의 신 국제질서를 형성하고자 하는 추세와, 둘째, 이와는 달리 미국이 동북아지역에서 북한 핵문제를 '세계전략'을 실현하기 위한 전략적 지렛대로 활용하여 전방위적으로 미국과 일본, 그리고 미국과 한국과의 동맹관계 발전을 촉진하고 있는 추세에 있다는 것이다. 따라서 북한의 원래 목적은 핵문제를 통해 근본적으로 미국과의 관계를 해결하고, 나아가 일본과의 관계 정상화와 그리고 한국과의 관계를 한층 진전시키기 위한 것이다. 북한은 이를 통해 궁극적으로는 북한의 국민경제를 재건하는 동시에 국가 발전에 유리한 국제환경을 조성하기 위한 것이라 보고 있다는 점이다.

중국은 2009년 5월 북한의 제2차 핵실험으로 인해 촉발된 제2차 핵위기시 북한의 핵실험을 비난하였지만, 그러나 지난 2006년 10월 제1차 핵실험 때와 마찬가지로 한반도 비핵화에 대한 입장과 함께 군사행동을 반대하는 평화적인 해결 방법을 강조하였다(리단, 2010). 사실 중국은 당시 북한 핵문제는 6자회담과 유엔안보리 틀 내에서 해결해야 한다고 강조하고 있지만, 그러나 이러한 입장에는 북한의 체제안전 유지는 중국의 국익에 부합한다는 강한 인식이 전제되고 있다. 따라서 2002년 제16차 중공 대표대회 이후 등장한 후진타오체제는 소극적인 '도광양회(韜光養晦)' 외교에서 '평화발전(和平發展)'으로 외교기조를 전환하면서, 특히 북한 핵문제에 대해 다자형태의 틀 속에서 핵포기에 대한 감독체계 형성과 북한 체제안전 보장이라는 이중전략을 견지하고 있다.

또한 중국은 1961년 북한과 맺은 군사동맹조약 즉 『중조 우호협력 및 협조 조약』은 현재에도 여전히 그 효력이 지속되고 있고, 반면에 러시아는 1995년에 폐기하였다. 중국과 북한의 군사동맹조약 안에는 조약의 기한이 명확하게 명기되어 있지 않기도 하지만, 중국과 북한은 조약체결 기념일에 항상 조약을 함께 기념하여 왔다(楚麟, 2006). 비록 중국과 북한 사이에는 북한의 대량살상무기 문제로 인해 긴장국면이 조성되기도 하였지만, 최근에도 나타나고 있다시피 중미관계와 중일관계 사이에 나타나고 긴장관계와는 다른 차원으로 보고 있다. 따라서 현실주의적인 국익의 시각에서 북·중관계를 통해 한국과 미국, 그리고 미국과 일본 사이에 체결되어 있는 동맹관계에 대응하자는 주장이 날로 설득력을 얻고 있다.

한편, 오바마 행정부가 최근 발간한 미국의 「국가안보전략보고」에서 미국은 이전 부시행정부와는 달리 '일방주의'를 포기하고 다자주의를 외교기조로 삼고 또 국제사회에서 책임공유를 국가안보전략의 핵심으로 표현하고 있다. 이 점은 부시행정부가 9·11사태 후 반테러주의 명분으로 미국에 최고 위협적인 적대국을 일방적으로 정하고 타격의 주요대상으로 삼았던 정책과는 근본적인 차이를 보이고 있다. 오바마 행정부는 기존 동맹과의 협력을 중시하며, 북한의 핵문제를 포함한 지역적, 국제적 차원에서의 동아시아 지역질서의 안정화 해결에 기여하겠다는 비전을 제시하고 있다(마상윤, 2010). 따라서 미국무장관 힐러리 클린턴은 「국가안보전략보고」의 핵심 내용을 국방(defense), 외교(diplomacy), 발전(development)과 채무(debt)의 '4D'로 표현하고 있다. 소위 채무의 문제는 미국정부가 재정적자를 줄이는데 노력함으로써 미국의 대외 경제 영향력을 유지하겠다는 의미를 갖고 있다(鳳凰网, 2010년 6월 2일). 그리고 북한 등의 핵문제의 처리에 관해서도 자극적인 언사를 선택하고 있지 않으며, 중국과의 관계에 대해서는 건설적이고 전면적인 관계를 적극적으로 촉진할 뿐만 아니라, 책임 있는 리더국가로서의 역할은 환영한다고 언급하고 있다. 그러면서도 「국가안보전략보고」에서 또한 중국 군사력 발전과 인권문제에 대한 엄밀한 대처를 제기함으로써 중미관계의 진전에 있어서 또 하나의 갈등요인으로 지적되고 있다(鳳凰网, 2010년 6월 2일).

4. 소결론

미국과 중국의 양국 입장에서 볼 때, 미국과 중국의 이익이 일치하기를 바라는 것은 무리가 따른다고 볼 수 있다. 중국은 미국이 지지하는 인권이나 민주주의의 전 세계적 확산 같은 문제에 대해 적극적으로 지지하지 않고 있다. 또한 중국은 불법적인 정부에 대한 국제적 압력을 행사하려는 미국의 노력에 대해 '불개입'이라는 원칙을 여전히 고수하며 반대 입장을 밝혀 왔다. 중국은 북한의 두 번째 핵실험으로 인해 마지못해 보다 엄격한 제재조치에 찬성하긴 했지만 확대된 경제적 협력 프로그램을 통해 북한에 신속하게 보상을 하였다. 이렇게 볼 때 중국은 일반적으로 북한을 비핵화시키기 위하여 강력한 압력을 행사하는 데에 관심이 부족하다는 것을 보여주고 있다.

결국, 미국이 북 핵문제에 대해 대북제재가 실효성을 거두려면, 미국은 중국과 협력하고 중국은 이에 반응하여 미국과 협력하게 된다면 나타날 수 있는 가능한 조건이 성립되어야 한다. 따라서 미국이 선택할 수 있는 전략의 가능성은 북한의 비핵화에 대한 거시적인 틀을 조직화하고 자발적으로 유지하는 정책 등을 통해 당사자들이 모두 협력하도록 조건부 전략을 취하는 것이다. 이에 비해 중국은 미국과는 같은 조건이 성립되지만, 그러나 북한과의 관계에서는 북한이 비핵화에 관계없이 중국에 협조하는 한 적어도 동북아시아에서 최소한의 효과를 얻을 수 있게 된다는 점이다.

즉 중국은 첫째, 북한의 핵이슈에 대해 미국과 건설적 동반자관계를 지위를 누릴 수 있다. 둘째, 중국은 최선의 과제(북한체제 붕괴방지)를 해결하는데 미국과는 전략적 협력 관계를 선택할 수 없기 때문에 오히려 북·중 동맹관계를 다시 재편하는 전략을 사용할 수 있다. 셋째, 중국이 만약 북한의 핵무기 포기문제에 있어서 북한의 협력도 얻을 수 없고, 미국과도 건설적 협력관계를 실현할 수 없다면, 중국은 미국과 북한 사이의 갈등관계에 벗어나서 미국과 북한 양쪽이 직접적으로 문제를 해결하도록 하는 제3의 전략을 선택할 수도 있다.

* 북한 핵문제 관련 일지

1985년 12월 12일 : 북조선, 핵 확산 금지 조약(NPT) 가입.

1992년 1월 30일 : 북조선, 국제원자력기구(IAEA) 핵안전협정 서명.

1993년 3월 8일 : 국제원자력기구(IAEA), 대북조선 특별사찰 요청 결의안 채택.

1993년 3월 12일 : 북조선, UN 안전보장이사회에 NPT탈퇴 공식 통보.

1993년 6월 2일 : 북미 고위급회담(1단계) 개최.

1993년 6월 11일 : 북조선, NPT탈퇴 유보.

1993년 7월 14일 : 북미 고위급회담(2단계) 개최(~7월 19일).

1993년 11월 1일 : UN 총회, 북조선 핵문제에 관한 결의안 채택.

1993년 12월 29일 : 북미 실무접촉, 핵사찰 수용 합의.

1994년 10월 21일 : 북미 기본합의서 조인.

1995년 3월 9일 : 조선민주주의인민공화국에 경수로 제공을 위한 한반도 에너지 개발기구(KEDO) 설립.

2000년 2월 3일 : 조선민주주의인민공화국 경수로 공사 시작.

2003년 1월 10일 : 북조선, 핵 확산 금지 조약(NPT) 탈퇴 선언.

2003년 2월 12일 : 국제원자력기구(IAEA) 특별이사회, 북핵 문제 안보리 보고 결의안 채택.

2006년 10월 9일 조선중앙통신사 보도를 통해 핵실험을 성공적으로 진행했다고 발표했다. 그리고 한국지질자원연구원은 이날 오전 10시 35분께 함경북도 화대리 지역에서 진도 3.58에서 3.7 규모의 지진파를 감지했다고 밝혔다.

*6자회담의 진행

제1차 회담: 2003년 8월 27일 ~ 29일. 베이징.

제2차 회담: 2004년 2월 25일 ~ 28일. 베이징.

제3차 회담: 2004년 6월 23일 ~ 26일. 베이징.

제4차 회담: 2005년 7월 26일 ~ 9월 19일. 베이징.

8월 7일 제1단계 회담 휴회.

9월 13일 베이징에서 제2단계 회담 재개.

9월 19일 공동성명 발표 및 회담 종료.

제5차 회담: 2005년 11월 9일 ~

1단계 회담: 2005년 11월 9일 ~ 11월 11일

2단계 회담: 2006년 12월 18일 ~

3단계 회담: 2007년 2월 8일 ~ 2007년 2월 13일, '2·13합의'

참고문헌

남창희·이종성(2010), “북한의 핵과 미사일 위협에 대한 일본의 대응: 패턴과 전망,” 「국가전략」, 16(2), 63-94.

마상윤(2010), “오바마 행정부의 안보전략과 한미동맹: 현실주의 역외균형론을 넘어서”, 「국가전략」, 16(2), 5-32.

문순보(2010), “북핵문제와 국제사회의 대북제재: 한계와 대안,” 「국가전략」, 16(2), 5-119.

리단(2010), “동북아다자안보협력에 대한 중국의 인식과 전략: 6자회담을 중심으로”, 「한국동북아논총」, 55, 229-354.

조민(2010), “동북아국제정세의 변화와 한반도: 미·중 갈등과 표류하는 한반도,” 평화재단 제43차 전문가포럼 발표논문집, 4-28.

Avery Goldstein(2009), “Prolonging East Asia's Surprising Peace–Can It Be Managed?”, *Foreign Policy Institute*, http://www.fpri.org/enotes/20080510.zhao.chineseforeignpolicyhu.html.

David Kerr(2005), “The Sino-Russian partnership and U.S. policy toward North Korea: from hegemony to concert in Northeast Asia,” *International Studies Quarterly*, 49, 411-437.

Lens Lee(2009), “Twoard an Intelligence-based Nuclear Cooreration Regime,” *Foreign Policy Institute*, http://www.fpri.org/enotes/20080510.zhao.chineseforeignpolicyhu.html.

Jacques deLisle(2009), “China Policy under Obama,” *Foreign Policy Institute*, http://www.fpri.org/enotes/200902.delisle.chinapolicyobama.html.

Kongdan Oh and Ralph Hassig, “Putting Together the North Korea Puzzle,” *Foreign Policy Institute*, http://www.fpri.org/enotes/20080510.zhao.chineseforeignpolicyhu.html.

Suisheng Zhao(2008), “Chinese Foreign Policy in Hu's Second Term: Coping with Political Transition Abroad”, http://www.fpri.org/enotes/20080510.zhao.chineseforeignpolicyhu.html.

高岩(2008), “中國需要朝鮮這个軍事盟友嗎?: 中朝軍事同盟戰略前景評估,” http://www.xici.net/main.asp?url=/u12009433/d76880345.htm

唐晋(2009), 大國策: 大外交, 北京: 人民日報出版社.

佚名(2005), “朝鮮核問題:美國大選后的可能走向,” http://www.studa.net/zhengzhiqita/051228/1608903.html.

李而炳(2004), 『21世紀前期中國對外戰略的選擇』, 北京: 時事出版社.

叶自成(2009),『中國和平發展的國際环境分析』, 北京: 經濟科學出版社.
鳳凰网(2010), "奥巴馬版『戰略報告』首度提出接受中國崛起," 2010년 6월 2일자 인터넷신문,
http://news.ifeng.com/mil/4/detail__2010__06/02/1576465__1.shtml

13 chapter
미래 전망

1. 중국 경제성장의 기적

1978년 개혁개방정책을 실시한 이래 지난 30년 동안 중국은 역동적인 경제성장을 이루었다. 2005년 이후 중국의 경제규모나 소비자구매력은 지금껏 세계 제2위를 차지하고 있다. 2008년 미국발 금융위기 이후에도 중국은 여전히 2009년 9.2%, 2010년 10.3%의 경제성장을 달성하였다. 현재 중국의 핵심 산업경쟁력인 제조업은 2001년에서 2009년 사이에는 136.8%(2.368배) 성장하였고, 최근 중국과 자주 비교되는 인도 역시 97% 성장하였으나, 인도의 제조업 산출량은 아직은 중국의 1/10에 그치고 있는 것으로 나타났다.[1]

1) Ivan Tselichtchev(2012), *China Versus the West: the Global Power Shift of the 21st Century*, Singapore: John Wiley & Sons Singapore Pte. Ltd., p.5를 참조.

〈표 13-1〉 세계 제품 수출 점유 비중(%)

	1983	1993	2003	2010
미국	11.2	12.6	9.8	8.4
독일	9.2	10.3	10.2	8.3
프랑스	5.2	6.0	5.3	3.8
이탈리아	4.0	4.6	4.1	2.9
영국	5.0	4.9	4.1	2.7
일본	8.0	9.9	6.4	5.1
중국	1.2	2.5	5.9	10.4
인도	0.5	0.6	0.8	1.4
세계	100.0	100.0	100.0	100.0

자료: WTO International Trade Statistics(2010),
http://www.wto.org/english/res__e/statis__e/its2010__e/its2010__e.pdf.

확실히 중국은 개혁개방정책을 통해 세계최대의 '생산 공장'이 되었을 뿐만 아니라 철강, TV, 컴퓨터와 핸드폰 등 전통산업 원자재와 첨단과학기술 제품에 이르기까지 최대 소비국이 되었다. 1978년 개혁개방정책을 시작했던 그 당시 만해도 중국은 세계에서 가장 많은 인구를 가진 가장 빈곤한 국가 중 하나였지만, 개혁개방정책의 일환으로 경제개혁을 추진한 결과 현재 5억이 넘는 인구가 빈곤에서 벗어날 만큼 주민의 생활수준 역시 크게 향상되었다. 그리고 개발도상국가로서 중국은 세계 최대의 해외직접투자 유치국으로 성장하였으며, 외환 보유고 역시 2011년 현재 3조 1,811억 달러로 세계1위를 기록하고 있다. 1978년부터 시작된 중국의 경제개혁이 30여 년이 지난 지금 중국 경제개혁의 성공여부는 이제 중국 자신의 경제발전뿐만 아니라 글로벌 경제성장에도 가장 중요한 영향을 미치는 요인이 되었다. 중국은 줄곧 평균 10%의 실질 경제성장률과 앞으로의 경제잠재력을 바탕으로 국제사회에서의 발언권 확대는 물론 현재는 이미 미국과 더불어 세계 2대 경제 강대국 'G2(Group of Two)' 국가로서 세계인의 주목을 받고 있다.

〈표 13-2〉 중국 주요 지표의 세계 순위

지 표	1978	1980	1990	2000	2007	2008	2009
국토면적	4	4	4	4	4	4	4
인구	1	1	1	1	1	1	1
출생시 평균수명①	75(169)②	77(173)	83(186)	88(190)	85(210)	78(194)	79(194)
국내총생산(GDP)	10	11	11	6	4	3	3
1인당 국민총수입 (GNI)①	175 (188)	177 (188)	178 (200)	141 (207)	132 (209)	127 (210)	124 (213)
수출입 무역총액	29	26	15	8	3	3	2
수출액	30	28	14	7	2	2	1
수입액	27	22	17	9	3	3	2
해외직접투자(FDI)		60	12	9	6	3	2
외환보유고	38	37	7	2	1	1	1
인간개발지수(HDI)①			79(160)	96(173)	92(182)	91(169)	89(169)

주: ① 괄호안의 수는 순위 분류 참가국 혹은 지역. ② 1977년 수치.
자료: 중국 국가통계국(2010),
http://www.stats.gov.cn/tjsj/qtsj/gjsj/2010/t20110629_402735431.htm

그러나 중국의 이러한 경제개혁의 성과에도 불구하고, 지속적인 경제발전에 필요한 정치제도의 발전은 아직도 요원하다. 예를 들어, 재산소유권의 명확한 구분과 보호문제라든가, 그리고 법치주의, 정부와 기업의 정경유착 등에서 나타나는 문제점들은 중국 정치개혁의 지체와 그에 따른 제도적 낙후성을 보여주는 대표적인 사례들이다.[2] 더군다나 최근 중국 정부는 거시정책과 산업정책이라는 명목으로 가격기제에 대한 통제를 실시함으로서 이전의 계획경제에서 나타났던 현상도 나타나고 있다. 그동안 개혁개방 정책을 통해 1980년대와 90년대 '민영기업의 성장과 국유기업의 약세(民進國退)'로 상징되던 소유제구조 역시 2004년 국유자산 유실에 대한 우려로 변질되었다. 일부에서조차 국유기업의 민영화 개혁에 반대하는 목소리가 터져 나오면서 오히려 '민영기업의 후퇴, 그리고 국유기업의 강세(國進民退)'가 중국 경제의 특징을 대변하는 현상이 되었다.

2) 許成鋼(2008), "政治集權下的地方經濟分權與中國改革", 青木昌彦·吳敬璉(編), 『縱權威到民主: 可持續發展的政治經濟學』, 北京: 中信出版社를 참조.

이뿐만 아니라 정부의 재정수입도 근래 몇 년 동안 국민경제와 주민수입의 증가속도를 크게 앞서고 있고, 동시에 2008년 금융위기 이후 중국 정부의 대규모 투자 역시 이미 민간자본의 생존공간을 압박하고 있다. Lardy(2012) 역시 시장의 시그널보다 단기적 효과를 중시할 수밖에 없는 중국 정부의 대규모 투자는 오히려 효율적인 자원배분을 왜곡시키고, 노동집약적 제조업이 주를 이루고 있는 산업구조에 대한 혁신을 어렵게 만들 수 있다고 지적한다.[3] 더욱이 중국의 경제성장을 주도했으며, 1980년대와 1990년대에 충만했던 기업가의 창업정신과 혁신정신의 열기는 이제 이민열기로 바뀌어 가고 있는 현실이다. 마찬가지로 근자에 세계은행(World Bank)과 중국 국무원(國務院)발전연구센터가 공동으로 작성한 연구보고서 「2030년의 중국」에서는 전환기 중국경제의 핵심과제는 바로 정치체제개혁의 촉진이라고 설명하고 있다.

2012년 2월 당시 세계은행총재 Zeollick은 이 공동 연구보고서의 발표회에서 재차 지속적인 개혁추진과 개혁심화의 중요성을 강조하면서 다음과 같은 6가지 사항을 중국정부에 건의하였다. 첫째, 국유부문과 사영부문의 역할을 다시 규정함으로써 시장경제로의 전환을 촉진해야 한다는 것이다. 둘째, 혁신을 촉진시키고, 글로벌 연구개발 네트워크와 상호 부합될 수 있는 열린사회의 구축이 필요하다고 하였다. 셋째, 녹색성장을 추진하고, 넷째, 모든 사람이 공평한 기회를 제공받고, 또 사회보장이 확대될 수 있도록 개혁이 심화되어야 한다고 하였다. 다섯째, 건전한 재정체계를 확립하고, 또 중국의 각급 정부로 하여금 충분한 재정을 확보할 수 있도록 해야 한다. 특히 재정과 관련된 세 가지 부분, 즉 지출수요에 대한 충족·재정수입의 확대 · 재정지출구조의 조정을 통한 사회 및 환경부문의 지출비중 개선 등 이를 기반으로 재정의 지속성을 개선해야 한다는 것이다. 여섯째, 중국이 지속적으로

3) Nicholas R. Lardy(2012), *Sustaining China's Economic Growth After the Global Financial Crisis*, Washington, DC: PETERSON INSTITUTE FOR INTERNATIONAL ECONOMICS.

글로벌 경제에 밀접한 관계를 맺고 또 중국과 국제사회가 상호 도움이 되어야 한다는 측면에서 글로벌 시장경제에 녹아 들어가야 한다는 것이다.[4)]

세계은행의 연구보고에서 볼 수 있는 바와 같이, 중국의 개혁개방 30여 년 동안 달성하였던 고도의 경제성장은 정부의 적극적인 경제주도 및 개입과 국유부문의 높은 비중에 의한 것과는 거리가 멀다는 점이다. 즉 개혁개방 이후 중국경제의 성장은 시장경제로의 전환을 통한 시장가격의 형성과 향진기업 및 사영기업, 그리고 외자기업 등을 통한 비국유부문의 활성화를 통해 고도성장을 달성하였다는 것이다. 따라서 정부의 과도한 개입과 국유기업 주도의 경제성장은 중국 경제의 기적을 가져왔던 원인이 아니고 오히려 중국 사회의 모순과 불공정 현상을 불러일으키는 주요 원인이 되고 있다. 현재 중국 정부가 통제하는 자원과 경제에 대한 과도한 개입은 정경유착과 부패의 온상이 되고 있다. 그리고 주요 기간산업 및 경쟁 산업에 대한 몇몇 국유기업의 산업독점으로 얻어진 이윤의 증대는 불공평한 소득재분배의 원인으로 나타나고 있다.

결국 중국의 경제성장 뒤에 숨어있는 문제는 정부의 권력이 지나치게 크다는 것이다. 정부의 과도한 투자나 정책적 개입을 통한 경제성장은 시장경제의 활성화를 통해 나타나는 기업가의 창업정신과 혁신정신을 다시 불러올 수는 없다. 중국경제가 앞으로도 지속적인 경제성장을 달성하기 위해서는 정치개혁을 통한 성숙한 시장경제로의 전환이 현재 시급한 과제이고, 나아가 자원 및 경제활동에 대한 정부의 과도한 통제와 개입을 줄어들어야 한다. 그리고 소위 '조화로운 사회(和諧社會)'의 구축을 위해서는 현재 소득격차로 인한 각종 사회적 갈등의 현안 문제가 해결되어야 한다. 앞으로도 중국사회에서 자유롭고 공정한 사회로 향한 성공적인 개혁의 촉진은 정부가 마땅히 준수해야 할

4) 세계은행과 중국 국무원 발전연구센터의 공동 연구보고서 「2030년의 중국」에 대해서는 다음을 참조. 中國經濟史論壇, 『2030 年的中國: 建設現代、和諧、有創造力的高收入社會(中文版』, http://economy.guoxue.com/?p=5934&page=3,(2012.2.24).

'법치(rule of law)'의 확립에 달려 있고, 또한 정부행위 자체도 법에 의해 제약을 받는(rule by law) 법치사회와 민주정치체제의 확립에 의해서 이루어져야 한다.[5]

2. 경제개혁의 정치적 논리

개혁개방이후 중국의 경제성장과 빠른 경제사회적 변화에도 불구하고, 중국의 핵심적인 레닌주의적 당-정체제의 특징은 근본적으로 변화지 않고 있다. 1989년 천안문사태를 겪고 나서는 정치적 개혁은 경제적 발전과 변화에 항상 뒤쳐져있고, 그리고 이러한 갭은 1990년대 후반 들어 더 확대되어 왔다. 개혁개방 30여 년, 중국에서 그동안 진행되어 왔던 개혁의 궤적, 예를 들어, 앞으로 나아가야 할 청사진도 없이 개혁개방정책의 점진적이고 실험적 방안들의 선택(摸着石頭過河: 돌다리 두드리며 강 건너기)이란 사실상 지방분권체제의 특징에서부터 도출되어진 것이다. 그리고 이러한 경제적 지방분권 구조는 중국의 경제성장에 크게 기여하였지만, 이와 동시에 지역보호주의 및 지역격차라는 심각한 문제를 가져오기도 하였다. 또한 중국의 지방정부는 대체로 중앙정부가 설정하는 정치경제적 규칙 혹은 확립된 제도에 영향을 받고 있기도 하지만,[6] 그러나 현재 구체적인 경제개혁의 실시라든가 혹은 정책에 영향을 미치는 이익집단(interest group)으로서의 면모도 지니고 있다.

중국의 개혁정책은 사회주의라는 이데올로기적 방향성, 그리고 중국적 상황에 유례되고 있는 중앙과 지방관계라는 큰 틀에서 벗어나지는

5) 이에 대한 내용은 다음을 참조. 錢穎一(2003), 『現代經濟學與中國經濟改革』, 北京: 中國人民大學出版社.

6) 이에 관한 설명은 林毅夫의 논문 "關于制度變遷的經濟學理論: 誘致性變遷與强制性變遷"참조. R. 科斯, A. 阿尒欽, D. 渃斯(等著)(1995), 「財産權利與制度變遷:: 産權學派與新制度學派譯文集」, 上海: 上海人民出版社

못 하고 있다. 한편, Qian과 Weingast 등은(1998, 1999, 2005) 중국의 중앙과 지방관계에 따른 지방분권개혁은 중앙과 지방관계에 관련하여 경제 제도적 그리고 권력 구조적 변화를 가져 왔으며, 이것은 러시아나 여타 국가와는 다른 중국식 연방주의(federalism in Chinese style)로 보인다고 하였다. 그러나 이러한 구조적 변화는 재정분권체계의 확립에 따른 중앙과 지방간의 재정적 구조에서 더 명확히 들어나고 있다. 즉 중국이 지방분권개혁의 일환으로 중앙과 지방의 재정세수체계를 핵심적으로 구분함으로써, 또 이에 따라 중앙이 지방정부에 대하여 경제적 결정권(經濟決策權)을 분산함으로써 지방정부는 자기 관할지역 내에 경제 업무에 대해 책임을 지는 권한을 지니게 되었다는 의미이다. 더욱이 이러한 경제적 책임과 권한의 배분은 개혁개방 이후 지속성을 지니면서 지방정부는 지역 간에 시장경쟁을 하는 등 지방재정수입과 지역경제발전을 직접적으로 연결하는 결과를 초래하게 되었다.

따라서 경제적 분권과 재정분권체계에서 나타나는 중앙-지방관계에 따른 중국의 정치체제에 대한 유사한 해석으로서 중앙정부와 성(省)정부 사이의 재정분권체계(central-provincial fiscal system)를 중심으로 한 일종의 '경제적 연방주의(economic federalism)'를 상정해 볼 수 있다. 예를 들어, 혹자는 중국의 지방분권체제의 특징을 '정치적 집권하의 지방 경제적 분권제', 혹자는 '지방경제 분권적 권위주의체제' 등으로 묘사하고 있기도 하다(Guo, 2007; 許成鋼, 2008). 그렇지만 중국체제의 특징을 세수분할체계와 경제적 권한관계를 포괄하는 특징으로 살펴 볼 때 경제적 연방주의는 오히려 중국의 중앙-지방 그리고 지방-지방간의 관계와 행동양식을 규정하는, 그리고 실질적이면서 하나의 게임의 규칙과 같은 작용을 설명하는 개념으로 적절하게 보인다.

재정분권개혁의 초기 지방정부의 경제적 이익과 재정수입은 많은 부분에서 지방기업에서부터 창출되기 때문에 지방정부는 각각의 기업에 대한 각종 세수제도를 통하여 재정수입을 확보하고자 하였다. 특히 동서(東西) 지역간의 경제발전차이의 원인으로 인해 이익획득의 기회가 비교적 작은 지방정부, 즉 중서부 낙후지역(中西部落后地域)의 지방정부로서는 지역사회의 총 생산량을 지속적으로 증가시키면서 경제적 성과를 가지고 올 수 있는 정부의 경제행위가 경제발전의 중요한 요소로 인식된다. 그러나 서부내륙지역과 같은 낙후지역의 지방정부가 단순히 국유기업을 보호하고 재정수입을 극대화하는 단기적 행위에서는 지속적으로 지역 간의 경쟁과 지역발전 문제에 직면할 수밖에 없다. 이와는 상대적으로 부유한 동서 연해지역과 같은 경우는 공공기초건설의 증가뿐만 아니라 교육, 위생과 같은 사회 공공서비스의 제공에 한결 재정적 여유를 가질 수밖에 없다.

더욱이 중앙정부에 의한 분세제(分稅制) 실시 이후로 훨씬 강화된 지방정부의 자기-의존적 세수체계는 이 지역의 지방정부의 기능과 기업의 경쟁력에 긍정적, 부정적 영향을 미칠 수밖에 없었다. Stiglitz(1998)나, 그리고 최근 Acemoglu와 Robinson(2012)의 주장처럼 재산권의 사유화가 전제된 시장제도 하에서만이 시장경쟁의 동기구조가 발생하는 것도 아니고, 다양한 정치제도 안에 포함되어 있는 재정체계를 통해서 공공서비스제공과 관련된 각 지역정부의 행위뿐만 아니라 기업에 대한 준시장적인 인센티브(quasi-market incentive)를 창출할 수도 있다. 다시 말해, 중국과 같은 국가에서 합리적 지방분권체계를 통한 지역정부의 재정적 인센티브 없이 경제적 자유화와 민영화는 성공적인 경제개혁을 이끌어내는데 불충분하다는 것이다.

중국의 중앙과 지방 성(省)정부를 중심으로 한 재정분권체계는 중앙정부의 통제능력에 대한 상실 없이 지방분권을 진행함으로써 각 지역경제 현황과 그 지역의 재정수입 및 지출을 서로 맞물리게 하였다는 점에서 분권개혁의 중요한 진전이라 할 수 있다. 확실히 중국의 분권체계는 중앙의 정치적 집권의 실패 없는 또 하나의 연방제 성격의 지방분권 방식이라고도 볼 수는 있겠다. 그러나 현 중앙-지반관계에서 나타나고 있는 상급 지방정부와 하급 지방정부 간의 불안정한 재정수입 관계, 그리고 아직까지 미흡하게 구축된 재정전이지불제도나 토지재정과 같은 예산외수입의 확대 등과 같은 문제는 여전히 지역 간의 악성경쟁을 유발하는 원인이 되고 있다. 만약 중앙의 정치집권체제에 지방과 연계된 이익집단의 활동이 강화된다면, 그리고 최고의 정치리더들이 올바른 개혁방향을 촉진시킬 수 없을 만큼 유약하다면, 아직도 개혁이 필요한 개혁개방정책이 올바른 방향으로 전개될 것인가 두고 볼 일이다.

3. 중국의 두 개의 코리아 정책

1980년대 중반까지 중국의 한국정책은 한반도에 대한 내부 갈등에 대한 것보다 초강대국의 전략적 움직임에 대한 반응이었다. 한국전쟁 이후, 그리고 특히 1969년 중소분쟁 이후로 중국의 관심사는 두 초강대국과의 관계에 따라 한국정책을 조정하는 것이었다. 이러한 맥락에서 과거 중국은 북한을 최우선으로 중시하였으며, 고위급의 빈번한 방문을 포함하여 북한에 대한 정치적 지지뿐만 아니라 구체적인 경제적, 군사적 지원은 이를 반영하고 있다.

그리고 중미관계에서 중국은 미국이 1989년 천안문사태 이후 중국에 대해 인권이라든가 핵무기 비확산과 같은 아젠다의 주장이 중국을 내적으로 변화시키려는 정책이라고 확신하고 있었다. 중국의 입장에서 워싱턴의 대 중국정책 즉 평화적 방법을 이용해 중국을 변화시킨다는 화평연변(和平演變) 전략은 실은 상호호혜의 관계를 추구하기보다 중국에서 국내 정치적 경제적 변화를 전제로 한 개입주의정책의 하나라고 간주하였다. 따라서 이러한 대중국정책에 대해서 중국은 동북아시아지역의 구성원으로서 또 지역의 강대국의 하나로서 중국의 정체성을 강조하면서, 중국은 '좋은 이웃'으로서의 정책을 특히 내세우게 되었다. 더욱이 1990년대 이후 북경과 모스크바사이의 관계 진전으로 중국 외교정책의 초점이 과거 전통적인 '제로섬 게임(zero-sum game)' 혹은 '피포위심리(siege mentality)'에서 국내 경제의 발전에 대한 강조로 중요한 변화를 맞이하는 계기가 되었다. 중국은 이제 러시아와 미국에 대한 전략적 반응으로서 중국의 대 한반도정책에 중요한 결정요인으로 고려되지 않게 되었다. 따라서 중국에게 있어서 지정학적 위치로서가 아니라 경제적으로 또 외교적으로 동북아시아의 중심에 있는 한국은 중국의 자주적이면서 지역 지향적인 외교정책을 추구하는데 있어 크게 다가오는 것처럼 느껴졌다.

사실, 북한과 중국 간의 관계는 역사적 유대성과 문화적 동질성, 이데올로기적 유사성, 그리고 지리적 근접성에서 강화되어 왔다. 그리고 북한과 중국의 리더들 사이의 개인적 우정이나 인적 네트워크 역시 상호 이해관계가 소통되고 관리될 수 있는 심리적이고 직관적인 틀을 만드는데 도움이 되었다. 그런데 중국의 외교정책에 경제가 중심 요인이 되면서 중국은 한국과의 관계에서 경제적 이득을 취하고자 하였다. 즉 경제적 요인은 중국이 한국과의 관계를 개선하기 위한 주요 동기였는데, 개혁개방이후 중국의 현대화 프로그램은 선진 기술과 자본, 경영기법, 그리고 시장을 제공할 수 있는 산업화된 국가들과의 교류와 지원 없이는 이룰 수 없는 것이었기 때문이다. 중국에 이웃해 있고, 신흥공업국으로서 한국은 중국의 이러한 필수조건에 잘 부합하고 있었기 때문에 1980년에 한국에 대한 강경 입장을 완화시키지 시작하면서 실용적인 한국정책으로 중국과 한국사이의 경제적 교류를 확대시키고자 했다. 그리고 1979년부터 1981년까지 한국과 중국 간의 간접무역은 1900만 달러에서 3억5천3백만 달러로 2년 사이에 19배 증가하였다. 1979년부터 1988년까지는 무역량이 162배 이상 증가했다. 1980년대 중국의 한국에 대한 기본적인 입장은 북한을 자극하지 않으면서 스포츠와 문화 교류뿐만 아니라 한국과의 경제적 유대관계 발전시키는 것이었다. 따라서 당시 한국과 중국과의 경제적 교류는 공공연한 비밀도 아니었다.

1989년 천안문 사태에 이후에는 서구의 경제적 제재로 이어지고 있는 와중에 한국은 변함없이 경제적 관계를 지속시키면서 중국은 한국이라는 국가뿐만 아니라 한국의 투자자들을 더욱 환영하게 되었다. 또한 당시 중국의 지도자들과 경제학자들 역시 한국과의 장기적인 경제협력에 관심을 갖고 있었으며, 특히 동북지역의 발전계획의 핵심으로서 한국과의 관계를 중요하게 바라보게 되었다. 중국의 제8차 경제개발 5개년 계획(1991년-1995년)의 발전목표에서도 동북지역에 경제개발구를 설립하여 수입대체산업의 발전을 통해 동북지역을 발전시키는 것이었다. 한편, 중국의 남방지역은 홍콩, 대만, 그리고 해외 기타지역의 화교와 일본 자본이 유입되어 세계에서 성장이 가장 빠른 제조업 벨트 기지로 성장하였다. 이와 마찬가지로 동북지역에서 한국의 자본과 기술이 중국의 자원과 풍부한 노동력과 결합된다면 1980년대 남방지역의 성공이 1990년대 중국의 동북지역에 재현될 수 있었다. 그러나 한중 간에 무역의 확대와 경제적 협력을 장기적으로 더욱 확대하고 강화하기 위해서는 외교적 관계의 타개가 필수적이었다.

1980년대 말까지 북한과의 관계에 있어서 중국에 가장 결정적인 요인 중의 하나가 중국-미국-구소련의 권력 투쟁 사이에서의 전략적 가치였다. 그러나 이러한 중국과 북한의 전략적 이해관계는 동서냉전의 붕괴와 중국의 위험요인들의 제거로 약화되기 시작하였다. 그리고 구소련이 냉전시기와 달리 유화적으로 한반도에 접근하면서 1990년 한국과 구소련간의 수교, 일본이 북한과의 직접적인 대화의 전개, 북한의 한반도에 대한 현상유지적인 정책, 그리고 한국의 북방정책(Nordpolitik)은 중국으로 하여금 한국정책을 재평가하는 계기를 만들어 주었다. 이러한 환경에서 중국은 북한과의 긴밀한 관계는 유지하면서 한중간의 관계를 개선하기 위한 대담한 조치를 취하기 시작하였다.

한국과 중국의 외교관계 정상화 과정은 1988년 서울 올림픽부터 시작되었다. 당시 중국은 106명의 관계자들을 포함한 301명의 대표단이 서울 올림픽에 참가하였고, 이를 통해 한국과의 직접적인 접촉이 가능하게 되었다. 그리고 1990년 9월 북경아시안 게임에서 한국은 같은 기회를 맞이하여 중국과의 관계 타개에 중요한 기회를 갖게 되었다. 북경아시안 게임 직후 한국과 중국은 서울과 북경에 무역대표부 개설에 합의하였음을 동시에 공표하였다. 한중 양국의 수도에 무역대표부의 개설은 중국의 대한반도 정책이 공식적으로 'one Korea에서 two Korea'로 이동하였음을 의미한다. 중국의 또 다른 중요한 조치는 1991년 남북한 유엔 동시가입에 중국의 역할에 있으며, 중국은 한국의 유엔가입에 거부권을 행사하지 않기로 결정한 것이다. 이러한 과정에서 중국은 한편으로 북한을 설득하는 방식으로 대한반도 정책에 대한 변화를 추구하는 동시에 다른 한편으로는 북한과의 관계에서 부정적인 영향을 최소화하고자 했던 것이다.

한국과 중국의 국교 정상화를 위한 공식적인 회담은 1991년 9월에 당시 중국의 외교부장 첸치천(錢其琛)이 한국의 이상옥 외무장관과 뉴욕에서의 만남으로 시작되었다. 그리고 그해 11월 서울에서의 두 번째 회담으로 이어지고, 그 다음해 이상옥 외무장관의 역사적인 중국방문으로 1992년 4월 북경에서 이루어진 세 번째 회담을 통해 단 2분만의 서명식으로 한중수교를 체결하게 되었다. 한국과 중국의 외교관계 정상화는 전체적인 맥락에서 볼 때 과거의 적대관계에서 벗어나 나아가 양국 간의 경제적 협력관계를 강화할 수 있는 계기가 되었음을 의미한다. 이후 한국과 중국 양국은 이미 주요 무역 파트너로 성장해 왔다.

또한 한국과 중국 사이의 국교 정상화는 경제적으로 후발주자로서 세계에서 빠른 경제성장을 이루어 왔을 뿐만 아니라 동북아시아에서 신흥공업국으로서의 발전모델을 만들어가고 있는 잠재력을 지닌 국가들 간의 관계 정상화를 의미한다. 지역안보라는 관점에서 중국의 입장을 볼 때 중국은 남북한에 대해 정치적 관계에 균형을 맞춤으로써 한반도를 둘러싼 세력관계에 영향을 미칠 수도 있게 되었다. 즉 한중수교로 중국은 북한과의 정치적 관계에 대한 훼손 없이 러시아나 미국,

그리고 일본에 비해 상대적으로 북한에 대한 영향력을 오히려 더욱 증가시킬 수 있는 여지를 갖게 되었다. 한국의 입장에서 볼 때, 만약 한반도에서 다시 한 번 한국전쟁과 같은 군사적 충돌이 재현된다면 중국 역시 큰 피해자가 될 것이기 때문에 그리고 이러한 요인뿐만 아니라 동북아에서 역학관계들의 변화들 때문에 중국은 한국과의 수교후 북한과의 대단결을 약속하고 있다. 따라서 한중수교는 과거와 같은 중국과의 냉전구도 관계에서 중국과의 경제적 파트너관계로 변화시키는 계기가 되었다.

4. 한중수교 이후 한중관계

한중 수교 이후 지난 20년 동안 한중관계는 경제문화, 사회정치적 측면에서 큰 발전을 이루어 왔다. 사실, 1992년 8월 한국과 중국이 수교하기 이전까지 40년 동안 양국관계는 이념적인 적대관계라는 틀에서 벗어나지 못하고 있었으나, 한중 수교로 양국관계가 정상화 된 이후 2003년에는 '전면적 협력 동반자관계', 그리고 2008년에는 '전략적 협력 동반자관계'로 거듭 발전하였다. 예를 들어, 교역, 투자 등 경제교류분야에서 2011년 양국 간의 교역규모는 2,200억 달러로 1992년 63.8억 달러에 비해 약 34.6배 증가하였으며, 2004년 이후 중국은 한국의 최대 교역상대국으로 성장하였다(한국무역협회, 2012). 그리고 한중 수교 이후 상호 인적교류의 증가는 물론 문화 분야에서도 특히 중국내 '한류(韓流: 최근의 K-pop열풍을 포함[7])'현상을 중국 도처에서 목격할 수 있다. 한류현상으로 인해 중국은 한국의 드라마, 영화, 음악, 음식에 대한 호감도가 갈수록 증가하여 직간접적으로 한중 비즈

7) 중국에서 인기 있는 K-pop가수는 빅뱅, 슈퍼주니어, 동방신기, 소녀시대, 티아라, EXO-K라고 하며, 그리고 대략 1억 명이 넘는 인구가 한국의 연속극을 매일 시청한다고 한다.

니스관계에 영향을 미쳐 왔다.

또한 정치적 분야에서는 한중 양국의 상호 이해와 정치적 신뢰의 중요성에 대한 상호 인지도 역시 변화하여 그 사례로서 영수회담 및 고위급 정치인의 상호방문이 증가했다. 이 뿐만 아니라 군사교류분야에서는 군방교류협력을 강화할 목적으로 2011년을 시작으로 한중 국방전략대화가 공식 개설되어 왔다(한국일보, 2011.11.27). 이러한 한중관계는 1980년 2월 25일 중국의 전 외교부장 황화(黃華: 1976.12~1982.11)가 중국의 대(對)한국 정책을 'Guanmen Busshangsuo(關門不上鎖: 문을 닫지만 빗장은 걸지 않는다)'라고 묘사하면서 암묵적으로 한국과의 관계에서 정치와 경제를 분리하고자 했던 당시 중국의 외교 정책적 상황과 비견하여 볼만 한다(Xiaoxiong Yi, 1995). 결과적으로 한중관계는 한중수교 이후 각 분야에서 상호 교류와 협력의 비약적인 발전을 이루어 왔다.

한중 수교 이후 한중관계가 이렇게 신속하게 발전하게 된 배경에는 황화의 언급에서 보는 바와 같이 중국의 개혁개방정책과 이로 인한 경제적 발전과 직접적인 관련이 있다. 중국의 입장에서 볼 때 한중관계는 바로 경제성장을 중시하는 개혁개방정책의 일환으로 과거 적대국이었던 한국을 적극적으로 수용한다는 입장에서 비롯되었다. 이는 당시 중국의 전방위 외교에서 나타나게 되는 중국의 경제적 이익 중시라는 실리추구외교의 결과였다. 그리고 이와 동시에 한국의 입장에서도 마찬가지로 한중관계는 남북관계 개선 및 한반도에서 평화유지를 위해 중국과의 관계개선이 필수적이었다. 더욱이 국제사회가 실리외교를 중요하게 인식하고 있는 상황에서 한국 경제의 새로운 도약과 발전을 위해 중국과의 관계개선은 정치적 요인 못지않게 중요한 경제적인 요인으로 작용하였다. 한국과 중국정부로서는 지리적으로 가까운 위치에 있는 한중 양국 기업의 진출 및 투자유치와 후발산업국으로서 한국의 발전경험 등으로 미루어 보았을 때 한중관계가 동북아에서 중요한 지역적 경제관계로 인식되어 왔다.

그러나 2008년 글로벌 금융위기 이후 중국의 역할 증대(중국역할론)에 따라 중국은 미국과 함께 국제정치경제무대에서 'G2'로 부상하였다. 특히 지역적으로 동북아의 한반도 문제에 있어서 중국의 영향력이 갈수록 증대될 것으로 전망되고 있는 시점에서 최근 한국에게 한중관계는 복잡한 양상으로 나타나고 있다. 즉 중국의 경제적 발전을 바탕으로 한 중국의 부상을 바라보면서 일부에서는 대표적으로 주변국들과 전개되고 있는 중국의 영토분쟁이 에너지자원통제를 위한 강대국의 '부상(崛起)'으로 전망하기도 한다(중국 위협론). 그렇기 때문에 한미관계의 중요성을 지속적으로 강조하기도 한다.

또한 한중수교 이후 양국의 경제적 관계는 정치적 관계의 개선으로 이어져 왔으나, 북한 역시 경제적으로는 중국에 더욱 의존적이기는 하나 정치적으로는 중국의 희망대로 결과를 도출하는데 그렇게 효과적이지는 않았다(Snyder, 2009). 전통 현실주의 관점에서 각국의 외교정책이 외부 환경의 여러 제약 속에서 국가이익을 최대화하고 하는 산물이라고 보았을 경우, 한중관계에서 나타나고 있는 복잡한 문제는 결국 경제적 관계가 정치적 이해관계에 종속될 수밖에 없다는 결론에 도달하게 될 것이다. 그러나 그동안 중국의 경제적 부상은 동북아에서의 지역 세력균형에 대한 위협이기보다는 오히려 기회요인으로 인식되어 왔으며, 한국과 중국 양국 간의 교역과 투자의 증대는 지속되고 있음을 상기해야 한다.

참고문헌

Kornai, Janus.(1985), "經濟改革設想和現實的對照", 「經濟社會體制比較」, 6, 13-14.

科斯, R., A. 阿尓欽, D. 諾斯(等著)(1995), 『財產權利與制度變遷: 產權學派與新制度學派譯文集』 上海: 上海人民出版社.

Stiglitz, Joseph(1998), 『政府爲什麽干與經濟: 政府在市場經濟中角色』, 鄭秉譯, 北京: 中國物資出版社.

錢穎一(2003), 『現代經濟學與中國經濟改革』, 北京: 中國人民大學出版社.

許成鋼(2008), "政治集權下的地方經濟分權與中國改革", 青木昌彦·吳敬璉(編), 『縱權威到民主: 可持續發展的政治經濟學』, 北京: 中信出版社

中國經濟史論壇(2012), 「2030 年的中國: 建設現代、和諧、有創造力的高收入社會(中文版)」, http://economy.guoxue.com/?p=5934&page=3.

Acemoglu, Daron and James A. Robinson(2012), *Why Nations Fail: the Origins of Power, Porsperity, and Poverty*, New York: Crown Publishers.

Cao, Yuanzheng, Yingyi Qian and Barry R. Weingast, "From federalism, Chinese style to privatization, Chinese style", *Economics of Transition*, 7(1), 103-131.

Guo, Gang(2007), "Retrospective economic Accountability under Authoritarianism: evidence from China", *Political Research Quarterly*, 60(3), 378-390.

Ivan Tselichtchev(2012), *China Versus the West: the Global Power Shift of the 21st Century*, Singapore: John Wiley & Sons Singapore Pte. Ltd.,

Jin, Hehui, Yingyi Qian and Barry R. Weigast(2005), "Regional decentralization and fiscal incentives: federalism, Chinese style", *Journal of Public Economics*, 89, 1719-1742.

Lardy, Nicholas R.y(2012), *Sustaining China's Economic Growth After the Global Financial Crisis*, Washington, DC: PETERSON INSTITUTE FOR INTERNATIONAL ECONOMICS.

Snyder, Scott(2009), *China's Rise and the Two Koreas: Politics, Economics, Security*, Boulder: Lynne Reinner Publishers.

Qian, Yingyi and Barry R, Weingast(1997), "Federalism as a commitment to preserving market incentives", *Journal of Economic Perspectives*, 11, 83-92.

Qina, Yingyi and Gerard Roland(1998), "Federalism and the soft budget constraint", *American Economic Review*, 88(5), 1145-1162.

Yi, Xiaoxiong(1995), "China's Korea policy: from 'one Korea' to two Koreas",

Asian Affairs: An American Review, 22(2), 119-140.
WTO International Trade Statistics(2010), http://www.wto.org.
중국국가 통계국(2010), http://www.stats.gov.cn.

찾아보기

(ㄱ)

〈기타〉

〈저자 소개〉

• 이상빈

한남대학교 정치외교학과에서 정치학을 전공하고, 중앙대학교에서 정치학석사, 그리고 중국 북경대학교에서 정치학박사를 취득하였다. 현재 충남대학교 경상대학 경영학부에서 초빙교수로 재직하고 있으며, 중국 산동대학교 경제대학 한국경제연구소 한국측 소장을 겸임하고 있다. 주요 저서로는 『중국광역발전계획(역저)』(2011), 『세계적 혁신지역을 가다(공저)』(2009), 『혁신클러스터! 대덕연구개발특구와 일본큐슈실리콘아일랜드(공저)』(2008) 등이 있다. 주요 논문으로는 "중국 온주지역 산업클러스터의 형성과 발전요인에 관한 연구: 지역문화와 기업가정신을 중심으로"(2012), "지역개발정책의 경로의존성(path-dependency)에 관한 연구: 한국과 중국 사례의 비교"(2010), 그리고 "溫州商人, 民營經濟及對其的歷史制度分析"(2010) 등 그 외 다수의 저서와 논문 등이 있다.

현대중국의 정치경제

2012년 8월 30일 초판인쇄
2012년 9월 5일 초판발행

저 자 이 상 빈
발행인 유 성 열
발행처 청목출판사
서울특별시 영등포구 신길로 40길 20
전화 (02) 849-6157(代) · 2820 / 833-6090~1
FAX (02) 849-0817
등록 제318-1994-000090호

파본은 바꾸어 드립니다. 값 17,000원

http : //www.chongmok.co.kr

ISBN 978-89-5565-493-6

※ 인지는 생략합니다.